"十四五"职业教育国家规划教材

新编经济应用数学

（线性代数 概率论与数理统计）（第八版）

微课版

新世纪高职高专教材编审委员会 组编
主 编 刘 颖 孙守湖
副主编 刘颖华 樊娟华

大连理工大学出版社

图书在版编目(CIP)数据

新编经济应用数学. 线性代数、概率论与数理统计 / 刘颖，孙守湖主编. -- 8版. -- 大连 ：大连理工大学出版社，2022.1(2025.7 重印)
ISBN 978-7-5685-3739-1

Ⅰ. ①新… Ⅱ. ①刘… ②孙… Ⅲ. ①经济数学—高等职业教育—教材②线性代数—高等职业教育—教材③概率论—高等职业教育—教材④数理统计—高等职业教育—教材 Ⅳ. ①F224.0②O151.2③O21

中国版本图书馆 CIP 数据核字(2022)第 020081 号

大连理工大学出版社出版

地址：大连市软件园路 80 号　邮政编码：116023
营销中心：0411-84707410　84708842　邮购及零售：0411-84706041
E-mail：dutp@dutp.cn　URL：https://www.dutp.cn

沈阳市永鑫彩印厂印刷　　大连理工大学出版社发行

幅面尺寸：185mm×260mm　印张：15.5　字数：358 千字
2002 年 8 月第 1 版　2022 年 1 月第 8 版
2025 年 7 月第 7 次印刷

责任编辑：程砚芳　责任校对：刘俊如
封面设计：张　莹

ISBN 978-7-5685-3739-1　定　价：49.80 元

前　言

《新编经济应用数学(线性代数 概率论与数理统计)》(第八版)是"十四五"职业教育国家规划教材、"十三五"职业教育国家规划教材、"十二五"职业教育国家规划教材、普通高等教育"十一五"国家级规划教材,也是新世纪高职高专教材编审委员会组编的数学类课程规划教材之一。

教材聚焦党的十九大以来的重大成就和新时代十年的伟大变革;聚焦新时代中国特色社会主义思想的世界观和方法论,并坚持好、运用好贯穿其中的立场观点方法;聚焦中国式现代化在理论和实践的创新突破,将二十大精神突出重点、抓住关键地编入教材。本次修订,我们保留了原教材的系统与独特风格,即将数学的相关知识与经济过程中的实际应用联系起来,在每一部分数学知识的讲述中注意引进从过去5年的工作和新时代10年的伟大变革中提炼的经济应用模型,同时注意吸收教材改革中一些成功的改革经验及一线教师的反馈意见与建议,摒弃一些陈旧的例子及复杂运算过程,代之引入计算机数学软件,将教材的每篇分为"基本理论""数学模型与应用""应用 Matlab 求解"三个模块。

本教材以培养应用型人才为目标,注重数学模块与专业案例的对接,借鉴数学模型在提高学生综合能力和素质方面的成功经验,将数学基本知识、数学模型和数学实验有机融合。具体体现在以下几个方面:

1. 以习近平新时代中国特色社会主义思想为指导理念,以"立德树人"为人才培养根本任务,在案例选编、习题配置、数学文化等内容润物无声地融入党的二十大精神、党的惠民政策、美丽中国建设取得的伟大成就,以及社会主义核心价值观等思政元素,便于教师挖掘数学课程中的思政要素,渗透到课堂之中,实现知识传授与思政育人的有机融合,从而全面推动习近平新时代中国特色社会主义思想进教材、进课堂、进头脑。

2. 进一步强化了概念引出的背景及实际应用,在实际应用中体现新发展理念,提升了学生的学习兴趣,降低了学生理解、掌握概念的难度,易教易学。

3. 以经管案例驱动数学内容,精选能体现习近平新时代中国特色社会主义思想和党的二十大精神的经管案例,实现数学模块与专业案例对接，体现“模块、案例一体化”的教学特色，缩短数学课程与后续专业课的距离。

4. 在每篇的数学模型与应用部分，剔除了部分例题与习题的复杂解题过程，新增了一些实用性强、贴近生活的体现近十年来国家高质量发展的案例，使之与经济应用的联系更紧密。

5. 把数学软件 Matlab 的应用纳入教材作为选学内容，使现代科技与数学结合，提高教学效率，培养学生的数学建模能力。

经过改进和调整，本教材具有如下特点：

1. 结构上。本教材分两篇，线性代数、概率论与数理统计。在模块划分上分为三个模块：一是必选模块，这部分是基础模块，即基本理论；二是限选模块，这部分是应用模块，即数学模型与应用；三是任选模块，这部分是实验模块，即应用 Matlab 求解。线性代数部分介绍了线性代数、线性规划和运输问题数学模型；概率论与数理统计部分介绍了风险型决策和一元线性回归分析数学模型。本教材每篇后配有知识结构图，书后配有综合测试题，全书脉络清晰，便于教师讲授，更利于学生理解。

2. 内容上。为了适应高职高专教育培养实用型创新人才的需要，有机融入课程思政内容，对定理证明及理论性过强的内容做了大幅删减，主要利用图形及实例加以直观说明，降低了学生掌握同等程度知识的难度；习题量适中，在难易程度上做了很好的把握，有利于学生消化所学内容，提高数学建模的能力；全书可读性、趣味性强，有利于培养学生学习数学的兴趣。

3. 附录中有常用经济术语简介，使学生能够理解日常生活中出现在身边的术语的含义，如“同比增长”与“环比增长”等；新增加了“碳达峰、碳中和、区块链、一带一路”等术语。并将例题中的统计数据更新为 2022 年末(数据以发布为准)中国国家统计局官网发布的最新统计数据。数学软件 Matlab 实验简介提供了 Matlab 在经济应用数学计算中的应用。

4. 对基本理论中的重难点，添加了知识讲解视频，以二维码的形式呈现，有效实施微课、视频学习功能，便于学生课前预习与课后巩固，提高教学效果，利于创造有效课堂。同时，突出教材的经济性和应用性，所选数学模型贴近生活实际，使经济与数学恰到好处地结合在一起。

本教材由辽宁省交通高等专科学校刘颖、辽宁经济职业技术学院孙守湖任主编，河北石油职业技术大学刘颖华、运城职业技术学院樊娟华任副主编，河北石油职业技术大学刘欣、杨红梅也参加了教材的编写工作。全书由刘颖审阅并统稿。各篇具体分工如下：第一篇的 1.1.1～1.1.4、第二篇的 2.1.1～2.1.4 由孙守湖编写；第一篇的 1.1.5～1.1.6、第二篇的 2.1.5～2.1.6 由刘颖华编写；第一篇的 1.2.1～1.2.3、第二篇的 2.2.1～2.2.2、2.3.1～2.3.2 及附录由刘颖编写；第一篇的 1.3.1～1.3.2 由樊娟华编写，刘欣、杨红梅参加了部分习题的编写。教材微课由刘颖华、杨红梅共同制作。

由于编者水平所限，教材的不当之处在所难免，恳请各位读者批评指正，以便进一步修改完善。谨此，向支持本书编写和出版的各界同仁表示衷心的感谢。

编　者

所有意见和建议请发往：dutpgz@163.com
欢迎访问职教数字化服务平台：https://www.dutp.cn/sve/
联系电话：0411-84706672　84706581

目　录

第一篇　线性代数

第二篇　概率论与数理统计

第一篇

线性代数

线性代数是数学的一个分支，主要处理线性关系问题. 线性关系是指在一个函数或方程中，如果数学表达式是关于变量或未知数的一次式，那么这个函数或方程就称为线性函数或线性方程.

如果从一个实际问题中归纳出来的数学模型中出现的函数或方程是线性的，我们就称这个数学模型为线性模型.

在经济管理中，许多变量之间存在线性关系或近似存在着线性关系. 许多非线性关系也可转化为线性关系来研究.

第一部分 基本理论

内容提要

在经济管理与日常生活中，大量的实际问题都涉及行列式、矩阵的理论和方法. 尤其最优化问题更是以线性代数为基础. 而行列式与矩阵是研究线性代数的重要工具，本部分将介绍行列式的概念及计算，矩阵的基本概念及计算.

预备知识

解二元、三元线性方程组的加减消元法.

学习目标

1. 了解行列式的定义和性质，掌握二、三阶行列式的计算方法，会计算简单的 n 阶行列式，了解克莱姆法则的条件和结论；

2. 理解矩阵概念，掌握矩阵的线性运算、乘法、转置及其运算规律；

3. 熟悉矩阵的初等行变换；

4. 了解逆矩阵的概念及逆矩阵存在的条件，会求逆矩阵.

1.1.1 行列式的概念

案例 （直播卖货数量）党的坚强领导是党和国家事业不断向前发展的根本政治保证. 在驻村第一书记带领大家脱贫致富工作中，某地区特产水果进行直播卖货. 销售的水果分为四种等级 A_1, A_2, A_3, A_4，它们每箱（十斤装）的售价分别为 22 元、24 元、26 元与 30 元. 该直播一天共售出了 130 箱，销售收入为 3280 元. 由于货物混淆放置，给清点销售的水果箱数带来困难，只知道水果 A_3 销售量是水果 A_1 与 A_4 的销售量的总和，水果 A_3 的销售收入也是水果 A_1 与 A_4 的销售收入的总和，请你算出各种等级的水果各销售的箱数.

这里要求出各种等级的水果各自销售的箱数，就要列线性方程组，还要用到行列式的知识.

1. 二阶行列式

二元一次线性方程组也称二元线性方程组，其标准形式为

$$\begin{cases} a_{11}x_1 + a_{12}x_2 = b_1 \\ a_{21}x_1 + a_{22}x_2 = b_2 \end{cases} \tag{1}$$

用加减消元法可得

$$\begin{cases} (a_{11}a_{22} - a_{12}a_{21})x_1 = b_1a_{22} - b_2a_{12} \\ (a_{11}a_{22} - a_{12}a_{21})x_2 = b_2a_{11} - b_1a_{21} \end{cases}$$

知识讲解

行列式的概念

若 $a_{11}a_{22}-a_{12}a_{21}\neq 0$，则方程组(1)的解为

$$\begin{cases} x_1=\dfrac{b_1a_{22}-b_2a_{12}}{a_{11}a_{22}-a_{12}a_{21}} \\ x_2=\dfrac{b_2a_{11}-b_1a_{21}}{a_{11}a_{22}-a_{12}a_{21}} \end{cases}$$

为了研究和记忆的方便，引入二阶行列式的概念.

定义 1 由 2^2 个数组成的记号 $\begin{vmatrix} a_{11} & a_{12} \\ a_{21} & a_{22} \end{vmatrix}$ 表示数值 $a_{11}a_{22}-a_{12}a_{21}$，称它为**二阶行列式**，用 D 来表示，即

$$D=\begin{vmatrix} a_{11} & a_{12} \\ a_{21} & a_{22} \end{vmatrix}=a_{11}a_{22}-a_{12}a_{21}$$

其中，a_{11}，a_{12}，a_{21} 和 a_{22} 称为这个二阶行列式的**元素**，简称为**元**；横排称为**行**，竖排称为**列**；从左上角到右下角的对角线称为行列式的**主对角线**，从右上角到左下角的对角线称为行列式的**次对角线**.

利用二阶行列式的概念，如果记 $D=\begin{vmatrix} a_{11} & a_{12} \\ a_{21} & a_{22} \end{vmatrix}$，$D_1=\begin{vmatrix} b_1 & a_{12} \\ b_2 & a_{22} \end{vmatrix}$，$D_2=\begin{vmatrix} a_{11} & b_1 \\ a_{21} & b_2 \end{vmatrix}$，当所有未知数的系数组成的行列式 $D\neq 0$ 时，二元线性方程组(1)有唯一解，它的解可以表示为

$$x_1=\frac{D_1}{D},\ x_2=\frac{D_2}{D}$$

用行列式求解线性方程组，必须要注意：

(1)分母 D 是由方程组的未知量的系数按原来顺序排列而成的行列式，D 称为**系数行列式**；

(2)第一个未知量 x_1 的分子 D_1 是用常数项 b_1，b_2 分别代替系数行列式 D 中 x_1 的系数 a_{11}，a_{21} 后构成的行列式；第二个未知量 x_2 的分子 D_2 是用常数项 b_1，b_2 分别代替系数行列式 D 中 x_2 的系数 a_{12}，a_{22} 后构成的行列式；

(3)如果系数行列式 $D\neq 0$，那么二元线性方程组有唯一解

$$x_1=\frac{D_1}{D},\ x_2=\frac{D_2}{D}$$

例 1 解二元线性方程组 $\begin{cases} 3x_1+2x_2=5 \\ x_1-4x_2=-3 \end{cases}$.

解 因为

$$D=\begin{vmatrix} 3 & 2 \\ 1 & -4 \end{vmatrix}=3\times(-4)-2\times 1=-14\neq 0$$

$$D_1=\begin{vmatrix} 5 & 2 \\ -3 & -4 \end{vmatrix}=5\times(-4)-2\times(-3)=-14$$

$$D_2=\begin{vmatrix} 3 & 5 \\ 1 & -3 \end{vmatrix}=3\times(-3)-5\times 1=-14$$

所以线性方程组的解为 $x_1=\dfrac{D_1}{D}=1, x_2=\dfrac{D_2}{D}=1.$

类似地，讨论含有三个未知数的线性方程组的求解问题，可引入三阶行列式.

2. 三阶行列式

定义 2 由 3^2 个数组成的记号 $\begin{vmatrix} a_{11} & a_{12} & a_{13} \\ a_{21} & a_{22} & a_{23} \\ a_{31} & a_{32} & a_{33} \end{vmatrix}$ 表示数值

$$a_{11}\begin{vmatrix} a_{22} & a_{23} \\ a_{32} & a_{33} \end{vmatrix} - a_{12}\begin{vmatrix} a_{21} & a_{23} \\ a_{31} & a_{33} \end{vmatrix} + a_{13}\begin{vmatrix} a_{21} & a_{22} \\ a_{31} & a_{32} \end{vmatrix}$$

称它为**三阶行列式**. 即

$$D=\begin{vmatrix} a_{11} & a_{12} & a_{13} \\ a_{21} & a_{22} & a_{23} \\ a_{31} & a_{32} & a_{33} \end{vmatrix} = a_{11}\begin{vmatrix} a_{22} & a_{23} \\ a_{32} & a_{33} \end{vmatrix} - a_{12}\begin{vmatrix} a_{21} & a_{23} \\ a_{31} & a_{33} \end{vmatrix} + a_{13}\begin{vmatrix} a_{21} & a_{22} \\ a_{31} & a_{32} \end{vmatrix}$$

$$= a_{11}a_{22}a_{33} + a_{12}a_{23}a_{31} + a_{13}a_{21}a_{32} - a_{11}a_{23}a_{32} - a_{12}a_{21}a_{33} - a_{13}a_{22}a_{31}$$

三阶行列式由 3^2 个元素以三行三列组成，它表示 $3!=6$ 项的代数和，其中正负项各一半，每一项都是取不同行不同列的 3 个元素的乘积. 如图 1-1 所示，实线连接的三个元素之积带正号，虚线连接的三个元素之积带负号，这样计算行列式的方法称为**对角线法则**. 其中元素 a_{11}, a_{22}, a_{33} 所在的对角线称为行列式的主对角线.

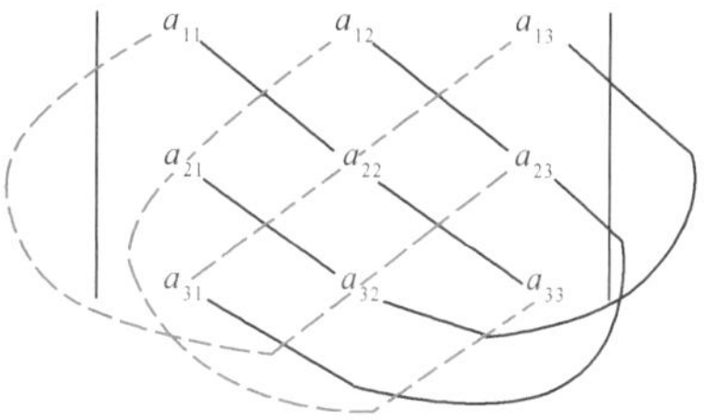

图 1-1

例 2 计算三阶行列式 $D=\begin{vmatrix} 2 & 1 & 2 \\ -4 & 3 & 1 \\ 2 & 3 & 5 \end{vmatrix}$ 的值.

解 由对角线法则，可得

$$D=\begin{vmatrix} 2 & 1 & 2 \\ -4 & 3 & 1 \\ 2 & 3 & 5 \end{vmatrix}$$

$$=2\times3\times5+1\times1\times2+(-4)\times3\times2-2\times3\times2-2\times3\times1-1\times(-4)\times5$$

$$=10$$

3. n 阶行列式

定义 3 由 n^2 个数组成的记号 $D=\begin{vmatrix} a_{11} & a_{12} & \cdots & a_{1n} \\ a_{21} & a_{22} & \cdots & a_{2n} \\ \vdots & \vdots & & \vdots \\ a_{n1} & a_{n2} & \cdots & a_{nn} \end{vmatrix}$ 表示数值

$$(-1)^{1+1}a_{11}\begin{vmatrix} a_{22} & a_{23} & \cdots & a_{2n} \\ a_{32} & a_{33} & \cdots & a_{3n} \\ \vdots & \vdots & & \vdots \\ a_{n2} & a_{n3} & \cdots & a_{nn} \end{vmatrix} + (-1)^{1+2}a_{12}\begin{vmatrix} a_{21} & a_{23} & \cdots & a_{2n} \\ a_{31} & a_{33} & \cdots & a_{3n} \\ \vdots & \vdots & & \vdots \\ a_{n1} & a_{n3} & \cdots & a_{nn} \end{vmatrix} + \cdots$$

$$+(-1)^{1+n}a_{1n}\begin{vmatrix} a_{21} & a_{22} & \cdots & a_{2,n-1} \\ a_{31} & a_{32} & \cdots & a_{3,n-1} \\ \vdots & \vdots & & \vdots \\ a_{n1} & a_{n2} & \cdots & a_{n,n-1} \end{vmatrix}$$

称它为 **n 阶行列式**.

n 阶行列式由 n 行、n 列共 n^2 个元素组成. 它表示 $n!$ 项的代数和，其中正负项各一半，每一项都是取不同行不同列的 n 个元素的乘积. 其中元素 $a_{11},a_{22},\cdots,a_{nn}$ 所在的对角线称为行列式的**主对角线**.

例 3 计算行列式 $D=\begin{vmatrix} a_{11} & 0 & \cdots & 0 \\ a_{21} & a_{22} & \cdots & 0 \\ \vdots & \vdots & & \vdots \\ a_{n1} & a_{n2} & \cdots & a_{nn} \end{vmatrix}$ 的值.

解 根据定义，有

$$D=(-1)^{1+1}a_{11}\begin{vmatrix} a_{22} & 0 & \cdots & 0 \\ a_{32} & a_{33} & \cdots & 0 \\ \vdots & \vdots & & \vdots \\ a_{n2} & a_{n3} & \cdots & a_{nn} \end{vmatrix}$$

$$=a_{11}a_{22}\begin{vmatrix} a_{33} & 0 & \cdots & 0 \\ a_{43} & a_{44} & \cdots & 0 \\ \vdots & \vdots & & \vdots \\ a_{n3} & a_{n4} & \cdots & a_{nn} \end{vmatrix}=\cdots$$

$$=a_{11}a_{22}\cdots a_{nn}$$

例 3 所示的行列式，其主对角线上方的元素皆为零，称为**下三角形行列式**；同样，主对角线下方的元素全为零的行列式称为**上三角形行列式**. 上三角形行列式与下三角形行列式统称为**三角形行列式**.

由上例可知，下三角形行列式的值等于主对角线元素之积.

自测题

1. 用行列式求解线性方程组 $\begin{cases} 5x_1+2x_2=1 \\ 7x_1+3x_2=3 \end{cases}$.

2. 计算三阶行列式 $D=\begin{vmatrix} 2 & 1 & 2 \\ -4 & 3 & 1 \\ 2 & 3 & 5 \end{vmatrix}$ 的值.

3. 计算行列式 $D=\begin{vmatrix}1&0&0&0\\2&2&0&0\\3&3&3&0\\4&4&4&4\end{vmatrix}$ 的值.

习题 1.1.1

1. 用行列式求解下列线性方程组：

(1) $\begin{cases}2x_1+x_2=6\\-x_1+2x_2=2\end{cases}$ (2) $\begin{cases}x_1+x_2=-3\\7x_1-4x_2=12\end{cases}$ (3) $\begin{cases}2x-y+3z=3\\3x+y-5z=0\\4x-y+z=3\end{cases}$

2. 计算行列式：

(1) $\begin{vmatrix}\sin\alpha&-\cos\alpha\\\cos\alpha&\sin\alpha\end{vmatrix}$ (2) $\begin{vmatrix}1&2&3\\2&3&1\\3&1&2\end{vmatrix}$

3. 已知 $\begin{vmatrix}x&2\\1&x-1\end{vmatrix}=0$，求 x 的值.

4. 计算行列式 $\begin{vmatrix}a_{11}&0&\cdots&0\\0&a_{22}&\cdots&0\\\vdots&\vdots&&\vdots\\0&0&\cdots&a_{nn}\end{vmatrix}$ 的值.

5. 验证下列等式：

(1) $\begin{vmatrix}a&b\\c&d\end{vmatrix}=\begin{vmatrix}a&c\\b&d\end{vmatrix}$ (2) $\begin{vmatrix}ka&kb\\c&d\end{vmatrix}=k\begin{vmatrix}a&b\\c&d\end{vmatrix}$

1.1.2 行列式的计算及应用

1. 行列式的性质

三阶及三阶以上的行列式根据定义来计算是比较复杂的. 例如，一个三阶行列式是 6 项的代数和，一个五阶行列式就是 120 项的代数和，因此有必要讨论行列式的性质，进而来简化行列式的计算.

定义 1 将行列式 D 的行变为相应的列，得到新的行列式，称它为行列式 D 的**转置行列式**，记作 D^{T} 或 D'.

例如，令 $D=\begin{vmatrix}3&2&1\\0&1&5\\2&-3&4\end{vmatrix}$，那么 D 的转置行列式就是

$$D^{\mathrm{T}}=\begin{vmatrix}3&0&2\\2&1&-3\\1&5&4\end{vmatrix}$$

知识讲解

行列式的性质

性质 1 行列式转置后其值不变，即 $D^{\mathrm{T}}=D$.

此性质说明行列式对行成立的性质对列也成立.

例 1 计算上三角行列式 $D=\begin{vmatrix} a_{11} & a_{12} & \cdots & a_{1n} \\ 0 & a_{22} & \cdots & a_{2n} \\ \vdots & \vdots & & \vdots \\ 0 & 0 & \cdots & a_{nn} \end{vmatrix}$ 的值.

解 应用行列式的性质 1 及定义得

$$D=\begin{vmatrix} a_{11} & a_{12} & \cdots & a_{1n} \\ 0 & a_{22} & \cdots & a_{2n} \\ \vdots & \vdots & & \vdots \\ 0 & 0 & \cdots & a_{nn} \end{vmatrix}=\begin{vmatrix} a_{11} & 0 & \cdots & 0 \\ a_{12} & a_{22} & \cdots & 0 \\ \vdots & \vdots & & \vdots \\ a_{1n} & a_{2n} & \cdots & a_{nn} \end{vmatrix}=a_{11}a_{22}\cdots a_{nn}$$

这样，我们得出结论：三角形行列式的值等于其主对角线上所有元素的乘积.

性质 2 交换行列式的两行(或两列)，行列式的值变号，即

$$\begin{vmatrix} a_{11} & a_{12} & \cdots & a_{1n} \\ \vdots & \vdots & & \vdots \\ a_{r1} & a_{r2} & \cdots & a_{rn} \\ \vdots & \vdots & & \vdots \\ a_{s1} & a_{s2} & \cdots & a_{sn} \\ \vdots & \vdots & & \vdots \\ a_{n1} & a_{n2} & \cdots & a_{nn} \end{vmatrix}=-\begin{vmatrix} a_{11} & a_{12} & \cdots & a_{1n} \\ \vdots & \vdots & & \vdots \\ a_{s1} & a_{s2} & \cdots & a_{sn} \\ \vdots & \vdots & & \vdots \\ a_{r1} & a_{r2} & \cdots & a_{rn} \\ \vdots & \vdots & & \vdots \\ a_{n1} & a_{n2} & \cdots & a_{nn} \end{vmatrix}$$

推论 如果一个行列式的两行(或两列)相同，那么这个行列式等于零.

证明 交换行列式 D 中对应元素相等的两行，得到的行列式仍是 D，但由性质 2 知，行列式的值应变号，即 $D=-D$，所以 $D=0$.

性质 3 行列式的某一行(或一列)中所有元素都乘以同一个数，等于将该数提到行列式外相乘，即

$$\begin{vmatrix} a_{11} & a_{12} & \cdots & a_{1n} \\ \vdots & \vdots & & \vdots \\ ka_{i1} & ka_{i2} & \cdots & ka_{in} \\ \vdots & \vdots & & \vdots \\ a_{n1} & a_{n2} & \cdots & a_{nn} \end{vmatrix}=k\begin{vmatrix} a_{11} & a_{12} & \cdots & a_{1n} \\ \vdots & \vdots & & \vdots \\ a_{i1} & a_{i2} & \cdots & a_{in} \\ \vdots & \vdots & & \vdots \\ a_{n1} & a_{n2} & \cdots & a_{nn} \end{vmatrix}$$

推论 如果行列式中某一行(或一列)的所有元素都是零，那么这个行列式等于零.

性质 4 如果行列式中有两行(或两列)的对应元素成比例，那么这个行列式等于零，即

$$\begin{vmatrix} a_{11} & a_{12} & \cdots & a_{1n} \\ \vdots & \vdots & & \vdots \\ a_{i1} & a_{i2} & \cdots & a_{in} \\ \vdots & \vdots & & \vdots \\ ka_{i1} & ka_{i2} & \cdots & ka_{in} \\ \vdots & \vdots & & \vdots \\ a_{n1} & a_{n2} & \cdots & a_{nn} \end{vmatrix} = 0$$

性质 5 如果行列式的某一行(或某一列)的元素都是两个数的和,那么这个行列式等于相应的两个行列式的和,即

$$\begin{vmatrix} a_{11} & a_{12} & \cdots & a_{1n} \\ \vdots & \vdots & & \vdots \\ a_{i1}+a'_{i1} & a_{i2}+a'_{i2} & \cdots & a_{in}+a'_{in} \\ \vdots & \vdots & & \vdots \\ a_{n1} & a_{n2} & \cdots & a_{nn} \end{vmatrix} = \begin{vmatrix} a_{11} & a_{12} & \cdots & a_{1n} \\ \vdots & \vdots & & \vdots \\ a_{i1} & a_{i2} & \cdots & a_{in} \\ \vdots & \vdots & & \vdots \\ a_{n1} & a_{n2} & \cdots & a_{nn} \end{vmatrix} + \begin{vmatrix} a_{11} & a_{12} & \cdots & a_{1n} \\ \vdots & \vdots & & \vdots \\ a'_{i1} & a'_{i2} & \cdots & a'_{in} \\ \vdots & \vdots & & \vdots \\ a_{n1} & a_{n2} & \cdots & a_{nn} \end{vmatrix}$$

性质 6 把行列式的某一行(或某一列)的所有元素都乘以数 k 后,加到另一行(或另一列)的对应元素上去,行列式的值不变,即

$$\begin{vmatrix} a_{11} & a_{12} & \cdots & a_{1n} \\ \vdots & \vdots & & \vdots \\ a_{r1}+ka_{s1} & a_{r2}+ka_{s2} & \cdots & a_{rn}+ka_{sn} \\ \vdots & \vdots & & \vdots \\ a_{s1} & a_{s2} & \cdots & a_{sn} \\ \vdots & \vdots & & \vdots \\ a_{n1} & a_{n2} & \cdots & a_{nn} \end{vmatrix} = \begin{vmatrix} a_{11} & a_{12} & \cdots & a_{1n} \\ \vdots & \vdots & & \vdots \\ a_{r1} & a_{r2} & \cdots & a_{rn} \\ \vdots & \vdots & & \vdots \\ a_{s1} & a_{s2} & \cdots & a_{sn} \\ \vdots & \vdots & & \vdots \\ a_{n1} & a_{n2} & \cdots & a_{nn} \end{vmatrix}$$

在以后的计算中,为简明起见,用 r 表示行的位置,用 c 表示列的位置,写在等号上面表示行(或列)变换,如用 $\xlongequal{r_2+r_3}$ 表示把第三行加到第二行,用 $\xlongequal{c_2+3c_1}$ 表示用 3 乘以第一列然后加到第二列.

·注意· 规定 r_i 表示第 i 行,c_j 表示第 j 列($i,j=1,2,\cdots,n$),用 r,c 表示行与列的变换,简化行列式的计算!

例 2 利用行列式的性质计算 $D=\begin{vmatrix} 3 & 8 & 6 \\ 1 & 5 & -1 \\ 6 & 9 & 21 \end{vmatrix}$ 的值.

解 $D=\begin{vmatrix} 3 & 8 & 6 \\ 1 & 5 & -1 \\ 6 & 9 & 21 \end{vmatrix} = \begin{vmatrix} 3 & 8 & 6 \\ 1 & 5 & -1 \\ 3\times2 & 3\times3 & 3\times7 \end{vmatrix} = 3\times\begin{vmatrix} 3 & 8 & 6 \\ 1 & 5 & -1 \\ 2 & 3 & 7 \end{vmatrix}$

$\xlongequal{r_2+r_3} 3\times\begin{vmatrix} 3 & 8 & 6 \\ 3 & 8 & 6 \\ 2 & 3 & 7 \end{vmatrix} = 3\times0=0$

例 3 计算行列式的值

$$D=\begin{vmatrix} a-b & a & b \\ -a & b-a & a \\ b & -b & -a-b \end{vmatrix} \quad (a,b\neq 0)$$

解 利用性质 6 可得

$$D\xlongequal{r_1+r_2}\begin{vmatrix} -b & b & a+b \\ -a & b-a & a \\ b & -b & -(a+b) \end{vmatrix}=0$$

2. 行列式的计算

由于行列式计算方法较多,这里仅介绍两种主要方法.

(1)**降阶法**——按行列式的某行(或列)展开的方法.

知识讲解

行列式的按行(列)展开法则

定义 2 n 阶行列式 $\begin{vmatrix} a_{11} & a_{12} & \cdots & a_{1n} \\ a_{21} & a_{22} & \cdots & a_{2n} \\ \vdots & \vdots & & \vdots \\ a_{n1} & a_{n2} & \cdots & a_{nn} \end{vmatrix}$ 中,划掉元素 a_{ij} 所在的第 i 行、第 j 列后,剩下的元素组成低一阶的行列式,称为元素 a_{ij} 的**余子式**,记作 M_{ij}. 在 M_{ij} 前面乘以符号 $(-1)^{i+j}$,称为元素 a_{ij} 的**代数余子式**,记作 A_{ij},即 $A_{ij}=(-1)^{i+j}M_{ij}$.

这样,由 n 阶行列式的定义,n 阶行列式又可以表示为

$$D=a_{11}A_{11}+a_{12}A_{12}+\cdots+a_{1n}A_{1n}$$

此式称为 n **阶行列式按第一行元素的展开式**.

例 4 求三阶行列式 $\begin{vmatrix} 1 & 3 & 2 \\ 2 & -7 & -3 \\ 1 & 0 & -1 \end{vmatrix}$ 中,元素 $a_{11}=1,a_{12}=3,a_{13}=2$ 的余子式和代数余子式.

解 $M_{11}=\begin{vmatrix} -7 & -3 \\ 0 & -1 \end{vmatrix}=7,M_{12}=\begin{vmatrix} 2 & -3 \\ 1 & -1 \end{vmatrix}=1,M_{13}=\begin{vmatrix} 2 & -7 \\ 1 & 0 \end{vmatrix}=7$

$A_{11}=(-1)^{1+1}M_{11}=7,A_{12}=(-1)^{1+2}M_{12}=-1,A_{13}=(-1)^{1+3}M_{13}=7$

有了代数余子式的概念,我们有下面的定理.

定理 1 行列式的值等于行列式的任一行(或任一列)的元素与其对应的代数余子式乘积之和. 即

$$D=a_{i1}A_{i1}+a_{i2}A_{i2}+\cdots+a_{in}A_{in} \quad (i=1,2,\cdots,n)$$

或

$$D=a_{1j}A_{1j}+a_{2j}A_{2j}+\cdots+a_{nj}A_{nj} \quad (j=1,2,\cdots,n)$$

推论 行列式任意一行(或一列)的各元素与另一行(或一列)对应元素的代数余子式乘积之和等于零. 即

$$a_{r1}A_{s1}+a_{r2}A_{s2}+\cdots+a_{rn}A_{sn}=0 \quad (r\neq s)$$

或

$$a_{1r}A_{1s}+a_{2r}A_{2s}+\cdots+a_{nr}A_{ns}=0 \quad (r\neq s)$$

利用这个定理可以将一个 n 阶行列式按某一行(或某一列)展开,即可把 n 阶行列式的计算化成 n 个 $n-1$ 阶行列式的计算,如此进行下去,经过有限次的展开运算,直到化成三阶或二阶行列式的计算,然后应用二、三阶行列式对角线法则即得所求 n 阶行列式的值.

为了简化计算,可利用行列式的性质,先将行列式的某行(列)化成只有一个非零元素,然后再按这行(列)展开计算.

例 5 计算行列式 $D=\begin{vmatrix}1&2&2&2\\2&2&2&2\\2&2&3&2\\2&2&2&4\end{vmatrix}$ 的值.

解

$$D=\begin{vmatrix}1&2&2&2\\2&2&2&2\\2&2&3&2\\2&2&2&4\end{vmatrix}\xlongequal[r_4+(-2)r_1]{\substack{r_2+(-2)r_1\\r_3+(-2)r_1}}\begin{vmatrix}1&2&2&2\\0&-2&-2&-2\\0&-2&-1&-2\\0&-2&-2&0\end{vmatrix}$$

$$\xlongequal{\text{按 } c_1 \text{ 展开}}1\cdot A_{11}=\begin{vmatrix}-2&-2&-2\\-2&-1&-2\\-2&-2&0\end{vmatrix}$$

$$\xlongequal{r_2+(-1)r_1}\begin{vmatrix}-2&-2&-2\\0&1&0\\-2&-2&0\end{vmatrix}$$

$$\xlongequal{\text{按 } r_2 \text{ 展开}}1\cdot A_{22}=\begin{vmatrix}-2&-2\\-2&0\end{vmatrix}=-4$$

(2)**化三角形法**

此方法是根据行列式的特点,利用行列式的性质,把它逐步化为上(或下)三角形行列式,由前面的结论可知,这时行列式的值就是主对角线上元素的乘积.

例 6 计算 $D=\begin{vmatrix}3&1&1&1\\1&3&1&1\\1&1&3&1\\1&1&1&3\end{vmatrix}$ 的值.

解 观察此行列式的特点,可将第二、三、四列都加到第一列上,再化成三角形行列式.

$$D=\begin{vmatrix}3&1&1&1\\1&3&1&1\\1&1&3&1\\1&1&1&3\end{vmatrix}=\begin{vmatrix}6&1&1&1\\6&3&1&1\\6&1&3&1\\6&1&1&3\end{vmatrix}=6\times\begin{vmatrix}1&1&1&1\\1&3&1&1\\1&1&3&1\\1&1&1&3\end{vmatrix}$$

$$=6\times\begin{vmatrix}1&1&1&1\\0&2&0&0\\0&0&2&0\\0&0&0&2\end{vmatrix}=6\times1\times2^3=48$$

计算行列式的降阶法、化三角形法的实质都是化繁为简的等价转化思想，我们无论做什么工作都要练就这种思想方法与实用能力.

3. 行列式的应用

n 个方程的 n 元线性方程组的一般形式为

$$\begin{cases} a_{11}x_1+a_{12}x_2+\cdots+a_{1n}x_n=b_1 \\ a_{21}x_1+a_{22}x_2+\cdots+a_{2n}x_n=b_2 \\ \quad\vdots \\ a_{n1}x_1+a_{n2}x_2+\cdots+a_{nn}x_n=b_n \end{cases} \tag{1}$$

由系数 a_{ij} 组成的 n 阶行列式

$$D=\begin{vmatrix} a_{11} & a_{12} & \cdots & a_{1n} \\ a_{21} & a_{22} & \cdots & a_{2n} \\ \vdots & \vdots & & \vdots \\ a_{n1} & a_{n2} & \cdots & a_{nn} \end{vmatrix}$$

称为线性方程组(1)的**系数行列式**.

将二元一次线性方程组解的结果推广到 n 元线性方程组(1)，即可得到以下利用行列式求解线性方程组(1)的方法.

用方程组右端的常数项 $b_1,b_2,\cdots,b_n$ 替换系数行列式 D 中的第 j 列的对应元素而得到的行列式，记为 D_j，即

$$D_j=\begin{vmatrix} a_{11} & \cdots & b_1 & \cdots & a_{1n} \\ a_{21} & \cdots & b_2 & \cdots & a_{2n} \\ \vdots & & \vdots & & \vdots \\ a_{n1} & \cdots & b_n & \cdots & a_{nn} \end{vmatrix} \quad (j=1,2,\cdots,n)$$

定理 2(**克莱姆法则**) 如果线性方程组(1)的系数行列式 $D\neq0$，则线性方程组(1)有唯一解，其解为

$$x_j=\frac{D_j}{D} \quad (j=1,2,\cdots,n) \tag{2}$$

其中行列式 D_j 是把系数行列式 D 的第 j 列元素 $a_{1j},a_{2j},\cdots,a_{nj}$ 换成线性方程组(1)的常数项 $b_1,b_2,\cdots,b_n$ 得到的行列式.

例 7 利用克莱姆法则求解 1.1.1 节中案例的问题.

知识讲解

克莱姆法则

解 设水果为 A_1,A_2,A_3,A_4，它的销售量分别为 x_1,x_2,x_3,x_4，由题意得线性方程组

$$\begin{cases} x_1+\quad x_2+\quad x_3+\quad x_4=130 \\ 22x_1+24x_2+26x_3+30x_4=3280 \\ \qquad\qquad x_3 \qquad -x_1+x_4 \\ \qquad\qquad 26x_3 \qquad =22x_1+30x_4 \end{cases}$$

方程组变形为

$$\begin{cases} x_1 + x_2 + x_3 + x_4 = 130 \\ 22x_1 + 24x_2 + 26x_3 + 30x_4 = 3280 \\ x_1 \quad - x_3 + x_4 = 0 \\ 22x_1 \quad - 26x_3 + 30x_4 = 0 \end{cases}$$

因为线性方程组的系数行列式

$$D = \begin{vmatrix} 1 & 1 & 1 & 1 \\ 22 & 24 & 26 & 30 \\ 1 & 0 & -1 & 1 \\ 22 & 0 & -26 & 30 \end{vmatrix} = 32 \neq 0$$

所以方程组有唯一解. 又因为

$$D_1 = \begin{vmatrix} 130 & 1 & 1 & 1 \\ 3280 & 24 & 26 & 30 \\ 0 & 0 & -1 & 1 \\ 0 & 0 & -26 & 30 \end{vmatrix} = 640$$

$$D_2 = \begin{vmatrix} 1 & 130 & 1 & 1 \\ 22 & 3280 & 26 & 30 \\ 1 & 0 & -1 & 1 \\ 22 & 0 & -26 & 30 \end{vmatrix} = 1600$$

$$D_3 = \begin{vmatrix} 1 & 1 & 130 & 1 \\ 22 & 24 & 3280 & 30 \\ 1 & 0 & 0 & 1 \\ 22 & 0 & 0 & 30 \end{vmatrix} = 1280$$

$$D_4 = \begin{vmatrix} 1 & 1 & 1 & 130 \\ 22 & 24 & 26 & 3280 \\ 1 & 0 & -1 & 0 \\ 22 & 0 & -26 & 0 \end{vmatrix} = 640$$

$$x_1 = \frac{D_1}{D} = 20, x_2 = \frac{D_2}{D} = 50, x_3 = \frac{D_3}{D} = 40, x_4 = \frac{D_4}{D} = 20$$

所以方程组的解为 $x_1 = 20, x_2 = 50, x_3 = 40, x_4 = 20$,故四种等级的水果 A_1, A_2, A_3, A_4 的销售量分别为 20 箱、50 箱、40 箱和 20 箱.

克莱姆(Cramer, 1704—1752)是瑞士数学家,克莱姆法则解决了一类特殊的线性方程组求解问题,但我们看到解高阶线性方程组时,计算行列式比较困难. 克莱姆法则理论意义强,但实际运用局限性大. 后面的学习,我们会看到用矩阵的方法能解决所有类型的线性方程组问题,尤其是数学软件 Matlab 的引入,使得求解线性方程组变得尤为简单.

自测题

计算下列行列式：

(1) $D=\begin{vmatrix} b & a & a & a \\ a & b & a & a \\ a & a & b & a \\ a & a & a & b \end{vmatrix}$　　(2) $D=\begin{vmatrix} 1 & -1 & 0 & 2 \\ 0 & -1 & -1 & 2 \\ -1 & 2 & -1 & 0 \\ 2 & 1 & 1 & 0 \end{vmatrix}$

习题 1.1.2

1. 利用行列式的性质，计算下列行列式：

(1) $D=\begin{vmatrix} 0 & -1 & -1 & 2 \\ 1 & -1 & 0 & 2 \\ -1 & 2 & -1 & 0 \\ 2 & 1 & 1 & 0 \end{vmatrix}$　　(2) $D=\begin{vmatrix} 2 & 1 & -1 \\ 4 & -1 & 1 \\ 201 & 102 & -99 \end{vmatrix}$

(3) $D=\begin{vmatrix} a & b & c & d \\ b & a & c & d \\ b & a & d & c \\ a & b & d & c \end{vmatrix}$　　(4) $D=\begin{vmatrix} x & a & a & a \\ a & x & a & a \\ a & a & x & a \\ a & a & a & x \end{vmatrix}$

2. 计算下列行列式：

(1) $\begin{vmatrix} 1 & 1 & 1 & 1 \\ 1 & -1 & 1 & 1 \\ 1 & 1 & -1 & 1 \\ 1 & 1 & 1 & -1 \end{vmatrix}$　　(2) $\begin{vmatrix} 0 & 1 & 1 & 1 \\ 1 & 0 & 1 & 1 \\ 1 & 1 & 0 & 1 \\ 1 & 1 & 1 & 0 \end{vmatrix}$

(3) $\begin{vmatrix} 1 & 3 & 7 & 2 \\ 2 & 1 & 0 & -2 \\ 7 & 4 & 1 & -6 \\ -3 & -2 & 4 & 5 \end{vmatrix}$

3. 解方程 $\begin{vmatrix} 3x & -1 & 3 \\ 1 & x & -1 \\ 2 & -1 & 1 \end{vmatrix}=0$.

4. 计算四阶行列式

$$\begin{vmatrix} 1+a_1 & a_2 & a_3 & a_4 \\ a_1 & 1+a_2 & a_3 & a_4 \\ a_1 & a_2 & 1+a_3 & a_4 \\ a_1 & a_2 & a_3 & 1+a_4 \end{vmatrix}$$

的值.

5. 计算四阶行列式

$$D=\begin{vmatrix} a & b & 0 & 0 \\ 0 & a & b & 0 \\ 0 & 0 & a & b \\ b & 0 & 0 & a \end{vmatrix}$$

的值.

6. 某公司管理部门资料显示，若 1 次投料生产，能获得 4 种产品，每种产品的成本未单独核算，现投料 4 次实验的总成本见下表，试求每种产品的单位成本.

批次	产品/kg				总成本/元
	A	B	C	D	
第一批	40	20	20	10	580
第二批	10	50	40	20	510
第三批	20	8	8	4	272
第四批	80	36	32	12	1100

1.1.3 矩阵的概念及运算

案例 （客户流动性）“一带一路”经济合作中，我们的国际朋友圈不断扩大. 当然竞争与合作并存. 甲、乙两家国际贸易公司，由于竞争及其他原因，每年均吸引一些新客户，同时也失去一些老客户. 据年末统计：甲公司失去 30% 老客户，但吸引 20% 的乙客户加入；甲公司现在的客户为 160 家，乙公司现在的客户为 40 家. 假设客户总数不变，且上述客户流动规律也不变. 问两年后甲乙两家公司的客户各是多少？

这里要求出客户流动情况，需要用到矩阵的知识进行分析.

这样的实际案例有很多，我们将用矩阵的方法去求解. 为此我们要学习矩阵的基本知识.

1. 矩阵的概念

《九章算术》是中国古代的一部数学专著，成书于公元一世纪左右. 它是经过历代数学家的增补修订，而逐渐形成的，是中华科学文化的伟大传承之作. 书中第八章“方程”采用分离系数的方法表示线性方程组，就相当于现在的矩阵表示法. 在西方，直到 17 世纪才由莱布尼兹提出. 例如，考察线性方程组

$$\begin{cases} 3x_1+5x_2+6x_3+7x_4=1 \\ 2x_1+x_2-3x_3=-1 \\ 9x_1-6x_2+x_3-2x_4=0 \end{cases}$$

这是一个未知数个数大于方程组个数的线性方程组. 从求解角度来看，这个方程组的特性完全由未知数的 12 个系数和 3 个常数项所确定. 如果我们把这些系数和常数项按原来的行列次序排出一张矩形数表

$$\begin{pmatrix} 3 & 5 & 6 & 7 & 1 \\ 2 & 1 & -3 & 0 & -1 \\ 9 & -6 & 1 & -2 & 0 \end{pmatrix}$$

那么,线性方程组就完全由这张矩形数表所确定.

在经济工作中,也常需要把问题的数据汇总成矩形数表.例如,假定一个企业有甲、乙、丙三种产品和A,B,C,D四个销售地区,所考察期间累计的销售量状况见表1-1:

表1-1　　考察期间累计的销售量状况

销售量 地区 / 产品	A	B	C	D
甲	30	65	53	47
乙	21	71	84	51
丙	89	85	81	69

上述销售状态完全由以下矩形数表所确定:

$$\begin{pmatrix} 30 & 65 & 53 & 47 \\ 21 & 71 & 84 & 51 \\ 89 & 85 & 81 & 69 \end{pmatrix}$$

总之,矩形数表是从实际中抽象出来的一个新的数学对象,为进一步研究起见,给出以下定义.

定义1　由m×n个数排成的一个m行、n列的矩形数表,称为m**行**n**列矩阵**,简称$m\times n$**矩阵**.矩阵用黑体大写英文字母$\boldsymbol{A},\boldsymbol{B},\boldsymbol{C},\cdots$表示.如:

$$\boldsymbol{A}=\begin{pmatrix} a_{11} & a_{12} & \cdots & a_{1n} \\ a_{21} & a_{22} & \cdots & a_{2n} \\ \vdots & \vdots & & \vdots \\ a_{m1} & a_{m2} & \cdots & a_{mn} \end{pmatrix}$$

矩阵$\boldsymbol{A}$中的每个数$a_{ij}(i=1,2,\cdots,m;j=1,2,\cdots,n)$称为矩阵$\boldsymbol{A}$的**元素**.$m\times n$矩阵$\boldsymbol{A}$也可简记为$\boldsymbol{A}=(a_{ij})_{m\times n}$或$\boldsymbol{A}_{m\times n}$.

2. 几种特殊矩阵

(1)零矩阵:所有元素全为零的矩阵称为**零矩阵**,记作$\boldsymbol{O}$或$\boldsymbol{O}_{m\times n}$.

$$\boldsymbol{O}=\begin{pmatrix} 0 & 0 & \cdots & 0 \\ 0 & 0 & \cdots & 0 \\ \vdots & \vdots & & \vdots \\ 0 & 0 & \cdots & 0 \end{pmatrix}_{m\times n}$$

(2)行矩阵、列矩阵

只有一行的矩阵称为**行矩阵**,即$\boldsymbol{A}=(a_1,a_2,\cdots,a_n)(n>1)$;

只有一列的矩阵称为**列矩阵**,即$\boldsymbol{B}=\begin{pmatrix} b_1 \\ b_2 \\ \vdots \\ b_m \end{pmatrix}(m>1)$.

知识讲解

矩阵的概念及线性运算

(3)n 阶方阵：$n\times n$ 矩阵称为 **n 阶方阵**或 **n 阶矩阵**.

①$\boldsymbol{A}_n=\begin{pmatrix} a_{11} & a_{12} & \cdots & a_{1n} \\ a_{21} & a_{22} & \cdots & a_{2n} \\ \vdots & \vdots & & \vdots \\ a_{n1} & a_{n2} & \cdots & a_{nn} \end{pmatrix}$ 是一个 n 阶方阵. $a_{11},a_{22},\cdots,a_{nn}$ 称为**主对角线上的元素**.

②主对角线以下的元素全为零的方阵称为 **n 阶上三角形矩阵**，记作

$$\boldsymbol{A}=\begin{pmatrix} a_{11} & a_{12} & \cdots & a_{1n} \\ & a_{22} & \cdots & a_{2n} \\ & & \ddots & \vdots \\ 0 & & & a_{nn} \end{pmatrix}$$

③主对角线以上的元素全为零的方阵称为 **n 阶下三角形矩阵**，记作

$$\boldsymbol{A}=\begin{pmatrix} a_{11} & & & 0 \\ a_{21} & a_{22} & & \\ \vdots & \vdots & \ddots & \\ a_{n1} & a_{n2} & \cdots & a_{nn} \end{pmatrix}$$

④除了主对角线上的元素以外，其余元素全为零的矩阵称为 **n 阶对角矩阵**，记作

$$\boldsymbol{A}=\begin{pmatrix} a_{11} & & & 0 \\ & a_{22} & & \\ & & \ddots & \\ 0 & & & a_{nn} \end{pmatrix}$$

⑤主对角线上的元素全为 1 的对角矩阵，称为 **n 阶单位矩阵**，记作 $\boldsymbol{I}_n$，即

$$\boldsymbol{I}_n=\begin{pmatrix} 1 & 0 & \cdots & 0 \\ 0 & 1 & \cdots & 0 \\ \vdots & \vdots & & \vdots \\ 0 & 0 & \cdots & 1 \end{pmatrix} \quad 或 \quad \boldsymbol{I}_n=\begin{pmatrix} 1 & & & 0 \\ & 1 & & \\ & & \ddots & \\ 0 & & & 1 \end{pmatrix}$$

3. 矩阵的相等

定义 2 设矩阵 $\boldsymbol{A}=(a_{ij})_{m\times n}$，$\boldsymbol{B}=(b_{ij})_{s\times t}$，如果满足：

(1)$m=s,n=t$；

(2)$a_{ij}=b_{ij}(i=1,2,\cdots,m;j=1,2,\cdots,n)$.

则称矩阵 $\boldsymbol{A}$ 与 $\boldsymbol{B}$ 相等，记作 $\boldsymbol{A}=\boldsymbol{B}$.

例 1 设 $\boldsymbol{A}=\begin{pmatrix} 1 & x \\ x+y & 2 \end{pmatrix}$，$\boldsymbol{B}=\begin{pmatrix} z & 3 \\ 4 & w \end{pmatrix}$，如果 $\boldsymbol{A}=\boldsymbol{B}$，求 $x、y、z、w$.

解 $\boldsymbol{A},\boldsymbol{B}$ 都是二阶方阵，要使 $\boldsymbol{A}=\boldsymbol{B}$，必有 $\begin{cases} x=3 \\ x+y=4 \\ z=1 \\ w=2 \end{cases} \Rightarrow \begin{cases} x=3 \\ y=1 \\ z=1 \\ w=2 \end{cases}$.

4. 矩阵的加法

先看下面的例子，某厂供应处发放四种物质 A、B、C、D 给三个部门，第一季度和第二季度供应数量见表 1-2 和表 1-3(单位：百件).

表 1-2　第一季度供应情况

部门＼数量＼物质	A	B	C	D
Ⅰ	5	4	9	8
Ⅱ	3	1	6	2
Ⅲ	4	7	7	6

表 1-3　第二季度供应情况

部门＼数量＼物质	A	B	C	D
Ⅰ	4	4	8	9
Ⅱ	2	3	7	4
Ⅲ	3	6	5	7

可以将上述两表表示为两个矩阵：

$$\boldsymbol{A}_1=\begin{pmatrix}5&4&9&8\\3&1&6&2\\4&7&7&6\end{pmatrix},\qquad \boldsymbol{A}_2=\begin{pmatrix}4&4&8&9\\2&3&7&4\\3&6&5&7\end{pmatrix}$$

那么该厂上半年四种物质按部门累计供应量可用下列矩阵表示

$$\boldsymbol{A}=\begin{pmatrix}5+4&4+4&9+8&8+9\\3+2&1+3&6+7&2+4\\4+3&7+6&7+5&6+7\end{pmatrix}=\begin{pmatrix}9&8&17&17\\5&4&13&6\\7&13&12&13\end{pmatrix}$$

矩阵 $\boldsymbol{A}$ 的元素是矩阵 $\boldsymbol{A}_1$ 和 $\boldsymbol{A}_2$ 的对应元素之和. 两个矩阵中对应元素逐个相加求和得到一个新矩阵，我们把这种运算定义为**矩阵的加法**.

定义 3　设 $\boldsymbol{A}=(a_{ij})_{m\times n}$，$\boldsymbol{B}=(b_{ij})_{m\times n}$ 都是 $m\times n$ 矩阵，称由 $\boldsymbol{A}$ 与 $\boldsymbol{B}$ 的对应元素相加所得到的 $m\times n$ 矩阵 $\boldsymbol{C}=(c_{ij})_{m\times n}$ 为矩阵 $\boldsymbol{A}$ 与 $\boldsymbol{B}$ 的和，记作

$$\boldsymbol{C}=\boldsymbol{A}+\boldsymbol{B}$$

其中

$$c_{ij}=a_{ij}+b_{ij}\quad(i=1,2,\cdots,m;j=1,2,\cdots,n)$$

例 2　设 $\boldsymbol{A}=\begin{pmatrix}1&2&3\\4&5&6\end{pmatrix}$，$\boldsymbol{B}=\begin{pmatrix}0&-1&3\\2&1&0\end{pmatrix}$，求 $\boldsymbol{A}+\boldsymbol{B}$.

解

$$\begin{aligned}\boldsymbol{A}+\boldsymbol{B}&=\begin{pmatrix}1&2&3\\4&5&6\end{pmatrix}+\begin{pmatrix}0&-1&3\\2&1&0\end{pmatrix}\\&=\begin{pmatrix}1+0&2-1&3+3\\4+2&5+1&6+0\end{pmatrix}=\begin{pmatrix}1&1&6\\6&6&6\end{pmatrix}\end{aligned}$$

·注意·　只有行数相同、列数也相同的两个矩阵才能进行加法运算.

由矩阵加法的定义，容易验证矩阵的加法满足如下的运算规律：

(1)交换律：$\boldsymbol{A}+\boldsymbol{B}=\boldsymbol{B}+\boldsymbol{A}$；

(2)结合律：$\boldsymbol{A}+(\boldsymbol{B}+\boldsymbol{C})=(\boldsymbol{A}+\boldsymbol{B})+\boldsymbol{C}$；

(3)存在零矩阵：对任何矩阵 $\boldsymbol{A}$，有 $\boldsymbol{A}+\boldsymbol{O}=\boldsymbol{A}$.

5. 数乘矩阵

定义 4　用数 k 乘以矩阵 $\boldsymbol{A}$ 的所有元素得到的新矩阵，称为 $\boldsymbol{A}$ 的**数乘矩阵**，记作 $k\boldsymbol{A}$，即如果 $\boldsymbol{A}=(a_{ij})_{m\times n}$，那么 $k\boldsymbol{A}=(ka_{ij})_{m\times n}$.

由定义可知，当矩阵的所有元素都有公因子 k 时，可将公因子 k 提到矩阵之外. 记

$$-\boldsymbol{A}=-1\cdot\boldsymbol{A}=(-a_{ij})_{m\times n}$$

称 $-\boldsymbol{A}$ 为矩阵 $\boldsymbol{A}$ 的**负矩阵**.

应用矩阵加法和负矩阵的概念可以定义矩阵的减法运算.

设 $\boldsymbol{A}=(a_{ij})_{m\times n}$，$\boldsymbol{B}=(b_{ij})_{m\times n}$，那么

$$\boldsymbol{A}-\boldsymbol{B}=\boldsymbol{A}+(-\boldsymbol{B})=(a_{ij}-b_{ij})_{m\times n}$$

数乘矩阵满足如下运算规律：

(1) $(k+l)\boldsymbol{A}=k\boldsymbol{A}+l\boldsymbol{A}$；

(2) $k(\boldsymbol{A}+\boldsymbol{B})=k\boldsymbol{A}+k\boldsymbol{B}$；

(3) $k(l\boldsymbol{A})=(kl)\boldsymbol{A}$；

(4) $1\cdot\boldsymbol{A}=\boldsymbol{A}$，$0\cdot\boldsymbol{A}=\boldsymbol{O}$，$k\cdot\boldsymbol{O}=\boldsymbol{O}$.

其中，k，l 为常数.

例 3 设 $2\boldsymbol{A}+\boldsymbol{X}=\boldsymbol{B}-2\boldsymbol{X}$，求矩阵 $\boldsymbol{X}$. 其中

$$\boldsymbol{A}=\begin{pmatrix}1&-2&0\\4&3&5\end{pmatrix},\boldsymbol{B}=\begin{pmatrix}8&2&6\\5&3&4\end{pmatrix}.$$

解 由 $2\boldsymbol{A}+\boldsymbol{X}=\boldsymbol{B}-2\boldsymbol{X}$ 得 $3\boldsymbol{X}=\boldsymbol{B}-2\boldsymbol{A}$，从而

$$\boldsymbol{X}=\frac{1}{3}(\boldsymbol{B}-2\boldsymbol{A})=\frac{1}{3}\left(\begin{pmatrix}8&2&6\\5&3&4\end{pmatrix}-\begin{pmatrix}2&-4&0\\8&6&10\end{pmatrix}\right)$$

$$=\frac{1}{3}\begin{pmatrix}6&6&6\\-3&-3&-6\end{pmatrix}=\begin{pmatrix}2&2&2\\-1&-1&-2\end{pmatrix}$$

6. 矩阵的乘法

先看一个实例.

设有甲、乙、丙三种产品，其中某两年的产量用矩阵 $\boldsymbol{A}$ 表示；其成本与销售价用矩阵 $\boldsymbol{B}$ 表示，求两年的成本总额与销售总额.

$$\begin{matrix} & \text{甲} & \text{乙} & \text{丙} & \\ \boldsymbol{A}= & \left(\begin{matrix}300\\700\end{matrix}\right. & \begin{matrix}400\\800\end{matrix} & \left.\begin{matrix}500\\900\end{matrix}\right) & \begin{matrix}\text{第一年产量}\\\text{第二年产量}\end{matrix}\end{matrix}$$

$$\begin{matrix} & \text{成本} & \text{销售价} & \\ \boldsymbol{B}= & \left(\begin{matrix}2\\3\\5\end{matrix}\right. & \left.\begin{matrix}2.5\\3.4\\5.5\end{matrix}\right) & \begin{matrix}\text{甲}\\\text{乙}\\\text{丙}\end{matrix}\end{matrix}$$

第一年成本总额为 $300\times2+400\times3+500\times5=4300$

第一年销售总额为 $300\times2.5+400\times3.4+500\times5.5=4860$

第二年成本总额为 $700\times2+800\times3+900\times5=8300$

第二年销售总额为 $700\times2.5+800\times3.4+900\times5.5=9420$

用矩阵表示为

$$C=\begin{pmatrix} 4300 & 4860 \\ 8300 & 9420 \end{pmatrix}\begin{matrix}\text{第一年}\\ \text{第二年}\end{matrix}$$

（列：成本总额　销售总额）

去掉所有的文字，抽象出矩阵的乘法：

$$\begin{pmatrix} 300 & 400 & 500 \\ 700 & 800 & 900 \end{pmatrix}\begin{pmatrix} 2 & 2.5 \\ 3 & 3.4 \\ 5 & 5.5 \end{pmatrix}$$

$$=\begin{pmatrix} 300\times2+400\times3+500\times5 & 300\times2.5+400\times3.4+500\times5.5 \\ 700\times2+800\times3+900\times5 & 700\times2.5+800\times3.4+900\times5.5 \end{pmatrix}$$

$$=\begin{pmatrix} 4300 & 4860 \\ 8300 & 9420 \end{pmatrix}$$

我们将上面实例中这种矩阵之间的关系定义为矩阵的乘法.

定义 5　设矩阵 $\boldsymbol{A}=(a_{ij})_{m\times s}$，$\boldsymbol{B}=(b_{ij})_{s\times n}$，称 $m\times n$ 矩阵 $\boldsymbol{C}=(c_{ij})_{m\times n}$ 为矩阵 $\boldsymbol{A}$ 与 $\boldsymbol{B}$ 的乘积，记作 $\boldsymbol{C}=\boldsymbol{AB}$. 其中

$$c_{ij}=\sum_{k=1}^{s}a_{ik}b_{kj}=a_{i1}b_{1j}+a_{i2}b_{2j}+\cdots+a_{is}b_{sj}\quad(i=1,2,\cdots,m;j=1,2,\cdots,n)$$

注意　(1) 只有矩阵 $\boldsymbol{A}$ 的列数等于矩阵 $\boldsymbol{B}$ 的行数，$\boldsymbol{AB}$ 才有意义.

(2) 矩阵 $\boldsymbol{C}=\boldsymbol{AB}$ 的行数等于矩阵 $\boldsymbol{A}$ 的行数 m，列数等于矩阵 $\boldsymbol{B}$ 的列数 n.

例 4　设 $\boldsymbol{A}=\begin{pmatrix} 1 & -2 \\ 2 & 1 \\ 3 & -3 \end{pmatrix}$，$\boldsymbol{B}=\begin{pmatrix} 1 & -4 & 2 \\ 3 & 5 & -1 \end{pmatrix}$，求 $\boldsymbol{AB}$.

知识讲解

矩阵的乘法

解　$$\boldsymbol{AB}=\begin{pmatrix} 1 & -2 \\ 2 & 1 \\ 3 & -3 \end{pmatrix}\begin{pmatrix} 1 & -4 & 2 \\ 3 & 5 & -1 \end{pmatrix}=\begin{pmatrix} 1-6 & -4-10 & 2+2 \\ 2+3 & -8+5 & 4-1 \\ 3-9 & -12-15 & 6+3 \end{pmatrix}$$

$$=\begin{pmatrix} -5 & -14 & 4 \\ 5 & -3 & 3 \\ -6 & -27 & 9 \end{pmatrix}$$

例 5　设 $\boldsymbol{A}=\begin{pmatrix} 2 & 0 \\ 0 & 2 \end{pmatrix}$，$\boldsymbol{B}=\begin{pmatrix} 1 & 2 & 3 \\ 3 & 2 & 1 \end{pmatrix}$，求 $\boldsymbol{AB}$ 与 $\boldsymbol{BA}$.

解　$\boldsymbol{AB}=\begin{pmatrix} 2 & 0 \\ 0 & 2 \end{pmatrix}\begin{pmatrix} 1 & 2 & 3 \\ 3 & 2 & 1 \end{pmatrix}=\begin{pmatrix} 2 & 4 & 6 \\ 6 & 4 & 2 \end{pmatrix}$，$\boldsymbol{BA}$ 无意义.

例 6　设 $\boldsymbol{A}=\begin{pmatrix} 4 & 8 \\ -6 & -12 \end{pmatrix}$，$\boldsymbol{B}=\begin{pmatrix} -4 & 8 \\ 2 & -4 \end{pmatrix}$，求 $\boldsymbol{AB}$ 与 $\boldsymbol{BA}$.

解　$$\boldsymbol{AB}=\begin{pmatrix} 4 & 8 \\ -6 & -12 \end{pmatrix}\begin{pmatrix} -4 & 8 \\ 2 & -4 \end{pmatrix}=\begin{pmatrix} 0 & 0 \\ 0 & 0 \end{pmatrix}$$

$$\boldsymbol{BA}=\begin{pmatrix} -4 & 8 \\ 2 & -4 \end{pmatrix}\begin{pmatrix} 4 & 8 \\ -6 & -12 \end{pmatrix}=\begin{pmatrix} -64 & -128 \\ 32 & 64 \end{pmatrix}$$

由例 5、例 6 可知，矩阵的乘法不满足交换律，即 $\boldsymbol{AB}\neq\boldsymbol{BA}$.

由例 6 还可以看出，即使 $\boldsymbol{AB}=\boldsymbol{O}$，也不一定有 $\boldsymbol{A}=\boldsymbol{O}$ 或 $\boldsymbol{B}=\boldsymbol{O}$.

例 7 已知 $\boldsymbol{A}=\begin{pmatrix}2&-1\\-6&3\end{pmatrix}$，$\boldsymbol{B}=\begin{pmatrix}3&1&-2\\4&1&-3\end{pmatrix}$，$\boldsymbol{C}=\begin{pmatrix}0&4&0\\-2&7&1\end{pmatrix}$，求 $\boldsymbol{AB}$ 与 $\boldsymbol{AC}$.

解 $\boldsymbol{AB}=\begin{pmatrix}2&-1\\-6&3\end{pmatrix}\begin{pmatrix}3&1&-2\\4&1&-3\end{pmatrix}=\begin{pmatrix}2&1&-1\\-6&-3&3\end{pmatrix}$

$\boldsymbol{AC}=\begin{pmatrix}2&-1\\-6&3\end{pmatrix}\begin{pmatrix}0&4&0\\-2&7&1\end{pmatrix}=\begin{pmatrix}2&1&-1\\-6&-3&3\end{pmatrix}$

由例 7 可知，矩阵乘法不满足消去律，由 $\boldsymbol{AC}=\boldsymbol{BC}$，当 $\boldsymbol{C}\neq\boldsymbol{O}$ 时，不一定有 $\boldsymbol{A}=\boldsymbol{B}$，一般不能在等式两端都消去矩阵 $\boldsymbol{C}$.

矩阵的乘法满足如下运算规律：

(1)结合律 $(\boldsymbol{AB})\boldsymbol{C}=\boldsymbol{A}(\boldsymbol{BC})$；

(2)分配律 $(\boldsymbol{A}+\boldsymbol{B})\boldsymbol{C}=\boldsymbol{AC}+\boldsymbol{BC}$，$\boldsymbol{A}(\boldsymbol{B}+\boldsymbol{C})=\boldsymbol{AB}+\boldsymbol{AC}$；

(3)$k(\boldsymbol{AB})=(k\boldsymbol{A})\boldsymbol{B}=\boldsymbol{A}(k\boldsymbol{B})$($k$ 为常数)；

(4)$\boldsymbol{IA}=\boldsymbol{AI}=\boldsymbol{A}$($\boldsymbol{I}$ 为单位矩阵).

7. 矩阵的转置

定义 6 将矩阵 $\boldsymbol{A}$ 的行变为相应的列，得到新的矩阵，称它为 $\boldsymbol{A}$ 的**转置矩阵**，记作 $\boldsymbol{A}^{\mathrm{T}}$.

例如，设

$$\boldsymbol{A}=\begin{bmatrix}a_{11}&a_{12}&\cdots&a_{1n}\\a_{21}&a_{22}&\cdots&a_{2n}\\\vdots&\vdots&&\vdots\\a_{m1}&a_{m2}&\cdots&a_{mn}\end{bmatrix}$$

则

$$\boldsymbol{A}^{\mathrm{T}}=\begin{bmatrix}a_{11}&a_{21}&\cdots&a_{m1}\\a_{12}&a_{22}&\cdots&a_{m2}\\\vdots&\vdots&&\vdots\\a_{1n}&a_{2n}&\cdots&a_{mn}\end{bmatrix}$$

$\boldsymbol{A}$ 是 $m\times n$ 矩阵，而 $\boldsymbol{A}^{\mathrm{T}}$ 是 $n\times m$ 矩阵.

如果 $\boldsymbol{A}$ 是一个 n 阶方阵，且 $\boldsymbol{A}^{\mathrm{T}}=\boldsymbol{A}$，则称 $\boldsymbol{A}$ 是 **n 阶对称方阵**. 如果 $\boldsymbol{A}=(a_{ij})$ 是一个 n 阶对称方阵，则必有 $a_{ij}=a_{ji}(i,j=1,2,\cdots,n)$.

矩阵的转置有如下性质：

(1)$(\boldsymbol{A}+\boldsymbol{B})^{\mathrm{T}}=\boldsymbol{A}^{\mathrm{T}}+\boldsymbol{B}^{\mathrm{T}}$；

(2) $(\boldsymbol{A}^{\mathrm{T}})^{\mathrm{T}}=\boldsymbol{A}$；

(3) $(k\boldsymbol{A})^{\mathrm{T}}=k\boldsymbol{A}^{\mathrm{T}}$($k$ 为常数)；

(4)$(\boldsymbol{AB})^{\mathrm{T}}=\boldsymbol{B}^{\mathrm{T}}\boldsymbol{A}^{\mathrm{T}}$.

8. 矩阵行列式

将一个 n 阶矩阵 $\boldsymbol{A}$ 的元素按原顺序排列，构成一个 n 阶行列式，称它为 n 阶矩阵 $\boldsymbol{A}$

的行列式，记作 $|\boldsymbol{A}|$ 或 $\det\boldsymbol{A}$.

$$\boldsymbol{A}=\begin{pmatrix}a_{11} & a_{12} & \cdots & a_{1n}\\ a_{21} & a_{22} & \cdots & a_{2n}\\ \vdots & \vdots & & \vdots\\ a_{n1} & a_{n2} & \cdots & a_{nn}\end{pmatrix}$$

则

$$|\boldsymbol{A}|=\begin{vmatrix}a_{11} & a_{12} & \cdots & a_{1n}\\ a_{21} & a_{22} & \cdots & a_{2n}\\ \vdots & \vdots & & \vdots\\ a_{n1} & a_{n2} & \cdots & a_{nn}\end{vmatrix}$$

·注意· 只有 n 阶方阵才有相应的矩阵行列式，也称为方阵 $\boldsymbol{A}$ 的行列式.

$\boldsymbol{A}$ 的行列式 $|\boldsymbol{A}|$ 满足下述运算规律（设 $\boldsymbol{A}$，$\boldsymbol{B}$ 为 n 阶方阵，k 为实数）：

(1) $|\boldsymbol{A}^{\mathrm{T}}|=|\boldsymbol{A}|$；

(2) $|k\boldsymbol{A}|=k^n|\boldsymbol{A}|$；

(3) $|\boldsymbol{AB}|=|\boldsymbol{A}||\boldsymbol{B}|$.

例 8 设 $\boldsymbol{A}=\begin{pmatrix}1 & -1\\ -1 & 2\end{pmatrix}$，$\boldsymbol{B}=\begin{pmatrix}3 & 1\\ 2 & -1\end{pmatrix}$，验证：(1) $(\boldsymbol{AB})^{\mathrm{T}}=\boldsymbol{B}^{\mathrm{T}}\boldsymbol{A}^{\mathrm{T}}$；(2) $|\boldsymbol{AB}|=|\boldsymbol{A}||\boldsymbol{B}|$.

证明 (1)

$$\boldsymbol{AB}=\begin{pmatrix}1 & -1\\ -1 & 2\end{pmatrix}\begin{pmatrix}3 & 1\\ 2 & -1\end{pmatrix}=\begin{pmatrix}1 & 2\\ 1 & -3\end{pmatrix}$$

$$(\boldsymbol{AB})^{\mathrm{T}}=\begin{pmatrix}1 & 1\\ 2 & -3\end{pmatrix},\boldsymbol{B}^{\mathrm{T}}\boldsymbol{A}^{\mathrm{T}}=\begin{pmatrix}3 & 2\\ 1 & -1\end{pmatrix}\begin{pmatrix}1 & -1\\ -1 & 2\end{pmatrix}=\begin{pmatrix}1 & 1\\ 2 & -3\end{pmatrix}$$

所以

$$(\boldsymbol{AB})^{\mathrm{T}}=\boldsymbol{B}^{\mathrm{T}}\boldsymbol{A}^{\mathrm{T}}$$

(2)

$$|\boldsymbol{AB}|=\begin{vmatrix}1 & 2\\ 1 & -3\end{vmatrix}=-5$$

$$|\boldsymbol{A}||\boldsymbol{B}|=\begin{vmatrix}1 & -1\\ -1 & 2\end{vmatrix}\begin{vmatrix}3 & 1\\ 2 & -1\end{vmatrix}=1\times(-5)=-5.$$

所以

$$|\boldsymbol{AB}|=|\boldsymbol{A}||\boldsymbol{B}|$$

例 9 求解案例(客户流动性).

解 设一年后甲、乙两家物流公司的客户分别为 x_1，y_1（家），由题意

$$\begin{cases}x_1=0.7\times160+0.2\times40\\ y_1=0.3\times160+0.8\times40\end{cases}$$

记矩阵

$$\boldsymbol{A}=\begin{pmatrix}0.7 & 0.2\\ 0.3 & 0.8\end{pmatrix},\quad \boldsymbol{B}=\begin{pmatrix}160\\ 40\end{pmatrix}.$$

写成矩阵的乘积

$$\begin{pmatrix} x_1 \\ y_1 \end{pmatrix} = \boldsymbol{AB} = \begin{pmatrix} 0.7 & 0.2 \\ 0.3 & 0.8 \end{pmatrix}\begin{pmatrix} 160 \\ 40 \end{pmatrix} = \begin{pmatrix} 120 \\ 80 \end{pmatrix}.$$

即一年后甲、乙两家物流公司的客户分别是 120 家和 80 家.

依此类推,设两年后甲、乙两家物流公司的客户分别是 x_2, y_2(家),则

$$\begin{pmatrix} x_2 \\ y_2 \end{pmatrix} = \boldsymbol{A}\begin{pmatrix} x_1 \\ y_1 \end{pmatrix} = \begin{pmatrix} 0.7 & 0.2 \\ 0.3 & 0.8 \end{pmatrix}\begin{pmatrix} 120 \\ 80 \end{pmatrix} = \begin{pmatrix} 100 \\ 100 \end{pmatrix},$$

即两年后甲、乙两家物流公司的客户均是 100 家.

从这个案例中,我们看到一个企业在生产管理中,需要用数学知识去量化,再依据所得结论,进行思考及科学决策.我们在学习中要善于利用先进的数学知识和理念,解决生产实际工作中出现的问题.

自测题

1. 设 $\boldsymbol{A} = \begin{pmatrix} 3 & -1 \\ 2 & 5 \\ 2 & 4 \end{pmatrix}, \boldsymbol{B} = \begin{pmatrix} -1 & 5 \\ 0 & 1 \\ 2 & 2 \end{pmatrix}$,若矩阵 $\boldsymbol{X}$ 满足 $\boldsymbol{A} + 2\boldsymbol{X} = \boldsymbol{B}$,求 $\boldsymbol{X}$.

2. 已知 $\boldsymbol{A} = \begin{pmatrix} -1 & 3 & 1 \\ 0 & 4 & 2 \end{pmatrix}, \boldsymbol{B} = \begin{pmatrix} 4 & 1 \\ 2 & 0 \\ 3 & 1 \end{pmatrix}$,求 $\boldsymbol{AB}$ 与 $\boldsymbol{BA}$.

习题 1.1.3

1. 设 $\boldsymbol{A} = \begin{pmatrix} 3-x & y \\ 2 & 1 \end{pmatrix}, \boldsymbol{B} = \begin{pmatrix} 0 & 2 \\ z-1 & 1 \end{pmatrix}$,且 $\boldsymbol{A} = \boldsymbol{B}$,求 x, y, z 的值.

2. 设 $\boldsymbol{A} = \begin{pmatrix} 1 & 2 & 3 \\ 0 & 2 & 0 \\ 0 & 0 & 3 \end{pmatrix}, \boldsymbol{B} = \begin{pmatrix} 1 & 0 & 0 \\ 2 & 1 & 0 \\ 3 & 2 & 1 \end{pmatrix}$,求 $\boldsymbol{A} + 2\boldsymbol{B}$.

3. 解矩阵方程 $\boldsymbol{A} + 2\boldsymbol{X} = \boldsymbol{B}$,其中 $\boldsymbol{A} = \begin{pmatrix} 3 & -1 & 2 & 0 \\ 1 & 5 & 7 & 9 \\ 2 & 4 & 6 & 8 \end{pmatrix}, \boldsymbol{B} = \begin{pmatrix} 7 & 5 & -2 & 4 \\ 5 & 1 & 9 & 7 \\ 3 & 2 & -1 & 6 \end{pmatrix}$.

4. 计算矩阵乘积:

(1) $(1\ 2\ 3\ 4)\begin{pmatrix} 1 \\ 2 \\ 3 \\ 4 \end{pmatrix}$

(2) $\begin{pmatrix} 1 \\ 2 \\ 3 \\ 4 \end{pmatrix}(1\ 2\ 3\ 4)$

(3) $\begin{pmatrix} 3 & -2 & 4 \\ 2 & 0 & 5 \end{pmatrix}\begin{pmatrix} 4 & 1 & 0 \\ 2 & -1 & 3 \\ -6 & 2 & 4 \end{pmatrix}$

(4) $\begin{pmatrix} 0 & 0 & 3 \\ 0 & -1 & 0 \\ 2 & 0 & 0 \end{pmatrix}\begin{pmatrix} 0 & 0 & a \\ 0 & b & 0 \\ c & 0 & 0 \end{pmatrix}$

5. 设 $\boldsymbol{A}=\begin{pmatrix} a & 0 & 0 \\ 0 & a & 0 \\ 0 & 0 & a \end{pmatrix}$，$\boldsymbol{B}=\begin{pmatrix} b_{11} & b_{12} \\ b_{21} & b_{22} \\ b_{31} & b_{32} \end{pmatrix}$，求 $\boldsymbol{AB}$，$\boldsymbol{B}^{\mathrm{T}}\boldsymbol{A}$.

6. 设 $\boldsymbol{A}=\begin{pmatrix} 1 & 0 & 0 \\ 3 & -1 & 0 \\ 1 & 1 & 2 \end{pmatrix}$，$\boldsymbol{B}=\begin{pmatrix} 1 & 2 & 1 \\ 0 & 1 & 0 \\ 0 & 0 & 3 \end{pmatrix}$. 验证并计算：(1) $(\boldsymbol{AB})^{\mathrm{T}}=\boldsymbol{B}^{\mathrm{T}}\boldsymbol{A}^{\mathrm{T}}$；(2) $|\boldsymbol{AB}|=|\boldsymbol{A}||\boldsymbol{B}|$.

7. 某厂生产 5 种产品，1—3 月份的生产数量及产品的单位价格如下表所示：

产品 / 产量 / 月份	Ⅰ	Ⅱ	Ⅲ	Ⅳ	Ⅴ
1	50	30	25	10	5
2	30	60	25	20	10
3	50	60	0	25	5
单价/万元	0.95	1.2	2.35	3	5.2

试做矩阵 $\boldsymbol{A}=(a_{ij})_{3\times5}$，$\boldsymbol{B}=(b_j)_{5\times1}$，其中 a_{ij} 表示该厂 i 月份生产第 j 种产品的数量，b_j 表示第 j 种产品的单位价格，利用矩阵的运算计算该厂各月份的总产值.

1.1.4 初等行变换与矩阵的秩

1. 矩阵的初等行变换

矩阵的初等行变换是矩阵的一种最基本的运算，对于研究矩阵的性质和求解线性方程组等有着重要的作用.

知识讲解

矩阵的初等变换

定义 1 矩阵的初等行变换是指对矩阵施行如下三种变换：

(1)交换矩阵的两行；

(2)用一个非零数乘以矩阵的某一行；

(3)把矩阵的某一行乘以数 k 后加到另一行上去.

称变换(1)为**对换变换**，用记号 $r_i \leftrightarrow r_j$ 表示交换矩阵的第 i 行和第 j 行；

称变换(2)为**倍乘变换**，用记号 kr_i 表示把第 i 行的所有元素乘以数 k；

称变换(3)为**倍加变换**，用记号 r_i+kr_j 表示把第 j 行的所有元素乘以数 k 后，再加到第 i 行的对应元素上去.

例如，设 $\boldsymbol{A}=\begin{pmatrix} 0 & 1 \\ \frac{1}{2} & \frac{3}{2} \end{pmatrix} \xrightarrow{r_1\leftrightarrow r_2} \begin{pmatrix} \frac{1}{2} & \frac{3}{2} \\ 0 & 1 \end{pmatrix} \xrightarrow{2r_1} \begin{pmatrix} 1 & 3 \\ 0 & 1 \end{pmatrix} \xrightarrow{r_1+(-3)r_2} \begin{pmatrix} 1 & 0 \\ 0 & 1 \end{pmatrix}=\boldsymbol{I}_2$

上述过程表示先将矩阵 $\boldsymbol{A}$ 的第 1 行和第 2 行交换，然后再将第 1 行乘以 2，最后把第 2 行乘以 -3 加到第 1 行上去得到矩阵 $\boldsymbol{I}_2$.

2. 行阶梯形矩阵和行简化阶梯形矩阵

定义 2 满足以下条件的矩阵称为**行阶梯形矩阵**：

(1)矩阵的零行(若存在)在矩阵的最下方；

(2)各个非零行的第一个非零元素都在上一行第一个非零元素的右边.

例如,矩阵

$$\begin{pmatrix}2 & 3 & 0 & 1 & 2\\0 & -1 & 4 & 3 & 1\\0 & 0 & 0 & 5 & 3\end{pmatrix},\begin{pmatrix}3 & 2 & 0 & 1\\0 & 1 & 0 & -1\\0 & 0 & 5 & 4\\0 & 0 & 0 & 0\end{pmatrix}$$

都是行阶梯形矩阵,而矩阵

$$\begin{pmatrix}1 & 0 & 0 & 1\\0 & 2 & 0 & -2\\0 & -1 & 0 & 1\\0 & 0 & 0 & 0\end{pmatrix},\begin{pmatrix}3 & 2 & 0 & 1\\0 & 0 & 0 & -1\\0 & 1 & 5 & 4\\0 & 0 & 0 & 0\end{pmatrix},\begin{pmatrix}2 & 0 & 0 & 1\\0 & 0 & 0 & 0\\0 & -1 & 0 & 1\\0 & 0 & 0 & 0\end{pmatrix}$$

就不是行阶梯形矩阵.

例 1 用矩阵的初等行变换将矩阵 $\boldsymbol{A}=\begin{pmatrix}1 & 0 & 1\\2 & 2 & 0\\4 & 2 & 1\end{pmatrix}$ 化为行阶梯形矩阵.

解

$$\boldsymbol{A}=\begin{pmatrix}1 & 0 & 1\\2 & 2 & 0\\4 & 2 & 1\end{pmatrix}\xrightarrow[r_3+(-4)r_1]{r_2+(-2)r_1}\begin{pmatrix}1 & 0 & 1\\0 & 2 & -2\\0 & 2 & -3\end{pmatrix}$$

$$\xrightarrow{r_3+(-1)r_2}\begin{pmatrix}1 & 0 & 1\\0 & 2 & -2\\0 & 0 & -1\end{pmatrix}$$

如果行阶梯形矩阵还满足以下条件：

(1)各非零行的第一个非零元素都是 1；

(2)所有第一个非零元素所在列的其余元素都是零,

那么该矩阵称为**行简化阶梯形矩阵**.

例如,矩阵

$$\begin{pmatrix}1 & 0 & 0 & 1\\0 & 1 & 0 & -2\\0 & 0 & 1 & 1\\0 & 0 & 0 & 0\end{pmatrix},\begin{pmatrix}1 & 0 & 0 & 0 & 3\\0 & 1 & 2 & 0 & 1\\0 & 0 & 0 & 1 & 1\\0 & 0 & 0 & 0 & 0\end{pmatrix}$$

是行简化阶梯形矩阵,而矩阵

$$\begin{pmatrix}1 & 0 & 1 & 0\\0 & 1 & 0 & 0\\0 & 0 & 1 & 1\\0 & 0 & 0 & 0\end{pmatrix},\begin{pmatrix}1 & 0 & 0 & 0 & 0\\0 & 1 & 2 & 1 & -1\\0 & 0 & 0 & 1 & 1\\0 & 0 & 0 & 0 & 1\end{pmatrix}$$

都不是行简化阶梯形矩阵.

利用初等行变换可以把矩阵化为行阶梯形矩阵,进而化为行简化阶梯形矩阵.

我们对例 1 所得的行阶梯形矩阵再施行初等行变换，就可将其化为行简化阶梯形矩阵.

$$\begin{pmatrix} 1 & 0 & 1 \\ 0 & 2 & -2 \\ 0 & 0 & -1 \end{pmatrix} \xrightarrow[(-1)r_3]{\frac{1}{2}r_2} \begin{pmatrix} 1 & 0 & 1 \\ 0 & 1 & -1 \\ 0 & 0 & 1 \end{pmatrix} \xrightarrow[r_2+r_3]{r_1+(-1)r_3} \begin{pmatrix} 1 & 0 & 0 \\ 0 & 1 & 0 \\ 0 & 0 & 1 \end{pmatrix}$$

一般地，有如下结论：

定理 任何矩阵 $\boldsymbol{A}$ 经过一系列初等行变换可化成行阶梯形矩阵(称为 $\boldsymbol{A}$ 的行阶梯形矩阵)，再经过一系列初等行变换可化成行简化阶梯形矩阵.

·注意· 矩阵的行简化阶梯形矩阵是唯一的，而矩阵的行阶梯形矩阵并不是唯一的，但是一个矩阵的行阶梯形矩阵中非零行的个数是唯一的. 矩阵的这一性质在矩阵理论中占有非常重要的地位.

例 2 将矩阵 $\boldsymbol{A}$ 化为行阶梯形矩阵与行简化阶梯形矩阵.

$$\boldsymbol{A}=\begin{pmatrix} 1 & -1 & -1 & 0 \\ 1 & 1 & 3 & 2 \\ 3 & -1 & 1 & 2 \\ 1 & 3 & 7 & 8 \end{pmatrix}$$

解

$$\boldsymbol{A} \xrightarrow[\substack{r_3-3r_1 \\ r_4-r_1}]{r_2-r_1} \begin{pmatrix} 1 & -1 & -1 & 0 \\ 0 & 2 & 4 & 2 \\ 0 & 2 & 4 & 2 \\ 0 & 4 & 8 & 8 \end{pmatrix} \xrightarrow[r_4-2r_2]{r_3-r_2} \begin{pmatrix} 1 & -1 & -1 & 0 \\ 0 & 2 & 4 & 2 \\ 0 & 0 & 0 & 0 \\ 0 & 0 & 0 & 4 \end{pmatrix}$$

$$\xrightarrow{r_4 \leftrightarrow r_3} \begin{pmatrix} 1 & -1 & -1 & 0 \\ 0 & 2 & 4 & 2 \\ 0 & 0 & 0 & 4 \\ 0 & 0 & 0 & 0 \end{pmatrix}=\boldsymbol{B}$$

则矩阵 $\boldsymbol{B}$ 就是行阶梯形矩阵.

将其继续化为行简化阶梯形矩阵.

$$\begin{pmatrix} 1 & -1 & -1 & 0 \\ 0 & 2 & 4 & 2 \\ 0 & 0 & 0 & 4 \\ 0 & 0 & 0 & 0 \end{pmatrix} \xrightarrow{\substack{\frac{1}{2}r_2 \\ \frac{1}{4}r_3}} \begin{pmatrix} 1 & -1 & -1 & 0 \\ 0 & 1 & 2 & 1 \\ 0 & 0 & 0 & 1 \\ 0 & 0 & 0 & 0 \end{pmatrix}$$

$$\xrightarrow{r_2-r_3} \begin{pmatrix} 1 & -1 & -1 & 0 \\ 0 & 1 & 2 & 0 \\ 0 & 0 & 0 & 1 \\ 0 & 0 & 0 & 0 \end{pmatrix} \xrightarrow{r_1+r_2} \begin{pmatrix} 1 & 0 & 1 & 0 \\ 0 & 1 & 2 & 0 \\ 0 & 0 & 0 & 1 \\ 0 & 0 & 0 & 0 \end{pmatrix}=\boldsymbol{C}.$$

矩阵 $\boldsymbol{C}$ 就是矩阵 $\boldsymbol{A}$ 的行简化阶梯形矩阵.

3. 矩阵的秩

知识讲解
矩阵的秩

定义 3 矩阵 $\boldsymbol{A}$ 的行阶梯形矩阵中非零行的个数称为矩阵 $\boldsymbol{A}$ 的秩,记作秩 $\boldsymbol{A}$ 或 $r(\boldsymbol{A})$.

例 1 中矩阵 $\boldsymbol{A}$ 的行阶梯形矩阵中的非零行的个数是 3,所以 $r(\boldsymbol{A})=3$.

例 3 设 $\boldsymbol{A}=\begin{pmatrix}1&2&-1&-2\\2&-1&1&1\\3&1&0&-1\end{pmatrix}$,求 $r(\boldsymbol{A})$ 和 $r(\boldsymbol{A}^{\mathrm{T}})$.

解

$$\boldsymbol{A}=\begin{pmatrix}1&2&-1&-2\\2&-1&1&1\\3&1&0&-1\end{pmatrix}\xrightarrow[r_3+(-3)r_1]{r_2+(-2)r_1}\begin{pmatrix}1&2&-1&-2\\0&-5&3&5\\0&-5&3&5\end{pmatrix}$$

$$\xrightarrow{r_3+(-1)r_2}\begin{pmatrix}1&2&-1&-2\\0&-5&3&5\\0&0&0&0\end{pmatrix}$$

$$\boldsymbol{A}^{\mathrm{T}}=\begin{pmatrix}1&2&3\\2&-1&1\\-1&1&0\\-2&1&-1\end{pmatrix}\xrightarrow[\substack{r_3+r_1\\r_4+2r_1}]{r_2+(-2)r_1}\begin{pmatrix}1&2&3\\0&-5&-5\\0&3&3\\0&5&5\end{pmatrix}\xrightarrow{\frac{1}{5}r_2}\begin{pmatrix}1&2&3\\0&-1&-1\\0&3&3\\0&5&5\end{pmatrix}$$

$$\xrightarrow[r_4+5r_2]{r_3+3r_2}\begin{pmatrix}1&2&3\\0&-1&-1\\0&0&0\\0&0&0\end{pmatrix}$$

所以,$r(\boldsymbol{A})=r(\boldsymbol{A}^{\mathrm{T}})=2$.

事实上,对于任意一个矩阵 $\boldsymbol{A}$,都有 $r(\boldsymbol{A})=r(\boldsymbol{A}^{\mathrm{T}})$.

自测题

1. 将矩阵 $\boldsymbol{A}=\begin{pmatrix}1&0&1\\-1&3&-5\\1&3&-4\end{pmatrix}$ 化成行阶梯形矩阵与行简化阶梯形矩阵.

2. 求矩阵 $\boldsymbol{A}=\begin{pmatrix}-1&3&-5\\2&1&0\\-3&2&-5\end{pmatrix}$ 的秩.

习题 1.1.4

1. 将下列矩阵化成行阶梯形矩阵与行简化阶梯形矩阵：

(1) $\begin{pmatrix} 1 & 1 & 1 & -1 \\ -1 & -1 & 2 & 3 \\ 2 & 2 & 5 & 0 \end{pmatrix}$ (2) $\begin{bmatrix} 2 & -1 & 3 & 1 \\ 4 & -2 & 5 & 4 \\ -4 & 2 & -6 & -2 \\ 2 & -1 & 4 & 0 \end{bmatrix}$

2. 求下列矩阵的秩：

(1) $\begin{pmatrix} 1 & 1 & 2 \\ 1 & 2 & 3 \\ 0 & 1 & 1 \end{pmatrix}$ (2) $\begin{bmatrix} 1 & 3 & -1 & -2 \\ 2 & -1 & 2 & 3 \\ 3 & 2 & 1 & 1 \\ 1 & -4 & 3 & 5 \end{bmatrix}$

(3) $\begin{pmatrix} 1 & -1 & 2 \\ 2 & -3 & 1 \\ -2 & 2 & -4 \end{pmatrix}$ (4) $\begin{bmatrix} 2 & 1 & -1 & 2 \\ 1 & -1 & 2 & 3 \\ -1 & 2 & 1 & 1 \\ 4 & -2 & 0 & 4 \end{bmatrix}$

3. 设 $\boldsymbol{A}=\begin{pmatrix} 1 & -2 & 3 & 5 \\ 0 & 1 & 2 & 1 \\ 1 & -1 & 5 & x \end{pmatrix}$，若 $r(\boldsymbol{A})=2$，试求 x 的值.

4. 将线性方程组

$$\begin{cases} x_1+x_2-x_3+x_4=1 \\ 2x_1-4x_3+x_4=0 \\ 2x_1-x_2-5x_3-3x_4=6 \\ 3x_1+4x_2-2x_3+4x_4=3 \end{cases}$$

的系数与常数组成的如下矩阵

$$\boldsymbol{A}=\begin{bmatrix} 1 & 1 & -1 & 1 & 1 \\ 2 & 0 & -4 & 1 & 0 \\ 2 & -1 & -5 & -3 & 6 \\ 3 & 4 & -2 & 4 & 3 \end{bmatrix}$$

化成行阶梯形矩阵与行简化阶梯形矩阵.

1.1.5 矩阵的逆

在中学已经学过，对于任意两个实数 a，b，如果 $ab=1$，则 $a=b^{-1}$，$b=a^{-1}$. 那么对于矩阵是否也有如此结论呢？本节将讨论这一问题.

1. 矩阵的逆的概念

定义 对于矩阵 $\boldsymbol{A}$，如果存在矩阵 $\boldsymbol{B}$，使得 $\boldsymbol{AB}=\boldsymbol{BA}=\boldsymbol{I}$，则称矩阵 $\boldsymbol{A}$ **可逆**，并称矩阵 $\boldsymbol{B}$ 为 $\boldsymbol{A}$ **的逆**，记作 $\boldsymbol{A}^{-1}$，即 $\boldsymbol{A}^{-1}=\boldsymbol{B}$.

显然，单位矩阵 $\boldsymbol{I}$ 是可逆的，且 $\boldsymbol{I}^{-1}=\boldsymbol{I}$. 由可逆矩阵的定义可知，$\boldsymbol{A}$ 与 $\boldsymbol{B}$ 都是可逆的，且 $\boldsymbol{A}^{-1}=\boldsymbol{B}$，$\boldsymbol{B}^{-1}=\boldsymbol{A}$；可逆矩阵一定是方阵；可逆矩阵的逆是唯一的.

例 1 设 $\boldsymbol{A}=\begin{pmatrix}1 & 2\\0 & 1\end{pmatrix}$，$\boldsymbol{B}=\begin{pmatrix}1 & -2\\0 & 1\end{pmatrix}$，由定义容易验证 $\boldsymbol{A}$ 与 $\boldsymbol{B}$ 互为逆矩阵.

2. 矩阵的逆的性质

性质 1 若 $\boldsymbol{A}$ 可逆，则 $\boldsymbol{A}^{-1}$ 也可逆，且 $(\boldsymbol{A}^{-1})^{-1}=\boldsymbol{A}$；

性质 2 若 $\boldsymbol{A}$ 可逆，则 $\boldsymbol{A}^{\mathrm{T}}$ 也可逆，且 $(\boldsymbol{A}^{\mathrm{T}})^{-1}=(\boldsymbol{A}^{-1})^{\mathrm{T}}$；

性质 3 若 $\boldsymbol{A}$ 可逆，$k\neq 0$，则 $k\boldsymbol{A}$ 也可逆，且 $(k\boldsymbol{A})^{-1}=\dfrac{1}{k}\boldsymbol{A}^{-1}$；

性质 4 若 n 阶矩阵 $\boldsymbol{A}$ 与 $\boldsymbol{B}$ 均可逆，则 $\boldsymbol{AB}$ 也可逆，且 $(\boldsymbol{AB})^{-1}=\boldsymbol{B}^{-1}\boldsymbol{A}^{-1}$.

3. 可逆矩阵的判定

一般地，利用定义判别一个 n 阶方阵是否可逆是不方便的，下面介绍矩阵可逆的充要条件.

定理 1 n 阶矩阵 $\boldsymbol{A}$ 可逆的充要条件是 $|\boldsymbol{A}|\neq 0$.

例 2 判断矩阵 $\boldsymbol{A}=\begin{pmatrix}1 & 1 & 3\\2 & 3 & 7\\3 & 4 & 9\end{pmatrix}$ 与 $\boldsymbol{B}=\begin{pmatrix}1 & 2 & 3\\2 & 4 & 6\\1 & 0 & 4\end{pmatrix}$ 是否可逆？

解 因为

$$|\boldsymbol{A}|=\begin{vmatrix}1 & 1 & 3\\2 & 3 & 7\\3 & 4 & 9\end{vmatrix}=-1\neq 0,\quad |\boldsymbol{B}|=\begin{vmatrix}1 & 2 & 3\\2 & 4 & 6\\1 & 0 & 4\end{vmatrix}=0$$

所以由定理 1 知，矩阵 $\boldsymbol{A}$ 可逆，$\boldsymbol{B}$ 不可逆.

定理 2 设 $\boldsymbol{A}$，$\boldsymbol{B}$ 都是 n 阶方阵，如果 $\boldsymbol{AB}=\boldsymbol{I}$，那么 $\boldsymbol{A}$，$\boldsymbol{B}$ 均可逆，且 $\boldsymbol{A}^{-1}=\boldsymbol{B}$，$\boldsymbol{B}^{-1}=\boldsymbol{A}$.

这是检验矩阵 $\boldsymbol{A}$，$\boldsymbol{B}$ 可逆的一个方法，要比定义的运算量减少一半.

知识讲解

逆矩阵

4. 矩阵的逆的求法

(1)定义法

求一个可逆矩阵的逆可直接利用定义来求.

例如，对例 1 中的矩阵 $\boldsymbol{A}=\begin{pmatrix}1 & 2\\0 & 1\end{pmatrix}$，因为 $|\boldsymbol{A}|=1\neq 0$，所以 $\boldsymbol{A}$ 可逆.

设 $\boldsymbol{A}^{-1}=\begin{pmatrix}x_1 & x_2\\x_3 & x_4\end{pmatrix}$，则

$$\boldsymbol{AA}^{-1}=\begin{pmatrix}1 & 2\\0 & 1\end{pmatrix}\begin{pmatrix}x_1 & x_2\\x_3 & x_4\end{pmatrix}=\begin{pmatrix}x_1+2x_3 & x_2+2x_4\\x_3 & x_4\end{pmatrix}=\begin{pmatrix}1 & 0\\0 & 1\end{pmatrix}$$

由矩阵相等的概念有

$$\begin{cases} x_1+2x_3=1 \\ x_2+2x_4=0 \\ x_3=0 \\ x_4=1 \end{cases} \Rightarrow \begin{cases} x_1=1 \\ x_2=-2 \\ x_3=0 \\ x_4=1 \end{cases}$$

所以，$\boldsymbol{A}^{-1}=\begin{pmatrix} 1 & -2 \\ 0 & 1 \end{pmatrix}$.

(2)公式法

定理 3 n 阶可逆方阵 $\boldsymbol{A}$ 的逆矩阵 $\boldsymbol{A}^{-1}=\frac{1}{|\boldsymbol{A}|}\boldsymbol{A}^*$，其中，$\boldsymbol{A}^*$ 为 $\boldsymbol{A}$ 的伴随矩阵，即

$$\boldsymbol{A}^*=\begin{pmatrix} A_{11} & A_{21} & \cdots & A_{n1} \\ A_{12} & A_{22} & \cdots & A_{n2} \\ \vdots & \vdots & & \vdots \\ A_{1n} & A_{2n} & \cdots & A_{nn} \end{pmatrix}$$

其中，A_{ij} 为 $\boldsymbol{A}$ 中 a_{ij} 的代数余子式.

例 3 求矩阵 $\boldsymbol{A}=\begin{pmatrix} 1 & -1 & 2 \\ 0 & 1 & -1 \\ 2 & 1 & 0 \end{pmatrix}$ 的逆矩阵.

解 $|\boldsymbol{A}|=-1\neq 0$，故 $\boldsymbol{A}^{-1}$ 存在.

$$A_{11}=(-1)^{1+1}\begin{vmatrix} 1 & -1 \\ 1 & 0 \end{vmatrix}=1, \quad A_{12}=(-1)^{1+2}\begin{vmatrix} 0 & -1 \\ 2 & 0 \end{vmatrix}=-2$$

$$A_{13}=(-1)^{1+3}\begin{vmatrix} 0 & 1 \\ 2 & 1 \end{vmatrix}=-2, \quad A_{21}=(-1)^{2+1}\begin{vmatrix} -1 & 2 \\ 1 & 0 \end{vmatrix}=2$$

$$A_{22}=(-1)^{2+2}\begin{vmatrix} 1 & 2 \\ 2 & 0 \end{vmatrix}=-4, \quad A_{23}=(-1)^{2+3}\begin{vmatrix} 1 & -1 \\ 2 & 1 \end{vmatrix}=-3$$

$$A_{31}=(-1)^{3+1}\begin{vmatrix} -1 & 2 \\ 1 & -1 \end{vmatrix}=-1, \quad A_{32}=(-1)^{3+2}\begin{vmatrix} 1 & 2 \\ 0 & -1 \end{vmatrix}=1$$

$$A_{33}=(-1)^{3+3}\begin{vmatrix} 1 & -1 \\ 0 & 1 \end{vmatrix}=1$$

所以，$\boldsymbol{A}^{-1}=\frac{1}{|\boldsymbol{A}|}\boldsymbol{A}^*=\frac{1}{-1}\begin{pmatrix} 1 & 2 & -1 \\ -2 & -4 & 1 \\ -2 & -3 & 1 \end{pmatrix}=\begin{pmatrix} -1 & -2 & 1 \\ 2 & 4 & -1 \\ 2 & 3 & -1 \end{pmatrix}$

对初学者来说，有时需要验证 $\boldsymbol{A}^{-1}$ 是否正确，即验证 $\boldsymbol{A}\boldsymbol{A}^{-1}=\boldsymbol{I}$ 是否成立.

(3)初等行变换法

对于三阶以上可逆方阵求逆时，如果利用前面介绍的两种方法计算，则计算量非常大，计算起来也不方便. 下面介绍矩阵求逆的另一种方法——**初等行变换法**.

首先，把 n 阶方阵 $\boldsymbol{A}$ 和与 $\boldsymbol{A}$ 同阶的单位矩阵 $\boldsymbol{I}$ 写成一个 $n\times 2n$ 矩阵：

$$(\boldsymbol{A} \mid \boldsymbol{I})$$

然后利用初等行变换将 $\boldsymbol{A}$ 化成单位矩阵 $\boldsymbol{I}$，此时在相同的变换下，原来的 $\boldsymbol{I}$ 就化成了 $\boldsymbol{A}^{-1}$.

上面过程可简写成：

$$(\boldsymbol{A} \mid \boldsymbol{I}) \rightarrow (\boldsymbol{I} \mid \boldsymbol{A}^{-1})$$

例 4 利用初等行变换求矩阵 $\boldsymbol{A}=\begin{pmatrix}0&0&0&4\\0&3&0&0\\0&0&2&0\\1&0&0&0\end{pmatrix}$ 的逆矩阵.

解 作一个 4×8 阶矩阵

$$(\boldsymbol{A} \mid \boldsymbol{I})=\left(\begin{array}{cccc|cccc}0&0&0&4&1&0&0&0\\0&3&0&0&0&1&0&0\\0&0&2&0&0&0&1&0\\1&0&0&0&0&0&0&1\end{array}\right)$$

$$\xrightarrow{r_1 \leftrightarrow r_4}\left(\begin{array}{cccc|cccc}1&0&0&0&0&0&0&1\\0&3&0&0&0&1&0&0\\0&0&2&0&0&0&1&0\\0&0&0&4&1&0&0&0\end{array}\right)$$

$$\xrightarrow[\frac{1}{4}r_4]{\frac{1}{3}r_2,\ \frac{1}{2}r_3}\left(\begin{array}{cccc|cccc}1&0&0&0&0&0&0&1\\0&1&0&0&0&\frac{1}{3}&0&0\\0&0&1&0&0&0&\frac{1}{2}&0\\0&0&0&1&\frac{1}{4}&0&0&0\end{array}\right)=(\boldsymbol{I} \mid \boldsymbol{A}^{-1})$$

所以

$$\boldsymbol{A}^{-1}=\begin{pmatrix}0&0&0&1\\0&\frac{1}{3}&0&0\\0&0&\frac{1}{2}&0\\\frac{1}{4}&0&0&0\end{pmatrix}$$

例 5 已知 $\begin{pmatrix}2&1\\3&2\end{pmatrix}\boldsymbol{X}=\begin{pmatrix}-2&4\\3&-1\end{pmatrix}$，利用逆矩阵求未知矩阵 $\boldsymbol{X}$.

解 设

$$\boldsymbol{A}=\begin{pmatrix}2&1\\3&2\end{pmatrix},\quad \boldsymbol{B}=\begin{pmatrix}-2&4\\3&-1\end{pmatrix}$$

上述矩阵方程可表示为 $\boldsymbol{AX}=\boldsymbol{B}$.

由于

$$|\boldsymbol{A}|=\begin{vmatrix}2 & 1\\ 3 & 2\end{vmatrix}=1\neq 0$$

故 $\boldsymbol{A}^{-1}$ 存在.用 $\boldsymbol{A}^{-1}$ 左乘 $\boldsymbol{AX}=\boldsymbol{B}$ 的两端,得

$$\boldsymbol{A}^{-1}(\boldsymbol{AX})=\boldsymbol{A}^{-1}\boldsymbol{B}$$

由矩阵乘法的结合律,得

$$(\boldsymbol{A}^{-1}\boldsymbol{A})\boldsymbol{X}=\boldsymbol{A}^{-1}\boldsymbol{B}$$
$$\boldsymbol{IX}=\boldsymbol{A}^{-1}\boldsymbol{B}$$

即

$$\boldsymbol{X}=\boldsymbol{A}^{-1}\boldsymbol{B}$$

因为

$$\boldsymbol{A}^{-1}=\begin{pmatrix}2 & -1\\ -3 & 2\end{pmatrix}$$

所以

$$\boldsymbol{X}=\boldsymbol{A}^{-1}\boldsymbol{B}=\begin{pmatrix}2 & -1\\ -3 & 2\end{pmatrix}\begin{pmatrix}-2 & 4\\ 3 & -1\end{pmatrix}=\begin{pmatrix}-7 & 9\\ 12 & -14\end{pmatrix}$$

即

$$\boldsymbol{X}=\begin{pmatrix}-7 & 9\\ 12 & -14\end{pmatrix}$$

自测题

求矩阵 $\boldsymbol{A}=\begin{pmatrix}-1 & -2 & 1\\ 2 & 4 & -1\\ 2 & 3 & -1\end{pmatrix}$ 的逆矩阵.

习题 1.1.5

1.求下列矩阵的伴随矩阵:

(1) $\begin{pmatrix}3 & 2\\ 1 & 0\end{pmatrix}$　　(2) $\begin{pmatrix}1 & 0 & 0\\ 0 & 2 & 0\\ 0 & 0 & 3\end{pmatrix}$　　(3) $\begin{pmatrix}2 & 2 & 3\\ 1 & -1 & 0\\ -1 & 2 & 1\end{pmatrix}$

2.用矩阵的初等行变换求下列矩阵的逆矩阵:

(1) $\begin{pmatrix}1 & 0 & 0\\ 2 & 1 & 0\\ 3 & 2 & 1\end{pmatrix}$　　(2) $\begin{pmatrix}0 & 0 & 2\\ 0 & 3 & 0\\ 4 & 0 & 0\end{pmatrix}$　　(3) $\begin{pmatrix}1 & 0 & 0 & 0\\ 0 & 3 & 0 & 0\\ 0 & 0 & 5 & 0\\ 0 & 0 & 0 & 7\end{pmatrix}$

3. 用公式法求下列矩阵的逆矩阵：

(1) $\begin{pmatrix} 3 & 2 \\ 1 & 0 \end{pmatrix}$　　(2) $\begin{pmatrix} \sin x & -\cos x \\ \cos x & \sin x \end{pmatrix}$　　(3) $\begin{pmatrix} 1 & -2 & 5 \\ -3 & 0 & 4 \\ 2 & 1 & 6 \end{pmatrix}$

4. 设矩阵 $\boldsymbol{A}=\begin{pmatrix} 1 & -1 & 2 \\ 0 & 1 & -1 \\ 2 & 1 & 0 \end{pmatrix}$，判断 $\boldsymbol{A}$ 是否可逆，如果可逆，求 $\boldsymbol{A}^{-1}$.

5. 求下列矩阵的逆矩阵：

(1) $\begin{pmatrix} 2 & 2 & 3 \\ 1 & -1 & 0 \\ -1 & 2 & 1 \end{pmatrix}$　　(2) $\begin{pmatrix} 2 & 0 & 0 & 0 \\ 1 & 2 & 0 & 0 \\ 0 & 0 & 3 & 0 \\ 0 & 0 & 1 & 3 \end{pmatrix}$

6. 求解矩阵方程

$$\begin{pmatrix} 1 & 1 & -1 \\ 0 & 2 & 2 \\ 1 & -1 & 0 \end{pmatrix}\boldsymbol{X}=\begin{pmatrix} \frac{4}{3} & -1 & 1 \\ \frac{1}{3} & 1 & 0 \\ 2 & 1 & 1 \end{pmatrix}$$

1.1.6 线性方程组

案例　（合作分成）近三年来，以习近平同志为核心的党中央始终坚持人民生命至上、人民利益至上，带领人民有力抗击新冠疫情，有效保护人民的生命安全和身体健康，新冠发病、重症和死亡比例均处于全球最低水平．在抗疫物资运输过程中，三家物流公司团结合作，彼此实行资源共享，由于运输工具与成本各异，他们达成如下协议：

(1)每个公司工作 10 天(包括给自己公司运输在内)；

(2)根据测算，每个公司的日收入在 30～40 万元；

(3)每个公司的日收入数应使得每个公司的总收入与总支出相等.

表 1-4 是他们协商后制订的工作天数的分配方案，如何计算出每个公司应得的日收入？

表 1-4　　工作天数分配方案

地点 \ 天数 \ 公司	A_1	A_2	A_3
在公司 A_1 的工作天数	2	1	6
在公司 A_2 的工作天数	4	5	1
在公司 A_3 的工作天数	4	4	3

1. 线性方程组的矩阵表示

线性方程组的一般形式如下：

$$\begin{cases} a_{11}x_1+a_{12}x_2+\cdots+a_{1n}x_n=b_1 \\ a_{21}x_1+a_{22}x_2+\cdots+a_{2n}x_n=b_2 \\ \qquad\vdots \\ a_{m1}x_1+a_{m2}x_2+\cdots+a_{mn}x_n=b_m \end{cases} \tag{1}$$

其中，$x_1,x_2,\cdots,x_n$ 表示未知量，a_{ij}（$i=1,2,\cdots,m$；$j=1,2,\cdots,n$）表示未知量的系数，$b_1,b_2,\cdots,b_m$ 表示常数项.

线性方程组(1)的一个解是指这样的一组数($k_1,k_2,\cdots,k_n$)，用它们依次代替(1)中的未知量 $x_1,x_2,\cdots,x_n$ 后，(1)的每个方程都成立.

设 $\boldsymbol{A}$ 表示由线性方程组(1)的系数构成的 $m\times n$ 矩阵，称它为线性方程组(1)的**系数矩阵**；$\boldsymbol{X}$ 表示由未知量构成的列矩阵；$\boldsymbol{B}$ 表示由常数项构成的列矩阵. 即

$$\boldsymbol{A}=\begin{pmatrix} a_{11} & a_{12} & \cdots & a_{1n} \\ a_{21} & a_{22} & \cdots & a_{2n} \\ \vdots & \vdots & & \vdots \\ a_{m1} & a_{m2} & \cdots & a_{mn} \end{pmatrix},\boldsymbol{X}=\begin{pmatrix} x_1 \\ x_2 \\ \vdots \\ x_n \end{pmatrix},\boldsymbol{B}=\begin{pmatrix} b_1 \\ b_2 \\ \vdots \\ b_m \end{pmatrix}$$

由矩阵乘法运算和矩阵相等的定义，可将线性方程组(1)写成矩阵方程的形式，即

$$\boldsymbol{AX}=\boldsymbol{B}$$

对于线性方程组(1)，称

$$\overline{\boldsymbol{A}}=(\boldsymbol{A}\mid\boldsymbol{B})=\left(\begin{array}{cccc:c} a_{11} & a_{12} & \cdots & a_{1n} & b_1 \\ a_{21} & a_{22} & \cdots & a_{2n} & b_2 \\ \vdots & \vdots & & \vdots & \vdots \\ a_{m1} & a_{m2} & \cdots & a_{mn} & b_m \end{array}\right)$$

为方程组(1)的**增广矩阵**. 一个线性方程组的增广矩阵是唯一的. 反过来，给定的增广矩阵唯一确定一个线性方程组.

例 1 写出线性方程组

$$\begin{cases} x_1+x_2+x_3+x_4=0 \\ x_1+3x_2+2x_3+4x_4=-6 \\ 2x_1+x_3-x_4=6 \end{cases}$$

的矩阵形式和增广矩阵.

解 设 $\boldsymbol{A}=\begin{pmatrix} 1 & 1 & 1 & 1 \\ 1 & 3 & 2 & 4 \\ 2 & 0 & 1 & -1 \end{pmatrix},\boldsymbol{X}=\begin{pmatrix} x_1 \\ x_2 \\ x_3 \\ x_4 \end{pmatrix},\boldsymbol{B}=\begin{pmatrix} 0 \\ -6 \\ 6 \end{pmatrix}$，则方程组的矩阵形式为

$$\boldsymbol{AX}=\boldsymbol{B}$$

方程组的增广矩阵为

$$\overline{\boldsymbol{A}}=(\boldsymbol{A}\mid\boldsymbol{B})=\left(\begin{array}{cccc:c} 1 & 1 & 1 & 1 & 0 \\ 1 & 3 & 2 & 4 & -6 \\ 2 & 0 & 1 & -1 & 6 \end{array}\right)$$

当线性方程组(1)中的常数项 $b_1=b_2=\cdots=b_m=0$ 时,即

$$\begin{cases}a_{11}x_1+a_{12}x_2+\cdots+a_{1n}x_n=0\\ a_{21}x_1+a_{22}x_2+\cdots+a_{2n}x_n=0\\ \qquad\vdots\\ a_{m1}x_1+a_{m2}x_2+\cdots+a_{mn}x_n=0\end{cases}\tag{2}$$

称它为**齐次线性方程组**,它的矩阵形式为

$$\boldsymbol{AX}=\boldsymbol{0}$$

2. 线性方程组解的判定

定理 1 设 $\boldsymbol{A},\overline{\boldsymbol{A}}$ 分别是线性方程组(1)的系数矩阵和增广矩阵,那么

(1)线性方程组(1)有唯一解的充要条件是:$r(\boldsymbol{A})=r(\overline{\boldsymbol{A}})=n$;

(2)线性方程组(1)有无穷多解的充要条件是:$r(\boldsymbol{A})=r(\overline{\boldsymbol{A}})<n$.

显然,线性方程组(1)无解的充要条件是:$r(\boldsymbol{A})\neq r(\overline{\boldsymbol{A}})$(或 $r(\boldsymbol{A})<r(\overline{\boldsymbol{A}})$).

对齐次线性方程组(2)来说,它的系数矩阵与增广矩阵的秩永远相等,所以它是永远有解的,$\boldsymbol{X}=\boldsymbol{0}$ 永远是它的解,称为**零解**.

推论 设 $\boldsymbol{A}$ 是齐次线性方程组(2)的系数矩阵,那么

(1)齐次线性方程组只有零解的充要条件是:$r(\boldsymbol{A})=n$;

(2)齐次线性方程组有非零解的充要条件是:$r(\boldsymbol{A})<n$.

例 2 判断方程组$\begin{cases}x_1+x_2=1\\ 2x_1+3x_3=2\\ -x_2+2x_3=3\\ x_1+2x_2-x_3=4\end{cases}$是否有解.

解 此方程组的增广矩阵

$$\overline{\boldsymbol{A}}=\begin{pmatrix}1&1&0&1\\2&0&3&2\\0&-1&2&3\\1&2&-1&4\end{pmatrix}\xrightarrow[r_4+(-1)r_1]{r_2+(-2)r_1}\begin{pmatrix}1&1&0&1\\0&-2&3&0\\0&-1&2&3\\0&1&-1&3\end{pmatrix}$$

$$\xrightarrow[r_3+r_4]{r_2+2r_4}\begin{pmatrix}1&1&0&1\\0&0&1&6\\0&0&1&6\\0&1&-1&3\end{pmatrix}\xrightarrow{r_2\leftrightarrow r_4}\begin{pmatrix}1&1&0&1\\0&1&-1&3\\0&0&1&6\\0&0&1&6\end{pmatrix}$$

$$\xrightarrow{r_4+(-1)r_3}\begin{pmatrix}1&1&0&1\\0&1&-1&3\\0&0&1&6\\0&0&0&0\end{pmatrix}$$

显然,$r(\boldsymbol{A})=r(\overline{\boldsymbol{A}})=3$,故方程组有唯一解.

例 3 判断方程组$\begin{cases}x_1+x_2+x_3+x_4=0\\ x_1+3x_2+2x_3+4x_4=-6\\ 2x_1+x_3-x_4=6\end{cases}$是否有解.

解 此方程组的增广矩阵

$$\overline{\boldsymbol{A}}=\begin{pmatrix}1&1&1&1&0\\1&3&2&4&-6\\2&0&1&-1&6\end{pmatrix}\xrightarrow[r_3+(-2)r_1]{r_2+(-1)r_1}\begin{pmatrix}1&1&1&1&0\\0&2&1&3&-6\\0&-2&-1&-3&6\end{pmatrix}$$

$$\xrightarrow{r_3+r_2}\begin{pmatrix}1&1&1&1&0\\0&2&1&3&-6\\0&0&0&0&0\end{pmatrix}$$

$r(\boldsymbol{A})=r(\overline{\boldsymbol{A}})=2<4$，故方程组有无穷多解.

例 4 判断方程组 $\begin{cases}x_1+x_2+x_3=1\\ \quad\ \ 2x_2+x_3=-1\\ -x_1+3x_2+x_3=2\end{cases}$ 是否有解.

解 此方程组的增广矩阵

$$\overline{\boldsymbol{A}}=\begin{pmatrix}1&1&1&1\\0&2&1&-1\\-1&3&1&2\end{pmatrix}\xrightarrow{r_3+r_1}\begin{pmatrix}1&1&1&1\\0&2&1&-1\\0&4&2&3\end{pmatrix}$$

$$\xrightarrow{r_3+(-2)r_2}\begin{pmatrix}1&1&1&1\\0&2&1&-1\\0&0&0&5\end{pmatrix}$$

$r(\boldsymbol{A})=2\neq r(\overline{\boldsymbol{A}})=3$，故方程组无解.

知识讲解

线性方程组的求解

3. 线性方程组解的求法

定理 2 如果用初等行变换将线性方程组 $\boldsymbol{AX}=\boldsymbol{B}$ 的增广矩阵 $(\boldsymbol{A}\,\vdots\,\boldsymbol{B})$ 化成 $(\boldsymbol{C}\,\vdots\,\boldsymbol{D})$，那么方程组 $\boldsymbol{AX}=\boldsymbol{B}$ 与 $\boldsymbol{CX}=\boldsymbol{D}$ 是同解方程组.

由定理 2，为了求线性方程组(1)的解，可用矩阵的初等行变换将增广矩阵 $\overline{\boldsymbol{A}}=(\boldsymbol{A}\,\vdots\,\boldsymbol{B})$ 化成行简化阶梯形矩阵，再求由行简化阶梯形矩阵所确定的方程组的解，也就得到了线性方程组(1)的解.

例 5 求例 2 中线性方程组的解.

解 对例 2 所得行阶梯形矩阵继续施行初等行变换，得行简化阶梯形矩阵.

$$\overline{\boldsymbol{A}}=\begin{bmatrix}1&1&0&1\\2&0&3&2\\0&-1&2&3\\1&2&-1&4\end{bmatrix}\to\cdots\to\begin{bmatrix}1&1&0&1\\0&1&-1&3\\0&0&1&6\\0&0&0&0\end{bmatrix}$$

$$\xrightarrow{r_2+r_3}\begin{bmatrix}1&1&0&1\\0&1&0&9\\0&0&1&6\\0&0&0&0\end{bmatrix}\xrightarrow{r_1+(-1)r_2}\begin{bmatrix}1&0&0&-8\\0&1&0&9\\0&0&1&6\\0&0&0&0\end{bmatrix}$$

所以,方程组的解为 $x_1=-8,x_2=9,x_3=6$.

例 6 求例 3 中线性方程组的解.

解 对例 3 所得行阶梯形矩阵继续施行初等行变换,得行简化阶梯形矩阵.

$$\overline{\boldsymbol{A}}=\begin{pmatrix}1&1&1&1&0\\1&3&2&4&-6\\2&0&1&-1&6\end{pmatrix}\rightarrow\cdots\rightarrow\begin{pmatrix}1&1&1&1&0\\0&2&1&3&-6\\0&0&0&0&0\end{pmatrix}$$

$$\xrightarrow{\frac{1}{2}r_2}\begin{pmatrix}1&1&1&1&0\\0&1&\frac{1}{2}&\frac{3}{2}&-3\\0&0&0&0&0\end{pmatrix}\xrightarrow{r_1+(-1)r_2}\begin{pmatrix}1&0&\frac{1}{2}&-\frac{1}{2}&3\\0&1&\frac{1}{2}&\frac{3}{2}&-3\\0&0&0&0&0\end{pmatrix}$$

与原方程组同解的方程组为

$$\begin{cases}x_1+\frac{1}{2}x_3-\frac{1}{2}x_4=3\\x_2+\frac{1}{2}x_3+\frac{3}{2}x_4=-3\end{cases}$$

令 $x_3=c_1,x_4=c_2$,即得原方程组的解为

$$\begin{cases}x_1=-\frac{1}{2}c_1+\frac{1}{2}c_2+3\\x_2=-\frac{1}{2}c_1-\frac{3}{2}c_2-3\\x_3=c_1\\x_4=c_2\end{cases}$$

其中 c_1,c_2 为任意选取的常数.这种解的形式称为方程组的**通解**或**一般解**.

例 7 求解齐次线性方程组

$$\begin{cases}2x_1+x_2-2x_3+3x_4=0\\3x_1+2x_2-x_3+2x_4=0\\x_1+x_2+x_3-x_4=0\end{cases}$$

解 该齐次线性方程组的系数矩阵

$$\boldsymbol{A}=\begin{pmatrix}2&1&-2&3\\3&2&-1&2\\1&1&1&-1\end{pmatrix}\xrightarrow{r_1\leftrightarrow r_3}\begin{pmatrix}1&1&1&-1\\3&2&-1&2\\2&1&-2&3\end{pmatrix}$$

$$\xrightarrow[r_3+(-2)r_1]{r_2+(-3)r_1}\begin{pmatrix}1&1&1&-1\\0&-1&-4&5\\0&-1&-4&5\end{pmatrix}\xrightarrow{r_3+(-1)r_2}\begin{pmatrix}1&1&1&-1\\0&-1&-4&5\\0&0&0&0\end{pmatrix}$$

$$\xrightarrow{r_1+r_2}\begin{pmatrix}1&0&-3&4\\0&-1&-4&5\\0&0&0&0\end{pmatrix}\xrightarrow{(-1)r_2}\begin{pmatrix}1&0&-3&4\\0&1&4&-5\\0&0&0&0\end{pmatrix}$$

与原方程组同解的方程组为

$$\begin{cases}x_1-3x_3+4x_4=0\\x_2+4x_3-5x_4=0\end{cases}$$

令 $x_3=c_1,x_4=c_2$,即得原方程组的通解为

$$\begin{cases}x_1=3c_1-4c_2\\x_2=-4c_1+5c_2\\x_3=c_1\\x_4=c_2\end{cases}$$

例 8 当 a,b 为何值时,方程组

$$\begin{cases}x_1\qquad\quad+2x_3=-1\\-x_1+\ x_2-3x_3=2\\2x_1\ -\ x_2+ax_3=b\end{cases}$$

无解?有唯一解?有无穷多解?

解 该方程组的增广矩阵

$$\overline{\mathbf{A}}=\begin{pmatrix}1&0&2&-1\\-1&1&-3&2\\2&-1&a&b\end{pmatrix}\xrightarrow[r_3+(-2)r_1]{r_2+r_1}\begin{pmatrix}1&0&2&-1\\0&1&-1&1\\0&-1&a-4&b+2\end{pmatrix}$$

$$\xrightarrow{r_3+r_2}\begin{pmatrix}1&0&2&-1\\0&1&-1&1\\0&0&a-5&b+3\end{pmatrix}$$

则有

$$r(\mathbf{A})=\begin{cases}2&\text{当 } a=5 \text{ 时}\\3&\text{当 } a\neq5 \text{ 时}\end{cases}$$

$$r(\overline{\mathbf{A}})=\begin{cases}2&\text{当 } a=5 \text{ 且 } b=-3 \text{ 时}\\3&\text{其他}\end{cases}$$

因此,当 $a=5$ 且 $b\neq-3$ 时,方程组无解;当 $a\neq5$ 时,方程组有唯一解;当 $a=5$ 且 $b=-3$ 时,方程组有无穷多解.

例 9 求解案例(合作分成).

解 下面进行问题分析与建立线性方程组模型.

设 x_1 表示公司 A_1 的日收入,x_2 表示公司 A_2 的日收入,x_3 表示公司 A_3 的日收入.公司 A_1 的 10 个工作日总收入为 $10x_1$,公司 A_1、公司 A_2 和公司 A_3 三家公司在公司 A_1

的工作天数分别为：2 天、1 天、6 天，则公司 A_1 的总支出为 $2x_1+x_2+6x_3$. 由于公司 A_1 的总支出与总收入要相等，于是公司 A_1 的收支平衡关系为 $2x_1+x_2+6x_3=10x_1$. 同理可得线性方程组：

$$\begin{cases}2x_1+x_2+6x_3=10x_1\\4x_1+5x_2+x_3=10x_2\\4x_1+4x_2+3x_3=10x_3\end{cases}$$

化简得三家公司的日收入应满足如下的齐次线性方程组：

$$\begin{cases}-8x_1+x_2+6x_3=0\\4x_1-5x_2+x_3=0\\4x_1+4x_2-7x_3=0\end{cases}$$

解齐次线性方程组，得它的通解为

$$\begin{pmatrix}x_1\\x_2\\x_3\end{pmatrix}=c\begin{pmatrix}\frac{31}{36}\\\frac{8}{9}\\1\end{pmatrix}$$

c 为任意实数.

最后，由于每个公司的日收入在 30～40 万元，故选择 $c=36$，则三家公司 A_1，A_2，A_3 每天的日收入为 31 万元、32 万元和 36 万元.

用矩阵的初等行变换法求解线性方程组的方法也称为高斯消元法. 高斯（Gauss，1777—1855）是德国数学家. 我国东汉初年编定的数学经典著作《九章算术》，共分为九章，“方程”是其中的一章. 解线性方程组时使用的直除法，与矩阵的初等变换一致. 它是世界上最早的完整的线性方程组的解法，是世界数学史上一份非常宝贵的遗产.

自测题

1. 求解齐次线性方程组

$$\begin{cases}x_1-2x_2+x_3+x_4=0\\x_1-2x_2+x_3-x_4=0\\x_1-2x_2+x_3+5x_4=0\end{cases}$$

2. 当 a 取何值时，方程组

$$\begin{cases}x_1+x_2+x_3+x_4=1\\3x_1+2x_2+x_3-3x_4=a\\x_2+2x_3+6x_4=3\end{cases}$$

有解，并求出它的解.

习题 1.1.6

1. 判定下列线性方程组解的情况：

(1) $\begin{cases} x_1+2x_2-3x_3=-1 \\ 2x_1-x_2+x_3=1 \\ x_1+x_2+x_3=3 \end{cases}$　　(2) $\begin{cases} 3x_1-x_2+2x_3=0 \\ -x_1+2x_2-x_3=0 \end{cases}$

(3) $\begin{cases} 2x_1+x_2-x_3+x_4=1 \\ 3x_1-2x_2+2x_3-3x_4=2 \\ 5x_1+x_2-x_3+2x_4=-1 \\ 2x_1-x_2+x_3-3x_4=4 \end{cases}$

2. 求解下列线性方程组：

(1) $\begin{cases} x_1+x_2+x_3=1 \\ 2x_1-x_3=2 \end{cases}$　　(2) $\begin{cases} x_1+3x_2-x_3+x_4=2 \\ 2x_1-x_2+x_3-x_4=3 \\ -x_1-2x_2+4x_4=1 \end{cases}$

3. 求解下列线性方程组：

(1) $\begin{cases} x_1+2x_2+3x_3-x_4=0 \\ 2x_1+2x_3-x_5=0 \\ -x_1-x_2+2x_4+x_5=0 \end{cases}$　　(2) $\begin{cases} x_1+3x_2-x_3+2x_4=0 \\ -3x_1+x_2+2x_3-5x_4=0 \\ 2x_1-3x_2-x_3-x_4=0 \\ -4x_1+16x_2+x_3+3x_4=0 \end{cases}$

4. 当 λ 取何值时，下面线性方程组无解？有解？在有解的情况下，求其解.

$$\begin{cases} x_1-2x_2+3x_3-4x_4=4 \\ x_2-x_3+x_4=-3 \\ x_1+3x_2-3x_4=1 \\ -7x_2+3x_3+x_4=\lambda \end{cases}$$

5. 当 λ 取何值时，下面齐次线性方程组只有零解？有非零解？并求其非零解.

$$\begin{cases} x_1-2x_2+x_3-x_4=0 \\ 2x_1+x_2-x_3+x_4=0 \\ x_1+7x_2-5x_3+5x_4=0 \\ 3x_1-x_2-2x_3-\lambda x_4=0 \end{cases}$$

6. 甲、乙、丙三位村民组成互助组，每人工作 6 天(包括为自己家干活的天数)，刚好完成他们三人家的农活，其中甲在甲、乙、丙三家干活的天数依次为：2，2.5，1.5；乙在甲、乙、丙三家各干 2 天活，丙在甲、乙、丙三家十活的天数依次为：1.5，2，2.5. 根据三人干活的种类、速度和时间，他们确定三人不必相互支付工资刚好公平. 随后三人又合作到邻村帮忙干了 2 天(各人干活的种类和强度不变)，共获得工资 1200 元. 问他们应该怎样分配这 1200 元工资才合理？

数学史话

矩阵加密

随着互联网及数字技术的普及，人们的生活、工作及商业活动都离不开计算机网络，企业的一切经济活动都依赖于计算机管理网络，可以说了解计算机管理网络是一个现代企业管理人员必须具备的基本条件. 随着网络的发展和信息化社会的到来，网络信息安全问题已经影响到人们的生活. 了解网络安全和密码技术，避免网络系统受到破坏、数据丢失等，对维护企业商业机密和商业信息安全会有很大的益处. 下面我们用学过的矩阵知识对信息传输中的信息进行加密，建立矩阵在信息传输中的加密数学模型.

可逆方阵可用来对需传输的信息加密. 首先规定每个字母对应一个数字，如下表所示：

字母与数字对应表

字母	A	B	C	D	E	F	G	H	I	J	K	L	M	N
数字	1	2	3	4	5	6	7	8	9	10	11	12	13	14
字母	O	P	Q	R	S	T	U	V	W	X	Y	Z	空格	
数字	15	16	17	18	19	20	21	22	23	24	25	26	0	

我们要传输信息

GO NORTHEAST

这里的对应关系为

G	O	空格	N	O	R	T	H	E	A	S	T
↕	↕	↕	↕	↕	↕	↕	↕	↕	↕	↕	↕
7	15	0	14	15	18	20	8	5	1	19	20

把对应的数字按列写成 3×4 阶矩阵

$$\boldsymbol{B}=\begin{pmatrix}7 & 14 & 20 & 1\\15 & 15 & 8 & 19\\0 & 18 & 5 & 20\end{pmatrix}$$

如果直接发送矩阵 $\boldsymbol{B}$，这是不加密的信息，容易被破译，在商业互联网上不可行，因此必须对信息加密，使得只有知道密码的接收者才能准确、快速破译. 为此，可以取定三阶可逆矩阵 $\boldsymbol{A}$，并且满足 $|\boldsymbol{A}|=\pm1$（确保 $\boldsymbol{A}^{-1}$ 是整数矩阵）. 令

$$\boldsymbol{C}=\boldsymbol{A}\boldsymbol{B}$$

则 $\boldsymbol{C}$ 是 3×4 阶矩阵，其元素也均为整数. 现发送加密后的信息矩阵 $\boldsymbol{C}$，接收者只需用 $\boldsymbol{A}^{-1}$ 进行解密，就得到发送者的信息：

$$\boldsymbol{B}=\boldsymbol{A}^{-1}\boldsymbol{C}$$

例如，现取 $\boldsymbol{A}=\begin{pmatrix}1 & 1 & 1\\-1 & 0 & 1\\0 & 1 & 1\end{pmatrix}$，则 $|\boldsymbol{A}|=-1$，且

$$A^{-1}=\begin{pmatrix}1 & 0 & -1\\ -1 & -1 & 2\\ 1 & 1 & -1\end{pmatrix}$$

现发送矩阵

$$C=AB=\begin{pmatrix}1 & 1 & 1\\ -1 & 0 & 1\\ 0 & 1 & 1\end{pmatrix}\begin{pmatrix}7 & 14 & 20 & 1\\ 15 & 15 & 8 & 19\\ 0 & 18 & 5 & 20\end{pmatrix}=\begin{pmatrix}22 & 47 & 33 & 40\\ -7 & 4 & -15 & 19\\ 15 & 33 & 13 & 39\end{pmatrix}$$

接收者收到矩阵 C 后，用 A^{-1} 解密：

$$B=A^{-1}C=\begin{pmatrix}1 & 0 & -1\\ -1 & -1 & 2\\ 1 & 1 & -1\end{pmatrix}\begin{pmatrix}22 & 47 & 33 & 40\\ -7 & 4 & -15 & 19\\ 15 & 33 & 13 & 39\end{pmatrix}$$

$$=\begin{pmatrix}7 & 14 & 20 & 1\\ 15 & 15 & 8 & 19\\ 0 & 18 & 5 & 20\end{pmatrix}$$

即

GO NORTHEAST

第二部分 数学模型与应用

内容提要

矩阵与线性方程组在经济管理中的应用极广，本部分主要介绍利用第一部分的基本知识建立实际问题中的两个数学模型：线性代数数学模型与线性规划数学模型.

预备知识

矩阵、线性方程组的基本知识.

学习目标

1. 了解几个常见的线性代数数学模型的建立背景，会解决简单的有关问题；
2. 了解几个常见的线性规划数学模型的建立背景，会解决简单的有关问题.

1.2.1 线性代数数学模型

1. 矩阵运算的数学模型

矩阵可以清晰地表示批量数据，利用矩阵的运算进行数据处理时，可以利用已知数据对未知数据进行研究推测，从而指导实际工作.

例 1 （订购费用模型）某公司生产甲、乙、丙三种规格的轿车，其价格和成本见表 1-5，

表 1-5 单位：万元

	甲	乙	丙
单价	14	12	10
成本	12	11	9

一月份，轿车公司收到来自四家 4S 店（A_1,A_2,A_3,A_4）的订单，其数量见表 1-6.

表 1-6 单位：台

	A_1	A_2	A_3	A_4
甲	10	9	8	10
乙	5	6	7	9
丙	15	16	12	10

请帮轿车公司算一算各 4S 店订购三种轿车的总价值、总成本、总利润各是多少？

解 设矩阵 $\boldsymbol{A}$ 表示三种规格轿车的价格与成本矩阵；矩阵 $\boldsymbol{B}$ 表示各 4S 店订购三种轿车的数量矩阵；矩阵 $\boldsymbol{C}$ 表示各 4S 店订购三种轿车的总价格与总成本矩阵；矩阵 $\boldsymbol{D}$ 表示各 4S 店订购三种轿车的总价格、总成本与总利润的矩阵. 则表 1-5 与表 1-6 分别用矩阵

表示为

$$\boldsymbol{A}=\begin{pmatrix}14 & 12 & 10\\12 & 11 & 9\end{pmatrix}$$

$$\boldsymbol{B}=\begin{pmatrix}10 & 9 & 8 & 10\\5 & 6 & 7 & 9\\15 & 16 & 12 & 10\end{pmatrix}$$

由矩阵的乘法，可知

$$\boldsymbol{C}=\boldsymbol{AB}=\begin{pmatrix}14 & 12 & 10\\12 & 11 & 9\end{pmatrix}\begin{pmatrix}10 & 9 & 8 & 10\\5 & 6 & 7 & 9\\15 & 16 & 12 & 10\end{pmatrix}=\begin{pmatrix}350 & 358 & 316 & 348\\310 & 318 & 281 & 309\end{pmatrix}$$

由于利润＝收益－成本，所以用矩阵 $\boldsymbol{C}$ 第一行元素减去第二行对应元素可以得到各 4S 店订购轿车的总利润. 矩阵 $\boldsymbol{D}$ 为

$$\boldsymbol{D}=\begin{pmatrix}350 & 358 & 316 & 348\\310 & 318 & 281 & 309\\40 & 40 & 35 & 39\end{pmatrix},$$

各 4S 店订购三种轿车的总价值、总成本、总利润在矩阵 $\boldsymbol{D}$ 中一目了然，即表 1-7.

表 1-7　　单位：万元

	A_1	A_2	A_3	A_4
总价值	350	358	316	348
总成本	310	318	281	309
总利润	40	40	35	39

2. 线性方程组的数学模型

例 2　（交通网络流量模型）

图 1-2 是某城市一个区域内单行道的交通流量（每小时通过车辆数）部分统计数据.

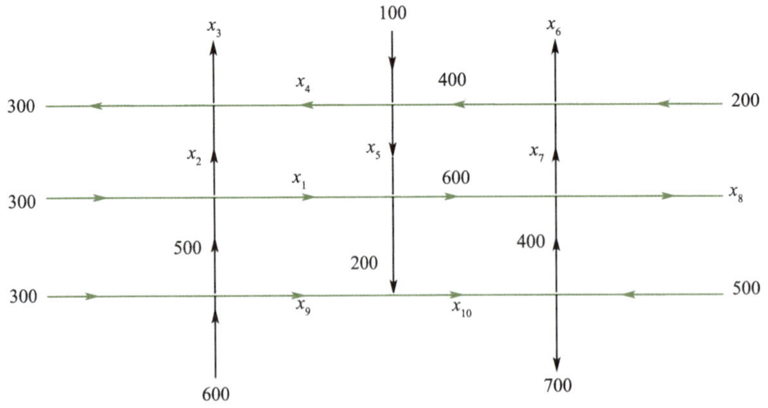

图 1-2

满足下面两个条件：

(1)全部流入一个节点(十字路口)的流量等于全部流出此节点(十字路口)的流量;

(2)全部流入网络的流量等于全部流出网络的流量.

建立数学模型,确定该区域交通网络未知部分的具体流量.

解 根据条件(1),由于各节点流入与流出的流量相等,可以依次列出以下九个方程:

$$x_2+x_4=x_3+300,$$
$$x_4+x_5=100+400,$$
$$x_7+200=x_6+400,$$
$$x_1+x_2=300+500,$$
$$x_1+x_5=200+600,$$
$$x_7+x_8=400+600,$$
$$x_9+500=300+600,$$
$$x_9+200=x_{10},$$
$$x_{10}+500=400+700.$$

根据条件(2),对于整个网络流入与流出的流量相等,可列一个方程:

$$100+200+500+600+300+300=x_3+x_6+x_8+700+300,$$

综合上述,所给问题满足如下线性方程组:

$$\begin{cases} x_2-x_3+x_4=300 \\ x_4+x_5=500 \\ -x_6+x_7=200 \\ x_1+x_2=800 \\ x_1+x_5=800 \\ x_7+x_8=1000 \\ x_9=400 \\ -x_9+x_{10}=200 \\ x_{10}=600 \\ x_3+x_6+x_8=1000 \end{cases},$$

方程组的增广矩阵为

$$\overline{\boldsymbol{A}}=\begin{pmatrix} 0 & 1 & -1 & 1 & 0 & 0 & 0 & 0 & 0 & 0 & 300 \\ 0 & 0 & 0 & 1 & 1 & 0 & 0 & 0 & 0 & 0 & 500 \\ 0 & 0 & 0 & 0 & 0 & -1 & 1 & 0 & 0 & 0 & 200 \\ 1 & 1 & 0 & 0 & 0 & 0 & 0 & 0 & 0 & 0 & 800 \\ 1 & 0 & 0 & 0 & 1 & 0 & 0 & 0 & 0 & 0 & 800 \\ 0 & 0 & 0 & 0 & 0 & 0 & 1 & 1 & 0 & 0 & 1000 \\ 0 & 0 & 0 & 0 & 0 & 0 & 0 & 0 & 1 & 0 & 400 \\ 0 & 0 & 0 & 0 & 0 & 0 & 0 & 0 & -1 & 1 & 200 \\ 0 & 0 & 0 & 0 & 0 & 0 & 0 & 0 & 0 & 1 & 600 \\ 0 & 0 & 1 & 0 & 0 & 1 & 0 & 1 & 0 & 0 & 1000 \end{pmatrix},$$

对增广矩阵做初等行变换得

$$\overline{\mathbf{A}}\sim\begin{pmatrix}1&0&0&0&1&0&0&0&0&0&800\\0&1&0&0&-1&0&0&0&0&0&0\\0&0&1&0&0&0&0&0&0&0&200\\0&0&0&1&1&0&0&0&0&0&500\\0&0&0&0&0&1&0&1&0&0&800\\0&0&0&0&0&0&1&1&0&0&1000\\0&0&0&0&0&0&0&0&1&0&400\\0&0&0&0&0&0&0&0&0&1&600\\0&0&0&0&0&0&0&0&0&0&0\\0&0&0&0&0&0&0&0&0&0&0\end{pmatrix},$$

由此得 $R(\mathbf{A})=R(\overline{\mathbf{A}})=8<10$,方程组有无穷多个解.其对应的非齐次方程组为

$$\begin{cases}x_1+x_5=800\\x_2-x_5=0\\x_3=200\\x_4+x_5=500\\x_6+x_8=800\\x_7+x_8=1000\\x_9=400\\x_{10}=600\end{cases},$$

其中,取 x_5,x_8 为自由未知量,即

$$\begin{cases}x_1=-x_5+800\\x_2=x_5\\x_3=200\\x_4=-x_5+500\\x_5=x_5\\x_6=-x_8+800\\x_7=-x_8+1000\\x_8=x_8\\x_9=400\\x_{10}=600\end{cases},$$

令 $x_5=c_1,x_8=c_2$,得非齐次线性方程组的通解为

$$\begin{pmatrix}x_1\\x_2\\x_3\\x_4\\x_5\\x_6\\x_7\\x_8\\x_9\\x_{10}\end{pmatrix}=c_1\begin{pmatrix}-1\\1\\0\\-1\\1\\0\\0\\0\\0\\0\end{pmatrix}+c_2\begin{pmatrix}0\\0\\0\\0\\0\\-1\\-1\\1\\0\\0\end{pmatrix}+\begin{pmatrix}800\\0\\200\\500\\0\\800\\1000\\0\\400\\600\end{pmatrix},$$

其中 c_1,c_2 为任意实数.

取 c_1,c_2 一组值,就得到一组交通网络未知部分的具体流量.它有无穷多个流量分布状态.

3. 投入产出的数学模型

例 3 某地区的支柱产业分为四个产业,分别是制造、通信、服务与能源.在过去一年内,产业间流量和总产出见表 1-8.求:

(1)各产业的最终产品的价值 $y_i(i=1,2,3,4)$;

(2)各产业新创造的价值 $z_j(j=1,2,3,4)$.

表 1-8 产业间流量和总产出 单位:亿元

部门间流量(投入\产出)		消耗部门				最终产品	总产出
		制造	通信	服务	能源		
生产部门	制造	360	480	400	200	y_1	2000
	通信	200	240	160	280	y_2	1700
	服务	240	180	320	300	y_3	1800
	能源	350	320	260	220	y_4	1600
新创造价值		z_1	z_2	z_3	z_4		
总产品价值		2000	1700	1800	1600		

分析 从表 1-8 中可看出,四个部门之间存在着密切而又复杂的经济联系,构成一个网络系统.每个部门的总投入与总产出是相互平衡的.

表 1-8 中有关数据的经济意义如下:

x_i 表示第 i 部门总产出的价值量,或是第 i 部门总投入的价值量;

y_i 表示第 i 部门生产的用作最终使用部分的产品的价值量;

x_{ij} 表示第 i 部门分配给第 j 部门的产品的价值量,或第 j 部门消耗第 i 部门生产的产品的价值量.该量又称为部门间的流量;

v_j 表示第 j 部门发给劳动者的劳动报酬;

m_j 表示第 j 部门创造的纯收入；

z_j 表示第 j 部门新创造的价值量(增加值).$(i,j=1,2,\cdots,n)$；

投入产出数学模型是以数学方程式来反映客观经济运行过程和经济结构的,它是根据投入产出表所反映的经济内容,利用线性关系而建立起来的两组线性方程组.

表 1-8 可抽象为表 1-9.

表 1-9　　投入产出表的表式结构

<table>
<tr><td colspan="2" rowspan="2">产出
部门间流量
投入</td><td colspan="4">中间使用</td><td colspan="4">最终产品</td><td rowspan="2">总产出</td></tr>
<tr><td>1</td><td>2</td><td>…</td><td>n</td><td>消费</td><td>积累</td><td>…</td><td>合计</td></tr>
<tr><td>中间投入</td><td>1
2
⋮
n</td><td colspan="4">Ⅰ</td><td colspan="5">Ⅱ</td></tr>
<tr><td rowspan="3">增加值</td><td>劳动报酬</td><td colspan="4" rowspan="3">Ⅲ</td><td colspan="5" rowspan="3">Ⅳ</td></tr>
<tr><td>纯收入</td></tr>
<tr><td>合计</td></tr>
<tr><td colspan="2">总投入</td><td colspan="4"></td><td colspan="5"></td></tr>
</table>

按行建立分配方程组或产出方程组模型.由第Ⅰ象限和第Ⅱ象限的各行组成一个方程,反映各部门生产的总产品的分配使用去向,平衡关系是:中间产品＋最终产品＝总产出.由此列出的方程组为

$$\begin{cases} x_1=x_{11}+x_{12}+\cdots+x_{1n}+y_1 \\ x_2=x_{21}+x_{22}+\cdots+x_{2n}+y_2 \\ \quad\vdots \\ x_n=x_{n1}+x_{n2}+\cdots+x_{nn}+y_n \end{cases} \tag{1}$$

或简记为

$$x_i=\sum_{j=1}^{n}x_{ij}+y_i \quad (i=1,2,\cdots,n)$$

称方程组(1)为**产出分配平衡方程组**,简称**分配方程组**.

按列建立生产方程组或投入方程组模型.由第Ⅰ象限和第Ⅲ象限各列组成一个方程,反映总产品价值的形成过程.平衡关系是:中间投入＋增加值＝总投入.由此列出的方程组为

$$\begin{cases} x_1=x_{11}+x_{21}+\cdots+x_{n1}+z_1 \\ x_2=x_{12}+x_{22}+\cdots+x_{n2}+z_2 \\ \quad\vdots \\ x_n=x_{1n}+x_{2n}+\cdots+x_{nn}+z_n \end{cases} \tag{2}$$

或简记为

$$x_j=\sum_{i=1}^{n}x_{ij}+z_j \quad (j=1,2,\cdots,n)$$

称方程组(2)为**投入构成平衡方程组**,简称**投入方程组**.

解 (1)各产业的最终产品的价值 y_i 可由分配方程组得到.

列分配方程组为

$$\begin{cases}x_1=x_{11}+x_{12}+x_{13}+x_{14}+y_1\\x_2=x_{21}+x_{22}+x_{23}+x_{24}+y_2\\x_3=x_{31}+x_{32}+x_{33}+x_{34}+y_3\\x_4=x_{41}+x_{42}+x_{43}+x_{44}+y_4\end{cases}$$

代入数据为

$$\begin{cases}2000=360+480+400+200+y_1\\1700=200+240+160+280+y_2\\1800=240+180+320+300+y_3\\1600=350+320+260+220+y_4\end{cases}$$

从而得各部门最终产品的价值为

$$\begin{cases}y_1=560\\y_2=820\\y_3=760\\y_4=450\end{cases}$$

(2)各产业新创造的价值 z_j 可由投入方程组得到.

列投入方程组为

$$\begin{cases}x_1=x_{11}+x_{21}+x_{31}+x_{41}+z_1\\x_2=x_{12}+x_{22}+x_{32}+x_{42}+z_2\\x_3=x_{13}+x_{23}+x_{33}+x_{43}+z_3\\x_4=x_{14}+x_{24}+x_{34}+x_{44}+z_4\end{cases}$$

代入数据为

$$\begin{cases}2000=360+200+240+350+z_1\\1700=480+240+180+320+z_2\\1800=400+160+320+260+z_3\\1600=200+280+300+220+z_4\end{cases}$$

从而得各部门新创造的价值为

$$\begin{cases}z_1=850\\z_2=480\\z_3=660\\z_4=600\end{cases}$$

即各产业的最终产品的价值(单位:亿元)为 560,820,760,450;各产业新创造的价值(单位:亿元)为 850,480,660,600.

自测题

某经济系统有三个部门：煤矿、电力和铁路. 在过去一年内，产业间流量和总产出如下表所示. 求：

(1)各产业的最终产品的价值 y_i $(i=1,2,3,4)$；

(2)各产业新创造的价值 z_j $(j=1,2,3,4)$.

部门间流量 投入＼产出		消耗部门 煤矿	电力	铁路	最终产品	总产出
生产部门	煤矿	120	30	36	y_1	480
	电力	96	60	36	y_2	300
	铁路	48	30	72	y_3	3600
新创造价值		z_1	z_2	z_3		
总产品价值		480	300	360		

习题 1.2.1

1. 某机械厂生产甲、乙、丙三种规格的机床，其价格和成本见下表：

单位：万元

	甲	乙	丙
单价	7	6	5
成本	6	4.5	4

一月份，机械厂收到北京、上海、广东三地的订单，其数量见下表：

单位：台

	北京	上海	广东
甲	4	5	7
乙	5	6	8
丙	3	4	9

请算一算各地订购三种机床的总价值、总成本、总利润各是多少？

2. 右图是某城市的一个区域交通网. 据统计进入路口 A 的每小时车流量为 500 辆，而从路口 B、D 出来的车流量分别为每小时 350 辆和 150 辆，求各路段的车流量.

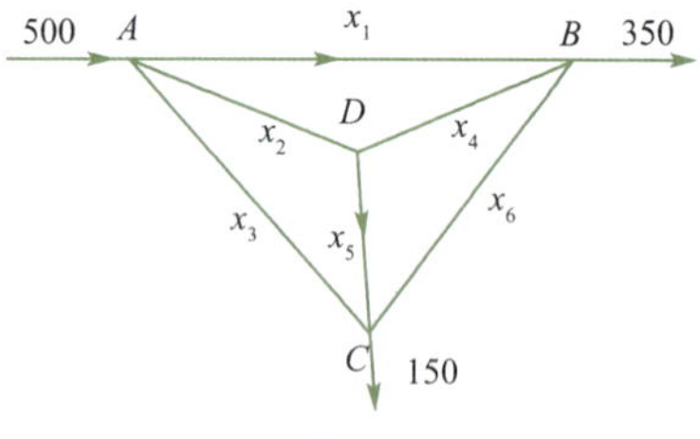

题 2 图

3. 已知某经济系统在一个生产周期内，各部门间流量及最终产品价值量见下表. 求：

(1)各部门的最终产品的价值 y_1,y_2,y_3；

(2)各部门新创造的价值 z_1,z_2,z_3.

单位：万元

部门间流量（投入＼产出）		消耗部门 A	消耗部门 B	消耗部门 C	最终产品	总产出
生产部门	A	20	15	60	y_1	200
	B	40	30	60	y_2	150
	C	60	60	30	y_3	300
新创造价值		z_1	z_2	z_3		

1.2.2 线性规划数学模型

线性规划问题是运筹学的一个重要内容，常用于解决在现有的资源和利用方式下，如何科学有效地安排生产，以达到最大的经济绩效. 它是研究有限资源的最优配置的一门科学. 随着管理的信息化，线性规划已发展成为经济管理，特别是物流系统现代化管理的重要工具之一.

线性规则问题主要用到矩阵的初等变换与线性方程组的求解方法. 随着数学软件 Matlab 的普及，线性规划数学模型求解多用软件 Matlab 来实现，本节主要介绍线性规划数学模型的建立，求解线性规划问题的图解法与运用软件 Matlab 求几个实例最优解的过程.

1. 线性规划问题的数学模型

先看下面的两个实例，从中建立线性规则问题的数学模型.

例 1 （生产安排模型）某生产车间生产甲、乙两种产品，每件产品都要经过两道工序，即在设备 A 和设备 B 上加工，但两种产品的单位利润却不相同. 已知生产单位产品所需的有效时间（单位：小时）及利润见表 1-10. 问生产甲、乙两种产品各多少件，才能使所获利润最大.

表 1-10　　甲、乙产品资料

	甲	乙	时间/小时
设备 A	3	2	60
设备 B	2	4	80
单位产品利润	50 元/件	40 元/件	

解 该问题所需确定的是甲、乙两种产品的产量. 先建立其数学模型.

设 x_1, x_2 分别表示产品甲和乙的产量. x_1, x_2 称为决策变量. 根据问题所给的条件有

$$\begin{cases} 3x_1+2x_2\leqslant 60 \\ 2x_1+4x_2\leqslant 80 \end{cases}$$

又因产量 x_1, x_2 不能是负值，故

$$x_1\geqslant 0, x_2\geqslant 0$$

以上是决策变量 x_1, x_2 受限的条件，把它们合起来称之为约束条件：

$$\begin{cases}3x_1+2x_2\leqslant 60\\2x_1+4x_2\leqslant 80\\x_1\geqslant 0,x_2\geqslant 0\end{cases}$$

上述问题要确定的目标是：如何确定产量 x_1 和 x_2，才能使所获利润为最大. 利润的获取和 x_1，x_2 密切相关，以 f 表示利润，则得到一个线性函数式：

$$f=50x_1+40x_2$$

所给问题目标是要使线性函数 f 取得最大值(用 max 表示)，即目标函数是

$$\max f=50x_1+40x_2$$

综上所述，本例的数学模型可归结为

$$\max f=50x_1+40x_2$$

$$\text{s. t.}\begin{cases}3x_1+2x_2\leqslant 60\\2x_1+4x_2\leqslant 80\\x_1\geqslant 0,x_2\geqslant 0\end{cases}$$

这里“s. t.”是“subject to”的缩写，表示“在 … 约束条件之下”，或者说“约束为…”.

例 2 已知某配送中心现有Ⅰ、Ⅱ、Ⅲ三种原材料，可加工出 A、B 两种产品，每吨原材料加工情况及对 A、B 两种产品的需求情况见表 1-11.

表 1-11　　每吨原材料加工情况及产品需求情况

产品 \ 加工件数 \ 原材料	Ⅰ	Ⅱ	Ⅲ	需要件数
A	3	2	0	300
B	0	1	2	100
单价	1 千元/吨	1 千元/吨	1 千元/吨	

问如何配用原材料，既满足需要，又使原材料耗用的总成本最低？

解 因目标是原材料耗用的总成本最低(用 min 表示)，故设Ⅰ、Ⅱ、Ⅲ种原材料需求量分别为 x_1，x_2，x_3，则问题可写成如下数学模型：

$$\min f=x_1+x_2+x_3$$

$$\text{s. t.}\begin{cases}3x_1+2x_2\geqslant 300\\x_2+2x_3\geqslant 100\\x_j\geqslant 0(j=1,2,3)\end{cases}$$

前面两个实际问题的数学模型，尽管问题不同，但都有以下特点：

(1)每一个问题都求一组变量，称为**决策变量**，这组变量取值一般都是非负的；

(2)存在一定的限制条件，称为**约束条件**，通常用一组线性方程或线性不等式来表示；

(3)都有的一个目标要求的线性函数，称为**目标函数**，要求目标函数达到最大值或最小值.

一般地，约束条件和目标函数都是线性的，我们把具有这种模型的问题称为**线性规划问题**，简称**线性规划**.

一个线性规划问题的数学模型可归结为如下的一般形式：

求一组决策变量 $x_1,x_2,\cdots,x_n$ 的值，使

$$\max(\text{或}\ \min) f=c_1x_1+c_2x_2+\cdots+c_nx_n$$

$$\text{s. t.}\begin{cases}a_{11}x_1+a_{12}x_2+\cdots+a_{1n}x_n\leqslant(=,\geqslant)b_1\\a_{21}x_1+a_{22}x_2+\cdots+a_{2n}x_n\leqslant(=,\geqslant)b_2\\\quad\vdots\\a_{m1}x_1+a_{m2}x_2+\cdots+a_{mn}x_n\leqslant(=,\geqslant)b_m\\x_j\geqslant0(j=1,2,\cdots,n)\end{cases}$$

其中 $a_{ij},b_i,c_j(i=1,2,\cdots,m;j=1,2,\cdots,n)$ 为已知常数.

一个线性规划问题的数学模型，必须含有三大要素：决策变量、约束条件与目标函数.

满足约束条件的一组变量的取值：

$$x_1=x_1^0,x_2=x_2^0,\cdots,x_n=x_n^0$$

称为线性规划问题的一个**可行解**. 使目标函数取得最大(或最小)的可行解称为**最优解**，此时，目标函数的值称为**最优值**.

2. 图解法

图解法一般只能用来解两个变量的线性规划问题. 它直观简便，虽应用范围较小，但有助于理解线性规划问题的几何意义和解的基本情况.

例 3 用图解法求解例 1 的线性规划问题

$$\max f=50x_1+40x_2$$

$$\text{s. t.}\begin{cases}3x_1+2x_2\leqslant60\\2x_1+4x_2\leqslant80\\x_1\geqslant0,x_2\geqslant0\end{cases}$$

解 在平面直角坐标系 x_1Ox_2 中作直线

$$l_1:3x_1+2x_2=60$$

$$l_2:2x_1+4x_2=80$$

如图 1-3 所示.

图 1-3 阴影部分里所有点(包括边界上的点)满足该问题的所有约束条件. 这个范围以外的点，则不能同时满足上述各约束条件.

满足所有约束条件的点称为**可行点**. 每一点代表该线性规划问题的一个可行方案，即一个**可行解**.

所有可行点的集合，称为该问题的**可行域**，图 1-3 中四边形 $OCEA$ 内部及边界构成的阴影部分即为可行域，故该问题的可行解有无数个.

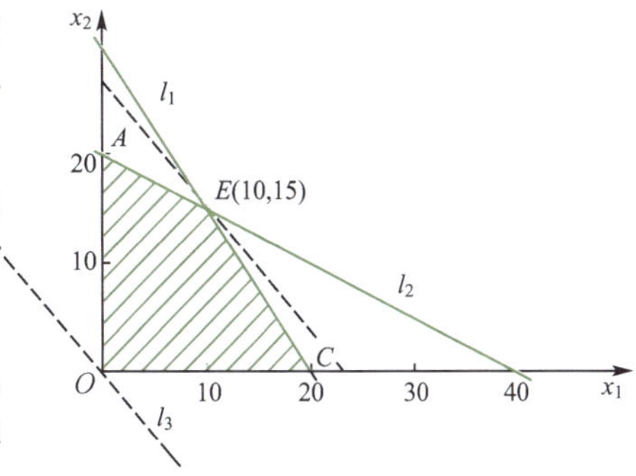

图 1-3

一般来说，决策者感兴趣的不是可行域中所有的可行解，而是能使目标函数值达到最优值(最大值或最小值)的可行解，这种解称为最

优可行解，简称**最优解**. 为寻找最优解，将目标函数写成：$50x_1+40x_2=k$，其中 k 为任意常数. 当 k 为不同值时，此函数表示相互平行的直线，称为**等值线**. 令 $k=0$，得到的直线 $50x_1+40x_2=0$ 叫作 **0 等值线**.

先作通过原点的 0 等值线

$$l_3: 50x_1+40x_2=0$$

它与可行域的交点为(0,0). 将这条直线沿目标函数增大的右上方平移，过顶点 E 时，f 在可行域中取最大值；如继续向右上方平移，则等值线将离开可行域(等值线与可行域没有交点). 故 E 点坐标就是最优解.

求直线 l_1 和 l_2 交点 E 的坐标，即解方程组

$$\begin{cases}3x_1+2x_2=60\\2x_1+4x_2=80\end{cases}$$

得到 $x_1=10, x_2=15$，这时最优值 $f=50x_1+40x_2=1100$.

即例 1 中，甲产品产量为 10 件，乙产品产量为 15 件时，所获利润最大，最大利润为 1100 元.

图解法求解线性规划问题的步骤如下：

(1)在平面直角坐标系 x_1Ox_2 内，根据约束条件作出可行域的图形.

(2)作出目标函数的 0 等值线，即目标函数值等于 0 的过原点的直线.

(3)将 0 等值线沿目标函数增大的方向平移，当等值线移至与可行域的最后一个交点(一般是可行域的一个顶点)时，该交点就是所求的最优点. 若等值线与可行域的一条边界重合，则最优点为无穷多个.

(4)求出最优点坐标(两直线交点坐标可联立直线方程求解)，即得到最优解(x_1, x_2)及最优值 $f(x_1,x_2)$.

例 4 用图解法解线性规则问题

$$\min f=-20x_1-40x_2$$

$$\text{s.t.}\begin{cases}3x_1+2x_2\leqslant 60\\2x_1+4x_2\leqslant 80\\x_1\geqslant 0, x_2\geqslant 0\end{cases}$$

解 在直角坐标系 x_1Ox_2 中作直线

$$l_1: 3x_1+2x_2=60$$

$$l_2: 2x_1+4x_2=80$$

如图 1-4 所示，得可行域 $OCEA$.

作 0 等值线

$$l_3: 20x_1+40x_2=0$$

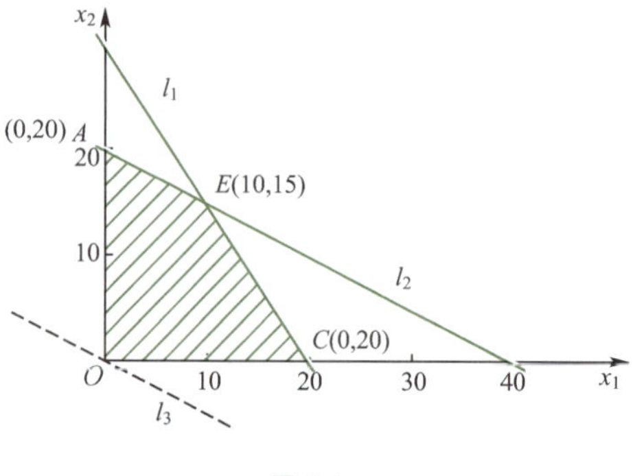

图 1-4

该等值线 l_3 的斜率与 l_2 的斜率相等，所以 $l_2 /\!/ l_3$. 当 l_3 向右上方平移时，x_1, x_2 都变大，这时 $f=-20x_1-40x_2$ 变小. 当 l_3 与边界线 AE 重合时，目标函数值最小. 故边界 AE 上的所有点，包括两个端点 $E(10,15)$和 $A(0,20)$都

是此问题的最优解，此时目标函数的最优值为：

$$f(10,15)=f(0,20)=-800$$

这是线性规划问题有无穷多最优解的情况. 当然线性规划问题也可能无最优解的情况，这里不做讨论了.

线性规划问题的解的情况可以归结为：

①有可行解且有唯一最优解；

②有可行解且有无穷多最优解；

③有可行解但无最优解；

④无可行解.

上述结论对于两个以上变量的线性规划问题也是适用的.

3. 用 Matlab 求解线性规划问题

利用软件 Matlab 命令格式可以求出决策变量为两个以上的线性规划问题，只要掌握 Matlab 的基本操作(详见第 3.3.2 节)，就可以快速求解. 下面以实例说明其求解过程.

例 5 (**任务分配模型**)某车间有甲、乙、丙三台车床用于加工三种零件，这三台车床可以用于工作的最多时间分别为 700 h、800 h 和 900 h，需要加工的三种零件的数量(单位：个)分别为 300、400 与 500，不同车床加工不同的零件所用的时间数与费用见表 1-12. 试问：如何分配加工任务才能使得加工费用最低？

表 1-12　　不同车床加工不同零件所用时间与费用表

车床名称	加工单位零件所需时数/h			加工单位零件所需费用/元			可用工时/h
	零件 1	零件 2	零件 3	零件 1	零件 2	零件 3	
甲	0.6	0.5	0.5	7	8	8	700
乙	0.4	0.7	0.5	8	7	8	800
丙	0.8	0.4	0.6	7	9	8	900

解　首先对问题进行分析，建立其数学模型.

设分配给甲车床加工三种零件的数量分别为 x_1,x_2,x_3，分配给乙车床加工三种零件的数量分别为 x_4,x_5,x_6，分配给丙车床加工三种零件的数量分别为 x_7,x_8,x_9. 由题意可得以下数学模型：

$$\min f=7x_1+8x_2+8x_3+8x_4+7x_5+8x_6+7x_7+9x_8+8x_9$$

$$\text{s. t.}\begin{cases}x_1+x_4+x_7=300\\x_2+x_5+x_8=400\\x_3+x_6+x_9=500\\0.6x_1+0.5x_2+0.5x_3\leqslant 700\\0.4x_4+0.7x_5+0.5x_6\leqslant 800\\0.8x_7+0.4x_8+0.6x_9\leqslant 900\\x_i\geqslant 0,i=1,2,\cdots,9\end{cases}$$

其次利用 Matlab 求解这个问题如下：

输入：

```
>> c=[7,8,8,8,7,8,7,9,8];
>> aeq=[1,0,0,1,0,0,1,0,0;0,1,0,0,1,0,0,1,0;0,0,1,0,0,1,0,0,1];
>> beq=[300;400;500];
>> a=[0.6,0.5,0.5,0,0,0,0,0,0;0,0,0,0.4,0.7,0.5,0,0,0;0,0,0,0,0,0,0.8,0.4,0.6];
>> b=[700;800;900];
>> lb=zeros(9,1);
>> x=linprog(c,a,b,aeq,beq,lb)
Optimization terminated.
x =
   98.2599
    0.0000
  145.7326
    0.0000
  400.0000
  145.9377
  201.7401
    0.0000
  208.3298
```

从运行结果得:分配给甲车床加工三种零件的数量分别为98,0,146;分配给乙车床加工三种零件的数量分别为0,400,146;分配给丙车床加工三种零件的数量分别为202,0,208.

例 6 (人员安排模型)某城市的交通路口要求每天各个时间段都有一定数量的交通警察值班,以便解决城市道路交通堵塞问题.每人连续工作,中间不休息.表1-13是一天8个班次所需值班警员的人数情况统计,现在不考虑时间段中警员上班与下班的情况,交通大队至少需要多少交通警察才能满足值班需要?

表 1-13　　值班时间与值班人数表

班次	时间段	人数	班次	时间段	人数
1	6:00～9:00	80	5	18:00～21:00	80
2	9:00～12:00	90	6	21:00～24:00	50
3	12:00～15:00	60	7	0:00～3:00	80
4	15:00～18:00	100	8	3:00～6:00	90

解　设第 i 个班次开始上班的警员数为 $x_i(i=1,2,\cdots,8)$,则根据题意可建立以下数学模型:

$$\min f=x_1+x_2+x_3+x_4+x_5+x_6+x_7+x_8$$

$$\text{s.t.}\begin{cases}x_1+x_8\geqslant 80\\x_1+x_2\geqslant 90\\x_2+x_3\geqslant 60\\x_3+x_4\geqslant 100\\x_4+x_5\geqslant 80\\x_5+x_6\geqslant 50\\x_6+x_7\geqslant 80\\x_7+x_8\geqslant 90\\x_i\geqslant 0,i=1,2,\cdots,8\end{cases}$$

利用 Matlab 求解这个问题如下：

输入：

```
≫c=[1,1,1,1,1,1,1,1];
≫a=[-1,0,0,0,0,0,0,-1;-1,-1,0,0,0,0,0,0;0,-1,-1,0,0,0,0,0;...;
0,0,-1,-1,0,0,0,0;0,0,0,-1,-1,0,0,0;0,0,0,0,-1,-1,0,0;...;
0,0,0,0,0,-1,-1,0;0,0,0,0,0,0,-1,-1];
≫b=[-80,-90;-60,-100;-80,-50;-80,-90];
≫lb=[0;0];
≫x=linprog(c,a,b,[],[],lb)
Optimization terminated.
x =
   30.5925
   29.4075
   59.2339
   20.7661
   77.8994
   22.1006
   33.5315
   56.4685
```

由输出结果可知，至少需要的警察人数为

$$31+29+59+21+78+22+34+56=330(\text{人})$$

由于数学软件的开发与普及应用，解性规划问题用数学软件 Matlab 可以轻松实现求解.

自测题

求线性规划问题：

$$\min f=x_{11}+2x_{12}+x_{13}+2x_{21}+x_{22}+3x_{23}$$

$$\text{s.t.}\begin{cases}x_{11}+x_{12}+x_{13}\leqslant 10\\x_{21}+x_{22}+x_{23}\leqslant 15\\x_{11}+x_{21}=7\\x_{12}+x_{22}=8\\x_{13}+x_{23}=9\\x_{ij}\geqslant 0(i=1,2;j=1,2,3).\end{cases}$$

习题 1.2.2

1. 某养殖场用甲、乙两种原料配制饲料，甲、乙两种原料的营养成分及配方饲料中所含营养成分最低量见下表. 已知甲、乙两种原料每袋的价格分别为 4 元和 6 元，求满足营养需求的成本最小的饲料配方. 建立其数学模型.

营养成分	甲原料	乙原料	配合饲料的最低含量
	营养成分单位/原料单位	营养成分单位/原料单位	
蛋白质	1	2	20
热量	2	1	10

2. 用图解法解下列线性规划问题：

(1) $\max f=2x_1+5x_2$

$$\text{s.t.}\begin{cases}x_1\leqslant 4\\x_2\leqslant 3\\x_1+2x_2\leqslant 8\\x_1\geqslant 0,x_2\geqslant 0\end{cases}$$

(2) $\min f=5x_1+x_2$

$$\text{s.t.}\begin{cases}x_1+2x_2\geqslant 8\\2x_1+2x_2\geqslant 12\\5x_1+x_2\geqslant 10\\x_1\geqslant 0,x_2\geqslant 0\end{cases}$$

(3) $\min f=3x_1+x_2$

$$\text{s.t.}\begin{cases}x_1-x_2\leqslant -1\\x_1+x_2\leqslant -1\\x_1\geqslant 0,x_2\geqslant 0\end{cases}$$

(4) $\max f=4x_1+4x_2$

$$\text{s.t.}\begin{cases}2x_1-x_2\leqslant 4\\x_1\geqslant 0,x_2\geqslant 0\end{cases}$$

3. 试用软件 Matlab 求解以下问题：

(1) $\max f=2x_1+3x_2$

$$\text{s.t.}\begin{cases}x_1+2x_2\leqslant 8\\4x_1\leqslant 16\\4x_2\leqslant 12\\x_1\geqslant 0,x_2\geqslant 0\end{cases}$$

(2) $\max f=70x_1+120x_2$

$$\text{s.t.}\begin{cases}9x_1+4x_2\leqslant 360\\4x_1+5x_2\leqslant 200\\3x_1+10x_2\leqslant 300\\x_1\geqslant 0,x_2\geqslant 0\end{cases}$$

4. (生产安排模型)某豆腐店用不同质量的黄豆制作两种不同口感的豆腐. 制作口感鲜嫩的豆腐每千克需要一级黄豆 0.3 kg 及二级黄豆 0.2 kg，售价为 8 元/kg；制作口感较厚实的豆腐每千克需要一级黄豆 0.2 kg 及二级黄豆 0.4 kg，售价为 6 元/kg. 现小店购入 10 kg 一级黄豆和 9 kg 二级黄豆. 问豆腐店制作两种豆腐各多少千克，才能获得最大收益，最大收益是多少？

5. 某公交线路 24 小时运行，每天各时间段内所需的司机和乘务人员数如下表所示. 设司机和乘务人员分别在各时间段一开始时上班，连续工作 8 小时，试决定该公交线路应该配备多少司机和乘务人员.

班次	时间段	人数	班次	时间段	人数
1	06:00—10:00	60	4	18:00—22:00	50
2	10:00—14:00	70	5	22:00—02:00	40
3	14:00—18:00	80	6	02:00—06:00	70

1.2.3 运输问题数学模型

单纯形法是所有线性规划问题普遍适用的有效解法. 但是有一些线性规划问题，由于其数学模型自身结构的特殊性，使得我们可以用一些更方便、更有效的特殊解法. 下面我们介绍运输问题的特殊解法：表上作业法和图上作业法.

1. 表上作业法

表上作业法是利用表格求解运输问题的一种方法. 下面我们通过例题来具体说明表上作业法的计算步骤.

例 1 设某种物资有 A_1、A_2、A_3 三个产地和 B_1、B_2、B_3、B_4 四个销地，各产地的产量分别为 25 吨、25 吨和 80 吨，各销地的销量分别为 45 吨、20 吨、30 吨和 35 吨. 由各产地到各销地的单位运价见表 1-14. 问如何安排供应才能使得总运费最省(最优调运方案)？

表 1-14　　　　单位：吨

产地 \ 单位运价 \ 销地	B_1	B_2	B_3	B_4	产量
A_1	8	5	6	7	25
A_2	10	2	7	6	25
A_3	9	3	4	9	80
销量	45	20	30	35	130 \ 130

解 设 x_{ij} 表示由产地 A_i 运往销地 B_j 的物资数量($i=1,2,3;j=1,2,3,4$)，即供应数量，S 为总运费.

由题意可得该运输问题的数学模型为

$$\min S=8x_{11}+5x_{12}+\cdots+9x_{34}$$

$$\text{s. t.}\begin{cases}x_{11}+x_{12}+x_{13}+x_{14}=25\\x_{21}+x_{22}+x_{23}+x_{24}=25\\x_{31}+x_{32}+x_{33}+x_{34}=80\\x_{11}+x_{21}+x_{31}=45\\x_{12}+x_{22}+x_{32}=20\\x_{13}+x_{23}+x_{33}=30\\x_{14}+x_{24}+x_{34}=35\\x_{ij}\geqslant 0(i=1,2,3;j=1,2,3,4)\end{cases}$$

由于总产量和总销量相等，都等于130吨，表明在约束条件下前三个方程之和等于后四个方程之和，用前三个方程之和减去后四个方程中的前三个得到最后一个方程，因此，约束条件实际上只有6个独立的方程. 这就是说，此问题有 $3+4-1=6$ 个基变量，其他是非基变量.

一般地，如果一个运输问题有 m 个产地，n 个销地，则该运输问题的数学模型可表示为

$$\min S=\sum_{i=1}^{m}\sum_{j=1}^{n}C_{ij}x_{ij}$$

$$\text{s. t.}\begin{cases}\sum\limits_{j=1}^{n}x_{ij}=a_i(i=1,2,\cdots,m)\\ \sum\limits_{i=1}^{m}x_{ij}=b_j(j=1,2,\cdots,n)\\ x_{ij}\geqslant 0(i=1,2,\cdots,m;j=1,2,\cdots,n)\end{cases}$$

其中，x_{ij} 表示第 i 个产地运往第 j 个销地的**运输量**；C_{ij} 表示第 i 个产地运往第 j 个销地的**单位运价**；S 表示**总运费**；a_i 是第 i 个产地的**产量**；b_j 是第 j 个销地的**销量**.

对于平衡运输问题有 $\sum\limits_{i=1}^{m}a_i=\sum\limits_{j=1}^{n}b_j$，即各销地的总销量正好等于各产地的总产量，可以证明，约束条件中有 $m+n-1$ 个独立方程，因此运输问题的任一基本可行解都有 $m+n-1$ 个基变量，这 $m+n-1$ 个基变量的值就对应一个调运方案. 由单纯形法知，最优调运方案一定可以在某个基本可行解上得到. 我们当然可以利用单纯形法来解决平衡运输问题，但由于运输模型的特殊结构及变量较多，用单纯形法计算非常繁杂，因此我们用更为方便、有效的特殊解法——**表上作业法**来解决.

具体过程如下所述.

(1)确定初始调运方案

编制初始调运方案的方法很多，这里我们只介绍一种最常用的方法——**最小元素法**. 所谓最小元素法就是在运价表中，选在产销地之间运价最小者优先安排，使需要得到最大限度满足的方法.

下面以例1来说明最小元素法的具体步骤. 首先在表1-14中找出一个最小的运价 $C_{22}=2$，考虑 A_2 与 B_2 之间的调运. 由于 $A_2=25$，$B_2=20$，$A_2>B_2$，所以可以让 A_2 满足 B_2 的需要，令 $x_{22}=20$，将⑳填入表1-14内，A_2 剩下的5吨另做安排. 因为 B_2 已供应完，在 B_2 列 x_{12}，x_{32} 格内划×，表示 A_1，A_3 产地不再供应 B_2 销地.

其次在剩下的运价表(除去划×及划圈标数字元素)中找最小运价 $C_{33}=4$. 考虑 A_3，B_3 间的调运，A_3 保证供应 B_3，令 $x_{33}=30$，在表中填入㉚，在 B_3 列 x_{13}，x_{23} 格内划×，得到表1-15.

表 1-15 单位:吨

产地＼销地 供应量	B_1	B_2	B_3	B_4	产量
A_1	8	5 ×	6 ×	7	25
A_2	10	2 ⑳	7 ×	6	25
A_3	9	3 ×	4 ㉚	9	80
销量	45	20	30	35	130 ＼ 130

再在剩下的运价表中找最小运价 $C_{24}=6$. 因为 A_2 还剩 5 吨,而 B_4 需要 35 吨,所以把 A_2 所剩 5 吨全部调运给 B_4,令 $x_{24}=5$,在表 1-15 中填入⑤,这时 A_2 的产量已全部运出,再不能向别处调运,在 A_2 行的 x_{21} 格内划×.

同样,再在剩下的运价表中找最小运价 $C_{14}=7$,将 A_1 的 25 吨全部调运给 B_4,令 $x_{14}=25$,在表 1-15 中填入㉕,在 A_1 行的 x_{11} 格内划×. 由于 B_4 的销量是 35 吨,现在有由 A_1 供应的 25 吨,由 A_2 供应的 5 吨,剩下的 5 吨应由 A_3 供应,令 $x_{34}=5$,将⑤填入表 1-15 内,B_1 的销量为 45 吨,完全由 A_3 供应,令 $x_{31}=45$,将㊺填入表中,这时,在运价表上就得到一个调运的初始方案,得到表 1-16.

表 1-16 单位:吨

产地＼销地 供应量	B_1	B_2	B_3	B_4	产量
A_1	8 ×	5×	6×	7 ㉕	25
A_2	10 ×	2⑳	7×	6 ⑤	25
A_3	9 ㊺	3×	4㉚	9 ⑤	80
销量	45	20	30	35	130 ＼ 130

总运费 $S=7\times25+2\times20+6\times5+9\times45+4\times30+9\times5=815$(元).

这个初始调运方案就是一个基本可行解,而每个调运量就是一个基变量的值. 方案中调运量的个数正好是基变量应有的个数:$3+4-1=6$ 个.

(2)最优方案的判定

用最小元素法确定的初始方案不一定是最优方案,必须加以检验,在这里我们采用**闭回路法**来判定一个方案是否最优. 闭回路法依赖于运价表和初始调运方案. 画出所有空格的闭回路,然后根据闭回路求出每个空格的检验数. 其步骤如下:

①画出空格闭回路. 空格是指没有调运数量的格. 空格闭回路的画法是:在初始调运方案中,从空格出发用垂直和水平的线段做出闭回路. 它的转角点(指闭回路顶点)除空格出发点外,必须是填有调运数量的格(以下称数字格). 在画闭回路时,线段可以交叉,也可以穿过数字格.

可以证明,只要数字格数等于 $m+n-1$,每一个空格所对应的闭回路就是存在的而且是唯一的.

在表 1-16 中空格 x_{11} 的闭回路是:$x_{11}\rightarrow x_{14}\rightarrow x_{34}\rightarrow x_{31}\rightarrow x_{11}$

空格 x_{12} 的闭回路是:$x_{12}\rightarrow x_{14}\rightarrow x_{24}\rightarrow x_{22}\rightarrow x_{12}$

空格 x_{13} 的闭回路是:$x_{13}\to x_{14}\to x_{34}\to x_{33}\to x_{13}$

空格 x_{21} 的闭回路是:$x_{21}\to x_{24}\to x_{34}\to x_{31}\to x_{21}$

空格 x_{23} 的闭回路是:$x_{23}\to x_{24}\to x_{34}\to x_{33}\to x_{23}$

空格 x_{32} 的闭回路是:$x_{32}\to x_{34}\to x_{24}\to x_{22}\to x_{32}$

②求空格的检验数.检验数的求法是:由空格出发沿闭回路前进,给空格和各转角顶点依次标记序号为 0,1,2,…,将奇顶点的运价都加上负号,偶顶点的运价都加上正号,这些正负数的代数和称为**空格检验数**.通常把空格 x_{ij} 的检验数记作 λ_{ij}.

利用单纯形法可以证明,如果所有空格的检验数 λ_{ij} 都非负,则对应的调运方案就是最优方案,这一法则叫作**最优方案的判定法则**,简称**判优法则**.

在表 1-16 中,

$$\lambda_{11}=8-7+9-9=1$$

$$\lambda_{12}=5-7+6-2=2$$

$$\lambda_{13}=6-7+9-4=4$$

$$\lambda_{21}=10-6+9-9=4$$

$$\lambda_{23}=7-6+9-4=6$$

$$\lambda_{32}=3-9+6-2=-2$$

由于检验数 $\lambda_{32}=-2<0$,所以该方案不是最优方案.

判断方案是否为最优方案,就是看检验数中是否有负数.因此,我们只要在调运表中逐格检查,遇到一个空格就求与它相对应的检验数,一旦发现有负的检验数,就立即进行调整,其余空格的检验数就不用再求了.

(3)方案的调整

对于运输问题,最优解总是存在的.如果初始调运方案不是最优的,我们可以在原方案的基础上进行调整.首先在表 1-17 中找出对应于负检验数 λ_{32} 的空格 x_{32} 及这个空格的闭回路,见表 1-17.

表 1-17 单位:吨

	B_1	B_2	B_3	B_4
A_1	8×	5×	6×	7㉕
A_2	10×	2⑳	7×	6⑤
A_3	9㊺	3×	4㉚	9⑤

在表 1-17 中,把空格 x_{32} 所对应的非基变量改为基变量,使这一非基变量的值由零增大到一适当数值,为保持平衡,同时还必须使改变后的基变量不出现负数,因此,非基变量增大的数值(称为调整数)必须是闭回路中奇拐角点中最小的调运量.然后把 x_{32} 的闭回路奇拐角点的调运量都减去这个调整数,偶拐角点的调运量都加上这个调整数.在本例中,取 $\theta=\min(5,20)=5$ 为调整数,调整后的运量见表 1-18.

表 1-18　　　　　　单位：吨

	B_1	B_2	B_3	B_4
A_1	8×	5×	6×	7㉕
A_2	10×	2⑮	7×	6⑩
A_3	9㊺	3⑤	4㉚	9×

这个方案的总运费为 $S=7\times25+2\times15+6\times10+9\times45+3\times5+4\times30=805$(元)，调整后运价降低了 10 元，在数值上等于检验数 -2 与调整数 5 的乘积的绝对值，即调整后运费降低量 $=|\lambda_{ij}|\times\theta$. 这样每次调整后运费能降低多少，我们都能预先知道.

表 1-18 对应的是不是最优方案，还需进行判定，经检验 $\lambda_{11}=8-7+6-2+3-9=-1<0$，该方案仍不是最优方案，应当继续调整.

找出 λ_{11} 对应的空格及这个空格的闭回路，见表 1-19.

表 1-19　　　　　　单位：吨

	B_1	B_2	B_3	B_4
A_1	8×	5×	6×	7㉕
A_2	10×	2⑮	7×	6⑩
A_3	9㊺	3⑤	4㉚	9×

取调整数 $\theta=\min(25,15,45)=15$，得到新的方案，见表 1-20.

表 1-20　　　　　　单位：吨

	B_1	B_2	B_3	B_4
A_1	8⑮	5×	6×	7⑩
A_2	10×	2×	7×	6㉕
A_3	9㉚	3⑳	4㉚	9×

这个方案的总运费为 $S=8\times15+7\times10+6\times25+9\times30+3\times20+4\times30=790$(元).

这个方案是否最优，仍需检验，其检验数为：

$$\lambda_{12}=5-8+9-3=3$$

$$\lambda_{13}=6-8+9-4=3$$

$$\lambda_{21}=10-8+7-6=3$$

$$\lambda_{22}=2-6+7-8+9-3=1$$

$$\lambda_{23}=7-6+7-8+9-4=5$$

$$\lambda_{34}=9-7+8-9=1$$

由于检验数均大于零，故此方案为最优方案，其最小运费 $S=790$ 元.

综上所述，用表上作业法求解运输问题的步骤可归纳如下：

(1)用最小元素法编制出初始调运方案；

(2)用闭回路法逐一求出所有空格的检验数 λ_{ij}(只要判定正、负号即可). 如果所有检验数都非负，就得到最优方案，计算可以终止；

(3)一经发现负的检验数就进行调整，得到新的调运方案；

(4)对新的调运方案，重复(1)、(2)两步，直到所有检验数都非负，这时所得方案为最优方案.

在用表上作业法求解运输问题时应当注意,在用最小元素法编制初始调运方案或用闭回路法调整调运方案时,必须始终保持 $m+n-1$ 个基变量,即在调运表中始终保持有 $m+n-1$ 个格内有调运数,不许多也不许少,必要的时候,在适当的位置填上零,这个零是基变量取零值,对它与有调运量的格子要同样对待.此外,如果最小运价不止一个,可任选其一,一般应选相应的调运数较大的一个.

前面研究的运输问题,都是假设总产量等于总销量的平衡运输问题,但在实际问题中,往往遇到的是产大于销,或者销大于产两种情况,这样的问题,称为**不平衡运输问题**.

遇到不平衡运输问题时,通常把它转化为平衡运输问题来解决.产大于销时,虚设一个销地,其销量等于过剩的产量;销大于产时,虚设一个产地,其产量为销售量与实际产量的差额.这样处理后,就可以按照产销平衡运输问题进行求解.下面举例说明.

例 2 设某商品有三个产地和四个销地,它们的产量和销量及单位运价见表 1-21.问应如何安排供应,才能使总运费最省?

表 1-21　　单位:吨

单位运价 / 销地 / 产地	B_1	B_2	B_3	B_4	产量
A_1	2	11	3	4	7
A_2	10	3	5	9	5
A_3	7	8	1	2	7
销量	2	3	4	6	19 / 15

解 这一问题是不平衡运输问题,销量比产量少 4 吨.因此,必须有 4 吨在原地不调运.现虚设一个销地(或增加一个库存,库存为 4 吨),同时在运价表上增加一列,因为库存不需要运费,所以这一列的运价都填上零.见表 1-22.

表 1-22　　单位:吨

单位运价 / 销地 / 产地	B_1	B_2	B_3	B_4	库存	产量
A_1	2	11	3	4	0	7
A_2	10	3	5	9	0	5
A_3	7	8	1	2	0	7
销量	2	3	4	6	4	19 / 19

这样,就把不平衡运输问题转化为平衡运输问题,可以按满足产销平衡的条件,求得它的最优调运方案.

这里要注意,在利用最小元素法编制初始调运方案时,不考虑库存一列,然后逐次取最小运价进行编制,得初始调运方案,见表 1-23.

表 1-23 单位：吨

单位运价 销地 / 产地	B_1	B_2	B_3	B_4	库存	产量
A_1	2②	11×	3×	4③	0②	7
A_2	10×	3③	5×	9×	0②	5
A_3	7×	8×	1④	2③	0×	7
销量	2	3	4	6	4	19

方案中调运量的个数为 3+5−1=7 个. 经检验，表 1-23 中的初始调运方案就是最优方案，总运费 $S=2\times2+4\times3+3\times3+1\times4+2\times3=35$(元). 由表 1-23 可以看出，多余的 4 吨物资应库存在 A_1，A_2 两地各 2 吨，然后进行平衡物资调运才能使总运费最少.

例 3 (物流运输模型)设某种物资有 A_1，A_2，A_3 三个产地和 B_1，B_2，B_3，B_4 四个销地，各产地的产量分别为 25 吨、25 吨和 80 吨，各销地的销量分别为 45 吨、20 吨、30 吨和 35 吨. 由各产地到各销地的单位运价见表 1-24. 问如何安排供应才能使得总运费最省(最优调运方案)？

表 1-24 单位：吨

销地 单位运价 产地	B_1	B_2	B_3	B_4	产量
A_1	8	5	6	7	25
A_2	10	2	7	6	25
A_3	9	3	4	9	80
销量	45	20	30	35	130 / 130

解 设 x_{ij} 表示由产地 A_i 运往销地 B_j 的物资数量($i=1,2,3;j=1,2,3,4$)，即供应数量，S 为总运费.

由题意可得运输问题的数学模型为

$$\min S=8x_{11}+5x_{12}+\cdots+9x_{34}$$

$$\text{s. t.}\begin{cases}x_{11}+x_{12}+x_{13}+x_{14}=25\\x_{21}+x_{22}+x_{23}+x_{24}=25\\x_{31}+x_{32}+x_{33}+x_{34}=80\\x_{11}+x_{21}+x_{31}=45\\x_{12}+x_{22}+x_{32}=20\\x_{13}+x_{23}+x_{33}=30\\x_{14}+x_{24}+x_{34}=35\\x_{ij}\geqslant0(i=1,2,3;j=1,2,3,4)\end{cases}$$

利用 Matlab 求解这个问题如下：

输入：

```
≫c=[8,5,6,7,10,2,7,6,9,3,4,9];
≫aeq=[1,1,1,1,0,0,0,0,0,0,0,0;0,0,0,0,1,1,1,1,0,0,0,0;
0,0,0,0,0,0,0,0,1,1,1,1;…
1,0,0,0,1,0,0,0,1,0,0,0;0,1,0,0,0,1,0,0,0,1,0,0;…
0,0,1,0,0,0,1,0,0,0,1,0;0,0,0,1,0,0,0,1,0,0,0,1];
≫beq=[25;25;80;45;20;30;35];
≫a=[0,0,0,0,0,0,0,0,0,0,0,0];
≫b=[0];
≫lb=zeros(12,1);
≫[x,fval] =linprog(c,a,b,aeq,beq,lb)
Optimization terminated.
x =
  15.0000
   0.0000
   0.0000
  10.0000
   0.0000
   0.0000
   0.0000
  25.0000
  30.0000
  20.0000
  30.0000
   0.0000
fval =
  790.0000
```

由结果得出，如此安排，才能使得总运费最省，为 790 元.

一般地，如果一个运输问题有 m 个产地，n 个销地，则该运输问题的数学模型可表示为：

$$\min S=\sum_{i=1}^{m}\sum_{j=1}^{n}c_{ij}x_{ij}$$

$$\text{s.t.}\begin{cases}\sum\limits_{j=1}^{n}x_{ij}=a_i & (i=1,2,\cdots,m)\\ \sum\limits_{i=1}^{m}x_{ij}=b_j & (j=1,2,\cdots,n)\\ x_{ij}\geqslant 0 & (i=1,2,\cdots,m;j=1,2,\cdots,n)\end{cases}$$

其中，x_{ij} 表示第 i 个产地运往第 j 个销地的**运输量**；c_{ij} 表示第 i 个产地运往第 j 个销地的**单位运价**；S 表示**总运费**；a_i 是第 i 个产地的**产量**；b_j 是第 j 个销地的**销量**.

我们看到运输问题数学模型的求解，可用数学软件 Matlab 实现求解过程. 有关求解程序详见第三部分——应用 Matlab 求解.

自测题

某物流公司需要从五个发货点 A_1,A_2,A_3,A_4,A_5 装货，到三个收货点 B_1,B_2,B_3 卸货：从 A_1 运木材 3 车到 B_1（每车装的吨数相同），从 A_2 运钢材 5 车到 B_3，从 A_3 运木材 4 车到 B_2，从 A_4 运煤 6 车到 B_1，从 A_5 运零件 3 车到 B_3，各点间的里程如下表：

里程 收货 / 发货	A_1	A_2	A_3	A_4	A_5
B_1	10	20	5	9	10
B_2	2	10	8	30	6
B_3	1	20	7	10	4

问如何组织循环运输，可使吨 · 公里数最少？

习题 1.2.3

1. 某种商品要由 A_1,A_2,A_3 三个产地运往 B_1,B_2,B_3,B_4 四个销地，各产地的产量、各销地的销量以及产地与销地之间的单位运价见下表. 怎样安排调运，才能使总运费最少？

单位：吨

单位运价 销地 / 产地	B_1	B_2	B_3	B_4	产量
A_1	3	11	3	10	7
A_2	1	9	2	8	4
A_3	7	4	10	5	9
销量	3	6	5	6	20 / 20

2. 某产品有三个产地 A_1,A_2,A_3，供应 B_1,B_2,B_3 三个市场，产量、销量及单位运价见下表. 应如何安排调运，才能使总运费最少？

单位：吨

单位运价 销地 / 产地	B_1	B_2	B_3	产量
A_1	4	8	8	76
A_2	16	24	16	82
A_3	8	16	24	77
销量	72	102	41	235 / 215

第三部分 应用 Matlab 求解

内容提要

本部分介绍用数学软件 Matlab 求解线性代数及线性规划的有关问题，给出基本命令格式，对简单的数学规划模型给出利用 Matlab 求解的过程.

预备知识

计算机基本操作，线性代数的基本知识.

学习目标

1. 了解用数学软件 Matlab 求矩阵的线性运算、乘法、转置、行初等变换、逆矩阵、行列式值，求线性方程组的解的命令格式.

2. 会用数学软件 Matlab 求线性规划的最优解.

1.3.1 矩阵与行列式的计算

Matlab 是矩阵实验室(Matrix Laboratory)之意，它具有卓越的数值计算能力和强大的数据处理能力. Matlab 的基本数据单位是矩阵，它的指令表达式与经济数学中常用的形式十分相似，故用 Matlab(借助计算机)来解决现实问题要比手动运算简捷得多. 下面我们一起学习用数学软件 Matlab 解决线性代数的基本问题.

一、输入简单的矩阵

输入一个矩阵的最简单方法是用直接排列的形式. 矩阵用方括号括起来，元素之间用空格或逗号分隔，矩阵行与行之间用分号分开.

例如，输入矩阵 $\boldsymbol{A}=\begin{pmatrix}1 & 0 & 3\\ 1 & -1 & 6\\ 0 & -3 & 8\end{pmatrix}$.

输入：A=[1,0,3;1,-1,6;0,-3,8] 回车

显示：A =

```
1     0     3
1    -1     6
0    -3     8
```

表示系统已经接收并处理了命令，在当前工作区内建立了矩阵 A.

如果不需要显示矩阵，只要在输入矩阵 **A** 后输入分号“;”.

例如,输入:A=[1,0,3;1,-1,6;0,-3,8]; 回车

系统中输入了矩阵 **A**,但不显示出来.

二、用 Matlab 进行矩阵运算

(一)实验目的

1. 掌握 Matlab 软件在矩阵运算中的命令,掌握如何应用 Matlab 软件中的命令计算行列式的值.

2. 加深对矩阵与行列式的理解.

3. 提高学生应用数学软件解决问题的能力.

(二)用 Matlab 进行矩阵运算的常用命令

1. 矩阵的运算符号

“+”加法,“-”减法,“*”乘法,“\”左除,“/”右除(在 Matlab 中矩阵可以相除,而在线性代数中并没有定义矩阵的除法),“'”矩阵的转置,eye(3)在 Matlab 中指 3 阶单位矩阵.

2. rref(A)

功能:将矩阵 **A** 经过初等变换化为与之等价的行阶梯形矩阵.

3. inv(A)

功能:求矩阵 **A** 的逆矩阵.

4. rank(A)

功能:求矩阵 **A** 的秩.

5. det(A)

功能:计算行列式 **A** 的值,其中 **A** 为 n 阶方阵.

(三)实验内容

1. 已知矩阵 $\boldsymbol{A}=\begin{pmatrix}4 & -2 & 3\\0 & -1 & 2\\0 & 0 & 1\end{pmatrix}$ 和 $\boldsymbol{B}=\begin{pmatrix}1 & 0 & 0\\2 & 5 & 0\\5 & 3 & 1\end{pmatrix}$,

(1)计算 $2\boldsymbol{A}-\boldsymbol{B}$,$\boldsymbol{AB}$,$\boldsymbol{BA}$,$\boldsymbol{A}'$.

(2)将矩阵 **A** 化为行阶梯形矩阵.

(3)求矩阵 **A** 的逆矩阵.

(4)求矩阵 **B** 的秩.

2. 计算行列式 $A=\begin{vmatrix}1 & 0 & 0 & 3\\-1 & 2 & 0 & 3\\4 & 3 & 2 & 0\\0 & 0 & -1 & 0\end{vmatrix}$ 的值.

3. 设 $\boldsymbol{A}=\begin{pmatrix}4 & 2 & 3\\1 & 1 & 0\\-1 & 2 & 3\end{pmatrix}$,$\boldsymbol{AB}=\boldsymbol{A}+2\boldsymbol{B}$,求 **B**.

4. 给定线性方程组 $\boldsymbol{Ax}=\boldsymbol{b}$，$\boldsymbol{A}=\begin{pmatrix}0&-1&2\\3&5&7\\0&1&8\end{pmatrix}$，$\boldsymbol{b}=\begin{pmatrix}1\\2\\3\end{pmatrix}$，利用 A\b 或 inv(A) * b 求出其解.

5. 将国民经济简化为仅由农业、制造业和服务业组成. 每一个产业只生产一种产品，分别是农业产品、制造业产品和服务. 这三个产业彼此购买对方的产品作为自己的投入，假设没有进口，也不考虑其他因素，只将最终产品提供给用户使用. 其对应的投入产出表1-25 如下：

表 1-25　　国民经济投入产出表　　单位：亿元

消耗部门 / 生产部门	农业	制造业	服务业	外部需求	总产出
农业	15	20	30	35	100
制造业	30	10	45	115	200
服务业	20	60	—	70	150

注：表中每一行表示一个部门的总产出以及用作各部门的投入和提供给外部用户的分配，而每一列表示一个部门生产需要投入的资源. 例如，第一行表示农业的总产值为 100 亿元，其中 15 亿元农产品用于农产品本身，20 亿元提供给制造业，30 亿元提供给服务业，最终有 35 亿元农产品提供给用户；而第一列表示为了生产 100 亿元农产品，需要投入 15 亿元农产品、30 亿元制造业产品和 20 亿元服务业产品.

问题：若外部需求发生变化，改为农业 100 亿元、制造业 200 亿元、服务业 300 亿元，试求各部门应生产的总产出.

(四)实验过程

```
1.(1)>> A=[4 -2 3;0 -1 2;0 0 1];
>> B=[1 0 0;2 5 0;5 3 1];
>> 2*A-B
ans =
     7   -4    6
    -2   -7    4
    -5   -3    1
>> A*B
ans =
    15   -1    3
     8    1    2
     5    3    1
>> B*A
ans =
     4   -2    3
     8   -9   16
    20  -13   22
```

```
>> A'
ans =
     4     0     0
    -2    -1     0
     3     2     1
```
(2)
```
>> rref(A)
ans =
   1   0   0
   0   1   0
   0   0   1
```
(3)
```
>> inv(A)
ans =
   0.2500   -0.5000   0.2500
        0   -1.0000   2.0000
        0         0   1.0000
```
(4)
```
>> rank(B)
ans =3
```
2.
```
>> clear
>> A=[1 0 0 3;-1 2 0 3;4 3 2 0;0 0 -1 0]
A =
     1  0   0  3
    -1  2   0  3
     4  3   2  0
     0  0  -1  0
>> det(A)
ans =
   -42
```
3.
```
>> clear
>> A=[4,2,3;1,1,0;-1,2,3];
>> b=A-2*eye(3)
b =

     2     2     3
     1    -1     0
    -1     2     1
>> c=inv(b)
c =
     1.0000  -4.0000  -3.0000
```

```
   1.0000   -5.0000   -3.0000
  -1.0000    6.0000    4.0000
>> B=c*A
B =
   3.0000   -8.0000   -6.0000
   2.0000   -9.0000   -6.0000
  -2.0000   12.0000    9.0000
```

4.
```
>> clear
>> A=[0,-1,2;3,5,7;0,1,8];
>> x=inv(A)
x =
   1.1000    0.3333   -0.5667
  -0.8000    0         0.2000
   0.1000    0         0.1000
>> b=[1,2,3]';
>> x=x*b
x =
   0.0667
  -0.2000
   0.4000
```

5. 分析：令 t_{ij} 为生产一个单位的第 j 种产品需要消耗的第 i 种产品的单位数，因为对每一个部门来说，投入-产出的变换关系是不变的，所以 t_{ij} 是一个常数，称为投入系数.

令 x_i 为一定时间内第 i 种产品的产出，总产出的一部分用作各部门生产活动的投入，所以用作 n 个生产部门投入的第 i 种产品的总量为 $\sum\limits_{j=1}^{n} t_{ij}x_j$.

剩余的第 i 种产品为 $d_i = x_i - \sum\limits_{j=1}^{n} t_{ij}x_j$，称为第 i 种产品的最终需求，即外部需求.

设 $\boldsymbol{x}=(x_1,x_2,\cdots,x_n)^{\mathrm{T}}$，$\boldsymbol{d}=(d_1,d_2,\cdots,d_n)^{\mathrm{T}}$，$\boldsymbol{T}=(t_{ij})_{m\times n}$，则有

$$(\boldsymbol{I}-\boldsymbol{T})\boldsymbol{x}=\boldsymbol{d}$$

式中 $\boldsymbol{I}$ 为单位矩阵，系数矩阵为 $\boldsymbol{A}=\boldsymbol{I}-\boldsymbol{T}$，$\boldsymbol{T}$ 称为直接消耗系数矩阵.

由题目中的投入产出表易求得直接消耗系数矩阵为

$$\boldsymbol{T}=\begin{pmatrix} \frac{15}{100} & \frac{20}{200} & \frac{30}{150} \\ \frac{30}{100} & \frac{10}{200} & \frac{45}{150} \\ \frac{20}{100} & \frac{60}{200} & \frac{0}{150} \end{pmatrix}=\begin{pmatrix} 0.15 & 0.10 & 0.20 \\ 0.30 & 0.05 & 0.30 \\ 0.20 & 0.30 & 0.00 \end{pmatrix}$$

$$A=I-T=\begin{pmatrix}0.85 & -0.10 & -0.20\\ -0.30 & 0.95 & -0.30\\ -0.20 & -0.30 & 1.00\end{pmatrix}$$

$$d=(100,200,300)^T$$

可由方程

$$Ax=d$$

得

$$x=A^{-1}d=(287.95,457.75,494.91)^T$$

运用 Matlab 输入如下：

```
≫ I=eye(3);
≫ d=[100;200;300];
≫ T=[0.15 0.1 0.2;0.3 0.05 0.3;0.2 0.3 0];
≫ x=inv(I-T) * d
x =
   287.9499
   457.7465
   494.9139
```

所以为满足需要，农业的总产出为 287.95 亿元，制造业的总产出为 457.75 亿元，服务业的总产出为 494.91 亿元.

当最终需求发生改变时，将 Matlab 中的 d 做改动即可，无需重新手动计算. 用 Matlab 计算只需几秒钟就可以求出方程 $Ax=d$ 的解，大大节约了计算时间，提高了解题效率，因此 Matlab 广泛应用于经济学课程.

(五)学生实验练习

1. 已知矩阵 $A=\begin{pmatrix}-2 & 0 & 1\\ 0 & -2 & 3\\ 1 & 3 & 0\end{pmatrix}$ 和 $B=\begin{pmatrix}1 & -1 & 0\\ -3 & 0 & 4\\ 0 & 3 & 2\end{pmatrix}$，求 $|A|$，$2A+3B$，$B-A$，AB，B'.

2. 求下列矩阵的逆矩阵.

(1)$\begin{pmatrix}2 & 1 & 0\\ 1 & 1 & 0\\ 3 & 2 & -5\end{pmatrix}$　　(2)$\begin{pmatrix}0 & 0 & 1 & 0\\ 0 & 1 & 2 & 0\\ 2 & -1 & 0 & 3\\ -2 & 5 & 1 & 2\end{pmatrix}$

3. 求下列矩阵的秩.

(1)$A=\begin{pmatrix}3 & 1 & 1 & 3\\ 1 & 3 & 3 & 1\\ 1 & 3 & 1 & 3\\ 3 & 3 & 1 & 1\end{pmatrix}$　　(2)$A=\begin{pmatrix}-1 & 1 & 1 & 5\\ 1 & -3 & -3 & -14\\ 2 & 0 & 1 & 8\end{pmatrix}$

4. 将 $\boldsymbol{A}=\begin{pmatrix}2&1&0&3\\1&-1&2&-1\\-1&2&-4&4\end{pmatrix}$ 化为行阶梯形矩阵.

三、应用 Matlab 软件求解线性方程组

(一)实验目的

掌握如何应用 Matlab 软件求解线性方程组.

(二)用数学软件 Matlab 求解线性方程组的命令

所用相关命令有 rref(A), rank(A), inv(A).

(三)实验内容

1. 解齐次线性方程组 $\begin{cases}x_1-x_2+x_3=0\\-2x_1-x_2-x_3=0\\-x_1+x_2-x_3=0\end{cases}$.

2. 解线性方程组 $\boldsymbol{AX}=\boldsymbol{b}$,其中 $\boldsymbol{A}=\begin{pmatrix}1&0&2\\-1&1&-2\\3&2&7\end{pmatrix}$, $\boldsymbol{b}=\begin{pmatrix}1\\0\\7\end{pmatrix}$.

3. 解方程组 $\begin{cases}x_1+x_2-x_3-x_4=1\\x_1+x_2+x_3+x_4=1\\2x_1-x_2+x_3+2x_4=0\end{cases}$.

4. 有甲、乙、丙三种化肥,甲种化肥每千克含氮 70 克,磷 8 克,钾 2 克;乙种化肥每千克含氮 64 克,磷 10 克,钾 0.6 克;丙种化肥每千克含氮 70 克,磷 5 克,钾 1.4 克. 若把这三种化肥混合,要求总重量 23 千克且含磷 149 克、钾 30 克,问三种化肥各需多少千克?

(四)实验过程

1.
```
≫clear
≫ A=[1 -1 1;-2 -1 -1;-1 1 -1];
≫rank(A)
ans=2
≫rref(A)
ans =
    1.0000         0      0.6667
         0    1.0000     -0.3333
         0         0           0
```

说明方程组有无穷多解,并且解为 $x_1=-0.6667c$, $x_2=0.3333c$, $x_3=c$.

2.
```
≫ clear
≫ A=[1 0 2;-1 1 -2;3 2 7];
≫ b=[1 0 7]';
≫ X=A\b
```

```
X =
        -3.0000
          1.0000
          2.0000
```

方程组的解为(−3;1;2).

```
3.>>clear
>> A=[1 1 -1 -1;1 1 1 1;2 -1 1 2];
>> b=[1 1 0]';
>>C=[rank(A)   rank([A b])]
C=
    2     2
```

表示 **A** 的秩为 2，$\bar{\mathbf{A}}$ 的秩为 2，小于未知数的个数 4. 再输入：

```
>> rref([A b])
ans =
     1     1     0     0     2
     0     0     1     1     0
     0     0     0     0     0
```

方程组的解为 $x_1=2-x_2, x_3=-x_4$(x_2, x_4 为自由未知量).

4. 设甲、乙、丙三种化肥各需 x_1, x_2, x_3 千克.

依题意得方程组

$$\begin{cases} x_1+x_2+x_3=23 \\ 8x_1+10x_2+5x_3=149 \\ 2x_1+0.6x_2+1.4x_3=30 \end{cases}$$

(方法一：克莱姆法则)

```
>> clear
>> A=[1,1,1;8,10,5;2,0.6,1.4];
>>A1=[23,1,1;149,10,5;30,0.6,1.4];
>>A2=[1,23,1;8,149,5;2,30,1.4];
>>A3=[1,1,23;8,10,149;2,0.6,30];
>>x1=det(A1)/det(A)
x1 =
     3.0000
>> x2=det(A2)/det(A)
x2 =
      5
```

```
>> x3=det(A3)/det(A)
x3 =
   15.0000
```

即甲、乙、丙三种化肥各需 3 千克、5 千克和 15 千克.

(方法二:逆矩阵)

```
>> clear
>> A=[1,1,1;8,10,5;2,0.6,1.4];
>> B=[23,149,30];
>> x=inv(A) * B'
x =
     3.0000
     5.0000
     15.0000
```

即甲、乙、丙三种化肥依次需要 3 千克、5 千克和 15 千克.

(方法三:消元法)

```
>> clear
>> A=[1,1,1;8,10,5;2,0.6,1.4];
>> B=[23,149,30]';
>> C=[rank(A)   rank([A B])]
C =
     3     3
```

表示 $\boldsymbol{A}$ 的秩为 3, $\bar{\boldsymbol{A}}$ 的秩为 3,

```
>> rref([A B])
ans =

     1     0     0     3
     0     1     0     5
     0     0     1    15
```

即表示方程组的解为 $x_1=3, x_2=5, x_3=15$.

(五)学生实验练习

1. 已知矩阵 $\boldsymbol{A}=\begin{pmatrix}1 & 0 & 1\\ 0 & 2 & 1\\ 1 & -1 & 1\end{pmatrix}$ 和 $\boldsymbol{B}=\begin{pmatrix}0 & 1 & 2\\ -1 & 0 & 0\\ 0 & 3 & 5\end{pmatrix}$,求 $\boldsymbol{AX}=\boldsymbol{B}$, $\boldsymbol{XA}=\boldsymbol{B}$.

2. 解下列线性方程组.

(1) $\begin{cases}x_1+x_2+2x_3-x_4=0\\x_1+x_2+x_3-x_4=0\\2x_1+2x_2+2x_3-x_4=0\end{cases}$　　(2) $\begin{cases}3x_1+4x_2-4x_3+7x_4=0\\-2x_1-3x_2+3x_3-6x_4=0\\x_1+10x_2-3x_3+6x_4=0\\2x_1-2x_2+x_3+3x_4=0\end{cases}$

(3) $\begin{cases}2x_1-x_2+3x_3=-7\\4x_1+2x_2+x_3=-8\\x_1+x_3=-3\end{cases}$　　(4) $\begin{cases}-x_1+2x_2+3x_3=13\\x_1+3x_2+x_3=4\\-3x_1+x_2+2x_3=-1\\x_1-x_2+3x_3=-8\end{cases}$

3. 一个幼儿园的营养师安排幼儿的食谱由四种食物 A,B,C,D 构成，幼儿的食谱要求包含 70 单位的钙，35 单位的铁，35 单位的维生素 A，50 单位的维生素 B. 下表给出的是每 500 g 食物 A,B,C,D 所含有的钙、铁、维生素 A、维生素 B 的量(单位:g)：

食物	钙	铁	维生素 A	维生素 B
A	20	5	5	8
B	10	5	15	10
C	10	10	5	10
D	15	15	10	20

(1)写出幼儿食谱中所含食物搭配的量所满足的方程.

(2)求解该线性方程组.

4. 某地区有一座煤矿、一个发电厂和一条铁路. 经成本核算，每生产价值 1 元钱的煤需消耗 0.3 元的电；为了把这 1 元钱的煤运出去需花费 0.2 元的运费；每生产 1 元的电需 0.6 元的煤作燃料，为了运行电厂的辅助设备需消耗本身 0.1 元的电，还需要花费 0.1 元的运费；作为铁路局，每提供 1 元运费的运输需消耗 0.5 元的煤，辅助设备要消耗 0.1 元的电. 现煤矿接到外地 6 万元煤的订货，电厂有 10 万元电的外地需求. 问：煤矿和电厂各生产多少才能满足需求？(假设不考虑价格变动等其他因素)

1.3.2 求线性规划问题的最优解

(一)实验目的

1. 掌握用 Matlab 软件求解线性规划问题的命令，掌握如何应用 Matlab 软件中的命令求线性规划问题的最优解.

2. 在决策变量个数较多、求解过程比较复杂时，用 Matlab 软件求解线性规划问题则比较简单.

(二)用数学软件 Matlab 求线性规划最优解的命令

1. X=linprog(f,A,b)

功能：求解线性规划(简称 LP)问题

$$\min f(\boldsymbol{X})=\boldsymbol{C}^{\mathrm{T}}\boldsymbol{X}$$

$$\begin{cases} \boldsymbol{AX} \leqslant \boldsymbol{b} \\ \boldsymbol{AeqX} = \boldsymbol{beq} \end{cases}$$

说明：

(1)$\min f(\boldsymbol{X}) = \boldsymbol{C}^{\mathrm{T}} \boldsymbol{X}$ 的含义

在用 Matlab 软件求线性规划问题的最优解时，目标函数通常为求最小值 $\min f(\boldsymbol{X})$.

如果是求目标函数的最大值，可化为求 $\min[-f(\boldsymbol{X})]$.

输入语句为：f=－[目标函数中自变量的系数]；

(2)$\boldsymbol{AX} \leqslant \boldsymbol{b}$ 的含义

Matlab 中的所有约束条件不等式都要求化成 $\boldsymbol{AX} \leqslant \boldsymbol{b}$ 形式的不等式. $\boldsymbol{A}$ 是其所有此类不等式组的系数矩阵，$\boldsymbol{b}$ 为常数项矩阵.

输入语句为：A=[约束条件中自变量依次的系数]；

(3)$\boldsymbol{AeqX} = \boldsymbol{beq}$ 的含义

$\boldsymbol{AeqX} = \boldsymbol{beq}$ 在 Matlab 中表示所有等式的约束条件. $\boldsymbol{Aeq}$ 是其等式方程组的系数矩阵，$\boldsymbol{beq}$ 为常数项矩阵.

输入语句为：Aeq=[系数矩阵]；beq=[常数项矩阵]；

2. [X,fval]=linprog(f,A,b,Aeq,beq,lb,ub)

功能：求解 LP 问题

$$\min f(\boldsymbol{X}) = \boldsymbol{C}^{\mathrm{T}} \boldsymbol{X}$$

$$\begin{cases} \boldsymbol{AX} \leqslant \boldsymbol{b} \\ \boldsymbol{AeqX} = \boldsymbol{beq} \\ \boldsymbol{lb} \leqslant \boldsymbol{X} \leqslant \boldsymbol{ub} \end{cases}$$

说明：

(1)f 为由目标函数的系数组成的向量. X 是由决策变量组成的列向量，C 是行向量. A 是一个矩阵，b 是一个向量，A 和 b 组成线性规划的不等式约束条件 $\boldsymbol{AX} \leqslant \boldsymbol{b}$.

返回的 X 值为满足目标函数取得极值的一组变量的值. Aeq 是一个矩阵，beq 是一个向量，Aeq 和 beq 组成线性规划的等式约束条件 $\boldsymbol{AeqX} = \boldsymbol{beq}$.

lb 和 ub 分别是变量的下界和上界约束. 在返回值中 fval 是优化结束后得到的目标函数值.

(2)运用 linprog(f,A,b)命令时，系统默认为 linprog(f,A,b,Aeq,beq,lb,ub)中各参数都存在，且按固定顺序排列. lb 前面的参数即使没给出(例如等式约束条件)也要用空矩阵[]的方式给出声明，不能省略.

(三)实验内容

求解线性规划问题：

1. $\max z = 2x_1 + 3x_2$

$$\text{s.t.} \begin{cases} x_1 + 2x_2 \leqslant 8 \\ 4x_1 \leqslant 6 \\ 4x_2 \leqslant 12 \\ x_1 \geqslant 0, x_2 \geqslant 0 \end{cases}$$

2. $\max z=70x_1+120x_2$

$$\text{s.t.}\begin{cases}9x_1+4x_2\leqslant 360\\4x_1+5x_2\leqslant 200\\3x_1+10x_2\leqslant 300\\x_i\geqslant 0(i=1,2)\end{cases}$$

3. $\min f=x_{11}+2x_{12}+x_{13}+2x_{21}+x_{22}+3x_{23}$

$$\text{s.t.}\begin{cases}x_{11}+x_{12}+x_{13}\leqslant 10\\x_{21}+x_{22}+x_{23}\leqslant 15\\x_{11}+x_{21}=7\\x_{12}+x_{22}=8\\x_{13}+x_{23}=9\\x_{ij}\geqslant 0(i=1,2;j=1,2,3)\end{cases}$$

4. 运费问题：有两个建材厂 C_1 和 C_2，每年沙石的产量分别为 35 万吨和 55 万吨，这些沙石需要供应到 W_1，W_2 和 W_3 三个建筑工地，每个建筑工地对沙石的需求量分别为 26 万吨、38 万吨和 26 万吨，各建材厂到建筑工地的运费(万元/万吨)如表 1-26 所示，问题是应当怎么调运才能使得总运费最少？

表 1-26　　各建材厂到建筑工地的运费

工地 工厂	W_1	W_2	W_3
C_1	10	12	9
C_2	8	11	13

5. 成本问题：某饲养场有五种饲料. 已知各种饲料的单位价格和每百公斤饲料的蛋白质、矿物质、维生素含量如表 1-27 所示，又知该饲养场每日至少需蛋白质 70 单位、矿物质 3 单位、维生素 10 毫单位. 问如何混合调配这五种饲料，才能使总成本最低？

表 1-27　　饲料的成分和单价

饲料种类	成分			饲料单价
	蛋白质/单位	矿物质/单位	维生素/毫单位	
1	0.30	0.10	0.05	2
2	2.20	0.05	0.10	7
3	1.00	0.02	0.02	4
4	0.06	0.20	0.20	3
5	1.80	0.05	0.08	5

6. 某农场Ⅰ,Ⅱ,Ⅲ等耕地的面积分别为 100 hm^2、300 hm^2 和 200 hm^2，计划种植水稻、大豆和玉米，要求三种作物的最低收获量分别为 190000 kg、130000 kg 和 350000 kg. Ⅰ，Ⅱ，Ⅲ等耕地种植三种作物的单产如表 1-28 所示. 三种作物的售价分别为水稻 1.20 元/kg，大豆 1.50 元/kg，玉米 0.80 元/kg.

(1)如何制订种植计划，才能使总产量最大？

(2)如何制订种植计划，才能使总产值最大？

表 1-28　　不同等级耕地种植不同作物的单产　　单位：kg/hm^2

	Ⅰ等耕地	Ⅱ等耕地	Ⅲ等耕地
水稻	11 000	9 500	9 000
大豆	8 000	6 800	6 000
玉米	14 000	12 000	10 000

(四)实验过程

1.先把

$$\max z=2x_1+3x_2$$
$$\text{s. t.}\begin{cases}x_1+2x_2\leqslant 8\\4x_1\leqslant 6\\4x_2\leqslant 12\\x_1\geqslant 0,x_2\geqslant 0\end{cases}$$

化为

$$\min f=-2x_1-3x_2$$
$$\text{s. t.}\begin{cases}x_1+2x_2\leqslant 8\\4x_1\leqslant 16\\4x_2\leqslant 12\\x_1\geqslant 0,x_2\geqslant 0\end{cases}$$

在 Matlab 中输入：

```
>> clear
>> f=-[2,3];
>> A=[1,2;4,0;0,4];
>> B=[8,6,12];
>> lb=[0,0];
>> [X,fval]=linprog(f,A,B,[],[],lb)
Optimization terminated.
X =
     1.5000
     3.0000
fval =
  -12.0000
```

即原线性规划问题的最优解为：当 $x_1=1.5,x_2=3$ 时，有最优值 12.

2.先把

$$\max z=70x_1+120x_2$$

$$\text{s.t.}\begin{cases}9x_1+4x_2\leqslant 360\\4x_1+5x_2\leqslant 200\\3x_1+10x_2\leqslant 300\\x_i\geqslant 0\quad(i=1,2)\end{cases}$$

化为

$$\min f=-70x_1-120x_2$$

$$\text{s.t.}\begin{cases}9x_1+4x_2\leqslant 360\\4x_1+5x_2\leqslant 200\\3x_1+10x_2\leqslant 300\\x_i\geqslant 0\quad(i=1,2)\end{cases}$$

在 Matlab 中输入：

```
>> clear
>>f=-[70,120];
>>A=[9,4;4,5;3,10];
>>B=[360,200,300];
>>lb=[0,0];
>> [X,fval]=linprog(f,A,B,[],[],lb)
Optimization terminated.
X=
   20.0000
   24.0000
fval =
     -4.2800e+003
```

即 $f=-4280$.

·注意· 结果 -4.2800e+003 中，e+003 表示 e 前面的数值，小数点向右移三位，即为 -4280；若结果为 6.3400e-003 表示 e 前面的数值，小数点向左移三位，即为 0.00634.

从而原线性规划问题的最优解为：当 $x_1=20,x_2=24$ 时，有最优值 4280.

3. 在 Matlab 中输入：

```
>> clear
>>f=[1,2,1,2,1,3];
>>A=[1,1,1,0,0,0;0,0,0,1,1,1];
>>B=[10,15];
>>Aeq=[1,0,0,1,0,0;0,1,0,0,1,0;0,0,1,0,0,1];
>>beq=[7,8,9];
>>lb=[0,0,0,0,0,0];
>> [X,fval]=linprog(f,A,B,Aeq,beq,lb)
Optimization terminated.
```

X =

1.0000

0.0000

9.0000

6.0000

8.0000

0.0000

fval =

30.0000

即 $x_{11}=1, x_{12}=0, x_{13}=9, x_{21}=6, x_{22}=8, x_{23}=0$ 时，有最优值 30.

4. 设 C_1 往 W_1，W_2 和 W_3 运送的沙石分别为 x_1, x_2, x_3；C_2 往 W_1，W_2 和 W_3 运送的沙石分别为 x_4, x_5, x_6，总运费为 f. 则该问题的线性规划模型为：

$$\min f=10x_1+12x_2+9x_3+8x_4+11x_5+13x_6$$

$$\text{s.t.}\begin{cases}x_1+x_2+x_3=35\\x_4+x_5+x_6=55\\x_1+x_4=26\\x_2+x_5=38\\x_3+x_6=26\\x_j\geqslant 0(j=1,2,3,4,5,6)\end{cases}$$

在 Matlab 中输入：

```
≫ clear
≫f=[10,12,9,8,11,13];
≫Aeq=[1,1,1,0,0,0;0,0,0,1,1,1;1,0,0,1,0,0;0,1,0,0,1,0;0,0,1,0,0,1];
≫beq=[35,55,26,38,26];
≫[X,fval]=linprog(f,[],[],Aeq,beq,zeros(6,1))
Optimization terminated.
X =
     0.0000
     9.0000
    26.0000
    26.0000
    29.0000
     0.0000
fval =
   869.0000
```

即 $x_1=0, x_2=9, x_3=26, x_4=26, x_5=29, x_6=0$ 时，才能使总运费最少，为 869 万元.

5. 设五种饲料的使用量分别为 x_1,x_2,x_3,x_4,x_5，所用饲料的总成本为 f. 则该问题的线性规划模型为

$$\min f=2x_1+7x_2+4x_3+3x_4+5x_5$$

$$\text{s.t.}\begin{cases}0.30x_1+2.2x_2+x_3+0.06x_4+1.8x_5\geqslant 70\\0.1x_1+0.05x_2+0.02x_3+0.20x_4+0.05x_5\geqslant 3\\0.05x_1+0.1x_2+0.02x_3+0.2x_4+0.08x_5\geqslant 10\\x_j\geqslant 0(j=1,2,3,4,5)\end{cases}$$

在 Matlab 中输入：

```
≫ clear
≫ f=[2,7,4,3,5];
≫ A=[-0.3,-2.2,-1.00,-0.06,-1.8;-0.1,-0.05,-0.02,-0.2,-0.05;-0.05,-0.1,-0.02,-0.2,-0.08];
≫ b=[-70,-3,-10];
≫ [X,fval]=linprog(f,A,b,[],[],zeros(5,1))
Optimization terminated.
X =
      0.0000
      0.0000
      0.0000
     34.9099
     37.7252
fval =
    293.3559
```

即 $x_1=0,x_2=0,x_3=0,x_4=34.9099,x_5=37.7252$ 时，才能使总成本最低，为 293.3559.

6. 首先根据题意建立线性规划模型（决策变量设置如表 1-29 所示，表中 x_{ij} 表示第 i 种作物在第 j 等级的耕地上的种植面积）.

表 1-29　　作物计划种植面积　　单位：hm^2

	Ⅰ等耕地	Ⅱ等耕地	Ⅲ等耕地
水稻	x_{11}	x_{12}	x_{13}
大豆	x_{21}	x_{22}	x_{23}
玉米	x_{31}	x_{32}	x_{33}

依据题意可列如下方程：

$$\text{耕地约束方程：}\begin{cases}x_{11}+x_{21}+x_{31}\leqslant 100\\x_{12}+x_{22}+x_{32}\leqslant 300\\x_{13}+x_{23}+x_{33}\leqslant 200\end{cases}$$

最低收获约束方程：$\begin{cases} -11000x_{11}-9500x_{12}-9000x_{13}\leqslant -190000 \\ -8000x_{21}-6800x_{22}-6000x_{23}\leqslant -130000 \\ -14000x_{31}-12000x_{32}-10000x_{33}\leqslant -350000 \end{cases}$

条件 $x_{ij}\geqslant 0(i=1,2,3;j=1,2,3)$

(1)追求总产量最大，目标函数为

$$\min f=-11000x_{11}-9500x_{12}-9000x_{13}-8000x_{21}-6800x_{22}-6000x_{23}-14000x_{31}-12000x_{32}-10000x_{33}$$

在 Matlab 中输入：

```
>> clear
>> f=[-11000,-9500,-9000,-8000,-6800,-6000,-14000,-12000,-10000];
>> A=[1,0,0,1,0,0,1,0,0;0,1,0,0,1,0,0,1,0;
0,0,1,0,0,1,0,0,1;-11000,-9500,-9000,0,0,0,0,0,0;
0,0,0,-8000,-6800,-6000,0,0,0;0,0,0,0,0,0,-14000,-12000,-10000];
>> b=[100,300,200,-190000,-130000,-350000];
>> lb=[0,0,0,0,0,0,0,0,0];
>> [X,fval]=linprog(f,A,b,[],[],lb,[])
Optimization terminated.
X =
     0.0000
     0.0000
    21.1111
     0.0000
     0.0000
    21.6667
   100.0000
   300.0000
   157.2222
fval =
   -6.8922e+006
```

表明水稻Ⅰ等耕地的面积为 0，Ⅱ等耕地的面积为 0，Ⅲ等耕地的面积为 21.1111；大豆Ⅰ等耕地的面积为 0，Ⅱ等耕地的面积为 0，Ⅲ等耕地的面积为 21.6667；玉米Ⅰ等耕地的面积为 100，Ⅱ等耕地的面积为 300，Ⅲ等耕地的面积为 157.2222 时，总产量最大，为 6892200.

(2)追求总产值最大，目标函数为

$$\begin{aligned}\min f=&-1.20\times(11000x_{11}+9500x_{12}+9000x_{13})\\&-1.50\times(8000x_{21}+6800x_{22}+6000x_{23})\\&-0.80\times(14000x_{31}+12000x_{32}+10000x_{33})\end{aligned}$$

$$
\begin{aligned}
&= -13200x_{11}-11400x_{12}-10800x_{13}\\
&\quad -12000x_{21}-10200x_{22}-9000x_{23}\\
&\quad -11200x_{31}-9600x_{32}-8000x_{33}
\end{aligned}
$$

在 Matlab 中输入：

```
≫ clear
≫ f=[-13200,-11400,-10800,-12000,-10200,-9000,-11200,-9600,-8000];
≫ A=[1,0,0,1,0,0,1,0,0;0,1,0,0,1,0,0,1,0;0,0,1,0,0,1,0,0,1;
-11000,-9500,-9000,0,0,0,0,0,0;0,0,0,-8000,-6800,-6000,0,0,0;
0,0,0,0,0,0,-14000,-12000,-10000];
≫ b=[100,300,200,-190000,-130000,-350000];
≫ lb=[0,0,0,0,0,0,0,0,0];
≫ [X,fval]=linprog(f,A,b,[],[],lb,[])
Optimization terminated.
X =
  58.7500
  300.0000
  200.0000
  16.2500
  0.0000
  0.0000
  25.0000
  0.0000
  0.0000
fval =
-6.8305e+006
```

表明水稻Ⅰ等耕地的面积为 58.75，Ⅱ等耕地的面积为 300，Ⅲ等耕地的面积为 200；大豆Ⅰ等耕地的面积为 16.25，Ⅱ等耕地的面积为 0，Ⅲ等耕地的面积为 0；玉米Ⅰ等耕地的面积为 25，Ⅱ等耕地的面积为 0，Ⅲ等耕地的面积为 0 时，总产值最大，为 6830500.

（五）学生实验练习

1. $\min f=2x_1-2x_2+3x_3$

$$
\text{s. t.}\begin{cases}x_1-x_2+x_3\leqslant 12\\ x_1+3x_2-2x_3\geqslant 15\\ 3x_1-x_2-x_3=-10\\ x_1\geqslant 0,x_2\geqslant 0,x_3\geqslant 0\end{cases}
$$

2. $\max f = 3x_1 + 2x_2$

$$\text{s. t.}\begin{cases} -x_1+2x_2\leqslant 4 \\ 3x_1+2x_2\leqslant 14 \\ x_1-x_2\leqslant 3 \\ x_1\geqslant 0, x_2\geqslant 0 \end{cases}$$

3. $\min f=10x_{11}+5x_{12}+6x_{13}+4x_{21}+8x_{22}+15x_{23}$

$$\text{s. t.}\begin{cases} x_{11}+x_{12}+x_{13}=60 \\ x_{21}+x_{22}+x_{23}=100 \\ x_{11}+x_{21}=45 \\ x_{12}+x_{22}=75 \\ x_{13}+x_{23}=40 \\ x_{ij}\geqslant 0(i=1,2;j=1,2,3) \end{cases}$$

4. $\min f=10x_{11}+5x_{12}+6x_{13}+4x_{21}+8x_{22}+15x_{23}$

$$\text{s. t.}\begin{cases} x_{11}+x_{12}+x_{13}\leqslant 70 \\ x_{21}+x_{22}+x_{23}\leqslant 120 \\ x_{11}+x_{21}=45 \\ x_{12}+x_{22}=75 \\ x_{13}+x_{23}=40 \\ x_{ij}\geqslant 0(i=1,2;j=1,2,3) \end{cases}$$

5. $\min f=2x_1+4x_2-x_3+3x_4$

$$\text{s. t.}\begin{cases} x_1+x_2+x_3+x_4\geqslant 8 \\ -x_1+x_2-x_3+x_4\geqslant 1 \\ 2x_1-x_2\geqslant 0 \\ x_j\geqslant 0(j=1,2,3,4) \end{cases}$$

线性代数知识结构图

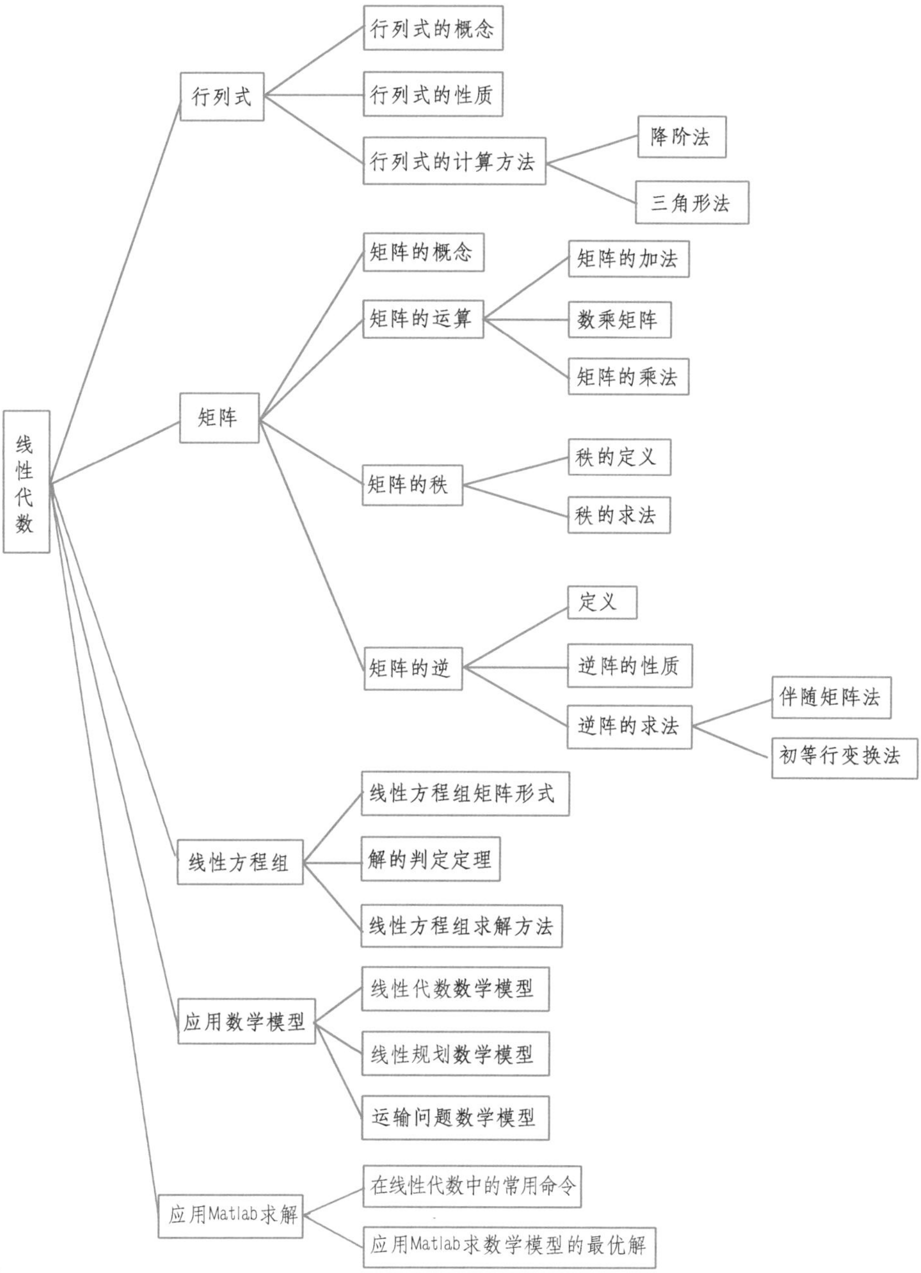
线性代数
行列式
行列式的概念
行列式的性质
行列式的计算方法
降阶法
三角形法
矩阵
矩阵的概念
矩阵的运算
矩阵的加法
数乘矩阵
矩阵的乘法
矩阵的秩
秩的定义
秩的求法
矩阵的逆
定义
逆阵的性质
逆阵的求法
伴随矩阵法
初等行变换法
线性方程组
线性方程组矩阵形式
解的判定定理
线性方程组求解方法
应用数学模型
线性代数数学模型
线性规划数学模型
运输问题数学模型
应用Matlab求解
在线性代数中的常用命令
应用Matlab求数学模型的最优解

复习题一

一、单项选择题

1. 若 $\boldsymbol{A}$ 为上三角形矩阵，且 $|\boldsymbol{A}|=0$，则主对角线上的元素（　　）.

A. 全为零元素　　B. 至少有一个零元素

C. 只有一个零元素　　D. 不可能有零元素

2. 矩阵经过初等行变换后，其秩（　　）.

A. 改变　　B. 可能改变　　C. 不改变　　D. 为零

3. n 阶矩阵 $\boldsymbol{A}$ 与 $\boldsymbol{B}$ 的乘积 $\boldsymbol{AB}$ 可逆的充要条件是（　　）.

A. $|\boldsymbol{AB}|=1$　　B. $|\boldsymbol{A}|\neq 0,|\boldsymbol{B}|\neq 0$

C. $|\boldsymbol{AB}|=-1$　　D. $|\boldsymbol{A}|\neq 0$ 或 $|\boldsymbol{B}|\neq 0$

4. 设 $\boldsymbol{A}$ 为 3 阶矩阵，且 $\boldsymbol{A}^2=\boldsymbol{O}$，则下式成立的是（　　）.

A. $\boldsymbol{A}=\boldsymbol{O}$　　B. $|\boldsymbol{A}|\neq 0$　　C. $r(\boldsymbol{A})=0$　　D. $|\boldsymbol{A}|=0$

5. 齐次线性方程组 $\begin{cases} kx_1+2x_2+x_3=0 \\ 2x_1+kx_2-x_3=0 \\ x_1\qquad\quad +x_3=0 \end{cases}$ 有非零解，则 $k=$（　　）.

A. 2　　B. -3　　C. -2 或 3　　D. 1 或 0

6. 设 $\boldsymbol{A}$ 为四阶方阵，则 $|2\boldsymbol{A}|=$（　　）.

A. $2^4|\boldsymbol{A}|$　　B. $2|\boldsymbol{A}|$　　C. $2^2|\boldsymbol{A}|$　　D. $2^8|\boldsymbol{A}|$

7. 设 $\boldsymbol{A}$ 为 $s\times n$ 矩阵，$\boldsymbol{B}$ 为 $n\times l$ 矩阵，则矩阵运算（　　）有意义.

A. $\boldsymbol{B}^{\mathrm{T}}\boldsymbol{A}^{\mathrm{T}}$　　B. $\boldsymbol{BA}$　　C. $\boldsymbol{A}+\boldsymbol{B}$　　D. $\boldsymbol{A}+\boldsymbol{B}^{\mathrm{T}}$

8. 以下运算正确的是（　　）.

A. $(\boldsymbol{AB})^{\mathrm{T}}=\boldsymbol{A}^{\mathrm{T}}\boldsymbol{B}^{\mathrm{T}}$　　B. $\boldsymbol{A}(k\boldsymbol{B})=k(\boldsymbol{AB})$　　C. $(\boldsymbol{A}^{\mathrm{T}})^{\mathrm{T}}=\boldsymbol{A}^{\mathrm{T}}$　　D. $(\boldsymbol{AB})^{-1}=\boldsymbol{A}^{-1}\boldsymbol{B}^{-1}$

9. 矩阵 $\boldsymbol{A}=\begin{pmatrix} 0 & 0 & 1 \\ 1 & 3 & 2 \\ 0 & 1 & 2 \end{pmatrix}$ 的秩是（　　）.

A. 0　　B. 1　　C. 2　　D. 3

10. 设 $\boldsymbol{A}$ 为可逆矩阵，且 $\boldsymbol{XA}-\boldsymbol{D}=\boldsymbol{B}$，则 $\boldsymbol{X}=$（　　）.

A. $(\boldsymbol{B}+\boldsymbol{D})\boldsymbol{A}^{-1}$　　B. $\boldsymbol{A}^{-1}(\boldsymbol{B}+\boldsymbol{D})$　　C. $\boldsymbol{A}^{-1}\boldsymbol{B}+\boldsymbol{D}$　　D. $\boldsymbol{BA}^{-1}+\boldsymbol{D}$

二、填空题

1. 设 $\boldsymbol{A},\boldsymbol{B}$ 均为三阶方阵，且 $|\boldsymbol{A}|=\dfrac{1}{2}$，$|\boldsymbol{B}|=3$，则 $|-2\boldsymbol{B}^{-1}\boldsymbol{A}^{\mathrm{T}}|=$______.

2. 当 $\lambda=$______时，齐次线性方程组 $\begin{cases} x_1+x_2=0 \\ \lambda x_1+x_2=0 \end{cases}$ 有非零解.

3. 若线性规划问题无可行解，则该线性规划问题一定无______解.

4. 若行列式 $D=\begin{vmatrix} -1 & 1 & 1 \\ 1 & -1 & x \\ 1 & 1 & -1 \end{vmatrix}$ 是关于 x 的一个一次多项式，则该多项式一次项系数是______.

5. n 元线性方程组 $\boldsymbol{AX}=\boldsymbol{B}$ 有无穷多组解，且秩 $\boldsymbol{A}=r$，则通解中自由变量的个数为______.

6. 设 $\boldsymbol{A}$ 是三阶数量矩阵，若 $|\boldsymbol{A}|=-27$，则 $\boldsymbol{A}^{-1}=$______.

7. 设 $\boldsymbol{A}$、$\boldsymbol{B}$ 均为四阶方阵，且 $|\boldsymbol{A}|=|\boldsymbol{B}|=3$，则 $|2\boldsymbol{AB}|=$______.

8. 设 $\boldsymbol{A}=\begin{pmatrix} 2 & 1 & 0 \\ 0 & 2 & 1 \\ 0 & 0 & 2 \end{pmatrix}$，则 $\boldsymbol{A}^{-1}=$______.

9. 设 $\boldsymbol{A}=\begin{pmatrix} 1 & 2 \\ 2 & 1 \end{pmatrix}$，$\boldsymbol{I}=\begin{pmatrix} 1 & 0 \\ 0 & 1 \end{pmatrix}$，则 $(\boldsymbol{I}+\boldsymbol{A})(\boldsymbol{I}-\boldsymbol{A})=$______；$(\boldsymbol{I}+\boldsymbol{A})(\boldsymbol{I}-\boldsymbol{A})^{-1}=$______.

10. 非齐次线性方程组 $\boldsymbol{AX}=\boldsymbol{B}$ 的增广矩阵经初等行变换后变为 $\begin{pmatrix} 1 & 0 & 2 & 1 & 0 \\ 0 & 2 & 1 & 0 & 1 \\ 0 & 0 & 0 & 0 & d+1 \end{pmatrix}$，则当 $d=$______时 $\boldsymbol{AX}=\boldsymbol{B}$ 有解.

三、计算题

1. 设 $\boldsymbol{A}=\begin{pmatrix} -1 & 2 & 1 \\ 0 & -1 & 2 \end{pmatrix}$，$\boldsymbol{B}=\begin{pmatrix} 1 & 0 & 3 \\ 2 & 1 & -1 \end{pmatrix}$，$\boldsymbol{C}=\begin{pmatrix} -1 & 1 & 2 \\ 3 & -2 & 1 \\ 0 & 0 & 4 \end{pmatrix}$，求：(1) $(\boldsymbol{A}+2\boldsymbol{B})\boldsymbol{C}$；(2) $(2\boldsymbol{A}-\boldsymbol{B})\boldsymbol{C}^{\mathrm{T}}$.

2. 计算四阶行列式 $D=\begin{vmatrix} 1 & 0 & 2 & 1 \\ 0 & 1 & 3 & 1 \\ 1 & 0 & 1 & 1 \\ 1 & 1 & 0 & 1 \end{vmatrix}$ 中元素 a_{41}，a_{42} 的代数余子式，并求行列式的值.

3. 设 $\boldsymbol{A}=\begin{pmatrix} 0 & -1 & 1 \\ 1 & 0 & 0 \\ 1 & 0 & 2 \end{pmatrix}$，$\boldsymbol{B}=\begin{pmatrix} -1 & 4 \\ 2 & 5 \\ 1 & -3 \end{pmatrix}$，$\boldsymbol{C}=\begin{pmatrix} -1 & 3 \\ 4 & 0 \\ 1 & -2 \end{pmatrix}$，满足矩阵方程 $\boldsymbol{AX}+\boldsymbol{B}=\boldsymbol{C}$，求 $\boldsymbol{X}$.

4. a,b 为何值时，下述方程组有唯一解、无穷多解或无解？

$$\begin{cases} x_1+3x_2+x_3=0 \\ 3x_1+4x_2+3x_3=-1 \\ -x_1+2x_2+ax_3=b \end{cases}$$

5. 解线性方程组

$$\begin{cases} x_1-x_2+2x_3+3x_4=3 \\ x_1-x_2+x_3+2x_4=3 \\ x_1-x_2+3x_3+4x_4=3 \\ x_1-x_2+5x_4=7 \end{cases}$$

四、解答题

1. 设某经济系统三个部门的报告期投入产出表如下：

部门间流量（投入＼产出）		消耗部门 Ⅰ	消耗部门 Ⅱ	消耗部门 Ⅲ	最终产品	总产出
生产部门	Ⅰ	100	25	30	245	400
	Ⅱ	80	50	30	90	250
	Ⅲ	40	25	60	175	300
新创造价值		180	150	180		
总投入		400	250	300		

(1)求该系统的报告期直接消耗系数与完全消耗系数矩阵.

(2)如果该系统三个部门的计划期最终产品分别确定为 294 亿元、108 亿元、210 亿元，试编制该经济系统的计划期投入产出表.

(3)如果在计划期内，第Ⅰ部门需要增加 18.6 亿元最终产品，第Ⅱ部门需要减少 11.4 亿元最终产品，第Ⅲ部门最终产品不变，试确定该经济系统三个部门总产出的调整量，使其恢复平衡.

2. 某服装厂生产两种童装 A,B. 产品的销路很好，但有三种工序即裁剪、缝纫和检验限制了生产的发展. 已知制作一件童装需要这三道工序的工时数、预计下个月内各工序所拥有的工时数以及每件童装所产生的利润见下表：

单位时耗(小时/件)（工序＼产品）	A	B	下个月生产能力/小时
裁　剪	1	$\frac{3}{2}$	900
缝　纫	$\frac{1}{2}$	$\frac{1}{3}$	300
检　验	$\frac{1}{8}$	$\frac{1}{4}$	100
利润/(元/件)	5	8	

该厂生产部经理希望知道下个月使利润最大的生产计划. 试求：

(1)建立这一问题的数学模型.

(2)用图解法求出最优解及最优值.

3. 用 Matlab 求解线性规划问题：

$$\max f=2x_1+4x_2+x_3+x_4$$

$$\text{s.t.}\begin{cases}x_1+3x_2+x_4\leqslant 4\\2x_1+x_2\leqslant 3\\x_2+4x_3+x_4\leqslant 3\\x_j\geqslant 0(j=1,2,3,4)\end{cases}$$

第二篇

概率论与数理统计

在经济管理的实践中,常常要与一种称为非确定性的或称为随机的现象打交道.例如在同一条件下生产的产品,会由于生产过程中存在的无法控制的偶然因素而发生质量指标非确定性的波动.管理人员必须科学地分析这种波动,才能实施产品的质量控制.

概率论与数理统计是经济数学的另一组成部分,是对随机现象发生某种规律进行研究,初步掌握处理不确定性事件的思想方法.内容主要包括两大部分:一是随机事件及其概率、随机变量和分布函数、数学期望和方差;二是总体样本统计量、点估计与区间估计、假设检验及一元线性回归方程.

理解和掌握这些最基本的思想、概念和方法可为今后的学习和工作提供一种重要的工具和思维模式.凡是有大量数据出现的地方,都要用到数理统计的方法.在将来的工作中,无论是大数据的开发,还是人工智能的利用,都离不开概率论与数理统计知识.随机出现与概率是这个世界的常态.只要涉及选择与决策,你就一定会用到概率统计思维,学习概率统计就是帮助我们理解现实世界、预知和把握未来世界.

第一部分 基本理论

内容提要

在经济管理与日常生活中，大量的实际问题都涉及概率、数理统计的基本理论和方法. 本部分介绍概率的概念、计算及应用；数理统计的基本概念、基本原理及实际应用.

预备知识

排列与组合；二项式定理；微积分.

学习目标

1. 理解概率的统计定义，掌握概率的古典概型，具有运用概率的加法公式、乘法公式、全概率公式及贝叶斯公式分析问题和解决问题的能力；

2. 了解概率分布律、概率密度函数、分布函数的定义及几何意义，掌握分布函数的计算方法，会应用二项分布、泊松分布、正态分布、均匀分布解决一些实际应用问题；

3. 掌握均值和方差的概念及计算方法，了解均值和方差的性质，会应用均值和方差的计算解决一些实际问题；

4. 理解总体、简单随机样本、样本均值、样本方差的概念，掌握几个重要统计量的分布；

5. 理解估计量与估计值的含义及估计量的评价标准，掌握参数点估计的数字特征法；会求正态总体均值和方差的置信区间；掌握参数假设检验基本原理和基本方法，并具有一定的统计推断基本运算能力和分析问题能力.

2.1.1 随机事件及概率计算

案例 习近平总书记强调，“治国有常，利民为本，为民造福是立党为公、执政为民的本质要求”. 某城市按照“百年一遇”降水标准修建了防洪工程. 但五年内遭遇两次“百年一遇”的特大暴雨，造成城市内涝，给市民生活、交通出行带来巨大困难，市政排水系统不是说按“百年一遇”的降水标准修建的工程吗？怎么在短短五年内就经历了两次内涝，“百年一遇”抵御特大暴雨工程，这么说科学吗？

1. 随机试验与随机事件

(1)随机现象

在自然界和人类社会中，存在的现象可归结为两类：一类称之为确定性现象. 其特点是现象的结果被条件完全地确定. 例如：在标准大气压下，水加热到 100℃ 会沸腾等等. 另一类称之为随机现象.其特点是现象的结果事前不可预知.即使在相同条件下，重复进行试验，每次试验的结果也未必相同.例如，抛掷一枚质地均匀而对称的硬币，可能正面朝上，也可能反面朝上.多次重复地抛掷，就会发现正面朝上和反面朝上的次数大致相等.这种在大量重复试验或观察中所呈现的固有规律性，称为**统计规律性**.概率论与数理统计正是研究和揭示随机现象的统计规律的一门数学学科，并且概率论与数理统计在实际应用中具有重要作用.

随机现象随处可见.例如：从含有10个次品的一批产品中任意抽取4件，次品件数可能是0，1，2，3，4.这一类现象的特点是：在一定条件下，事先不能断言会出现哪种结果.

(2)随机试验与随机事件

为了叙述方便，我们把对客观事物进行的"实验"、"调查"或"观测"，统称为**试验**.一个试验称为**随机试验**，简称**试验**，它满足以下三个条件：

①试验可以在相同条件下重复进行；

②试验的所有可能结果在试验之前是可知的；

③每次试验总是恰好出现所有可能结果中的一个，但在一次试验之前却不能肯定这次试验会出现哪一个结果.

例如，掷一次骰子就是一个随机试验.所有可能出现的最简单的结果包括：出现1点，出现2点，…，出现6点.我们把随机试验中这种最简单的、不能再分解的结果称为**基本事件**，或称为**样本点**，一般用W表示.一个试验的所有基本事件构成的集合称为**试验的基本事件空间**，也称为**样本空间**，一般用Ω表示.若用集合表示，就是$\Omega=\{W_1, W_2, \cdots\}$.在掷一枚骰子的试验中，我们用$W_i$表示"出现$i$点"，$i=1,2,\cdots,6$.而"出现偶数点"也是这一试验可能的结果，可表示为$\{W_2, W_4, W_6\}$.像这样，由两个或两个以上的基本事件组合而成的结果，称为**复合事件**.我们把基本事件和复合事件统称为**随机事件**，简称**事件**，一般用大写英文字母$A, B, C, \cdots$表示.

在随机试验中，每次试验都必然发生的事件称为**必然事件**.必然事件相当于基本事件空间，用Ω表示；而每次试验都必然不会发生的事件，称为**不可能事件**.因为不包含任何基本事件，相当于空集，用$\varnothing$表示.例如在投掷骰子的试验中，"出现点数小于7"是必然事件，"出现点数小于1"是不可能事件.

知识讲解

随机事件

严格地讲，必然事件和不可能事件不是随机事件，为方便起见，把它们作为随机事件的两个特殊情况处理.

例1 写出"连续三次掷一枚硬币"试验的基本事件空间.

解 基本事件空间为：(正正正)(正正反)(正反正)(正反反)(反反反)(反反正)(反正正)(反正反).

2. 随机事件的关系与运算

由前面的讨论可知，随机事件与基本事件空间Ω的子集一一对应，因此我们可以用集合论的一些术语、记号来描述事件之间的关系和运算.

(1)事件的包含

如果事件A发生必然导致事件B发生，则称**事件B包含事件A**，或称**事件A包含于**

事件 B，记作 $B \supset A$（或 $A \subset B$）. 事件 A、事件 B 及样本空间 Ω 的关系如图 2-1 所示.

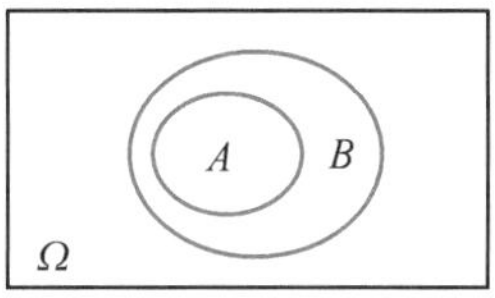

图 2-1

例如，在产品抽样检查中，A 表示"取到两件次品"，B 表示"至少取到一件次品"，则 $A \subset B$.

从基本事件来说，$A \subset B$ 也就是 A 中的基本事件都属于 B.

如果事件 $A \subset B$ 且 $B \subset A$，则称**事件 A 与 B 相等**，记作 $A = B$. 这时 A 与 B 的基本事件完全相同.

例如，掷一颗骰子，A 表示"出现 1 点"，B 表示"出现的点数小于 2"，则 $A = B$.

(2)事件的和(或并)

两个事件 A、B 中至少有一个发生，是一个事件，即"A 或 B"，称为**事件 A 与 B 的和(或并)**，记作 $A \cup B$（或 $A + B$），如图 2-2 所示.

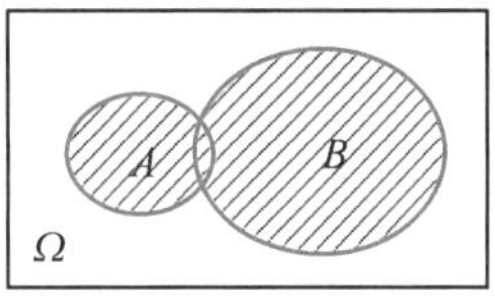

图 2-2

从基本事件来说，$A \cup B$ 的基本事件就是 A 与 B 的全部基本事件.

例如，投两枚硬币，$A =$"恰好一个正面向上"，$B =$"恰好两个正面向上"，$C =$"至少一个正面向上"，则 $C = A + B$.

(3)事件的积

两个事件 A 与 B 同时发生，是一个事件，即"A 且 B"，称为**事件 A 与 B 的积(或交)**，记作 AB（或 $A \cap B$），如图 2-3 阴影部分所示.

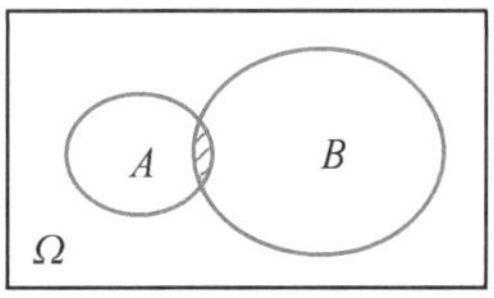

图 2-3

例如，甲、乙两人射击某一目标，当两人同时击中时，目标被击毁，设 $A =$"甲击中目标"，$B =$"乙击中目标"，$C =$"目标被击毁"，则 $C = AB$.

从基本事件来看，AB 的基本事件就是属于 A 且属于 B 的全部基本事件.

事件的和与积的概念可以推广到 n 个事件.

(4)互不相容事件

如果事件 A 与 B 不能同时发生，即 $AB = \varnothing$，则称**事件 A 与 B 互不相容(或互斥)**. 如图 2-4 所示，此时，事件 A 与 B 没有公共的基本事件.

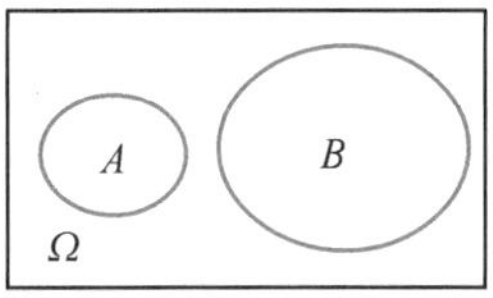

图 2-4

显然，两个基本事件不能同时发生，所以任何两个这样的基本事件都是互不相容事件.

例如，掷一颗骰子，$A =$"出现的点数小于 3"，$B =$"出现的点数大于 4"，则 $AB = \varnothing$，即 A 与 B 互不相容.

若事件 $A_1, A_2, \cdots, A_n$ 两两互不相容，则称这组事件**互不相容**.

(5)对立事件

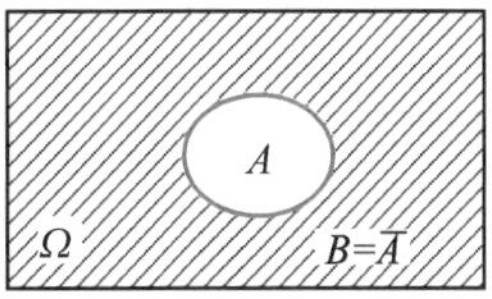

图 2-5

如果事件 A 与 B 不能同时发生，但其中之一必然发生，则称

A 与 B 为**对立事件**(或**互逆事件**),事件 A 的对立事件(逆事件)记作 $\overline{A}$,如图 2-5 所示.

对于对立事件,有下面的运算法则:

$$A\cdot\overline{A}=\varnothing$$

$$A+\overline{A}=\Omega$$

$$\overline{A+B}=\overline{A}\cdot\overline{B}$$

$$\overline{AB}=\overline{A}+\overline{B}$$

例 2 指出下列事件的对立事件:

①投掷一枚硬币,A=“出现正面”;

②在含有 3 个次品的 100 件产品中任取 5 个,B=“至少有 1 个次品”;

③甲、乙两人进行乒乓球比赛,C=“甲胜”;

④甲、乙两人进行象棋比赛,D=“甲胜”.

解 ①$\overline{A}$=“出现反面”;

②$\overline{B}$=“全是正品”;

③$\overline{C}$=“乙胜”;

④$\overline{D}$=“甲不胜”=“乙胜或和棋”.

(6)完备事件组

如果事件 $A_1,A_2,\cdots,A_n$ 互不相容,且 $A_1+A_2+\cdots+A_n=\Omega$,则称 $A_1,A_2,\cdots,A_n$ 为一个**完备事件组**.

例如,在含有 2 个次品的 50 件产品中任取 3 个,设 A_0=“3 个都是正品”,A_1=“恰有 1 个正品”,A_2=“恰有 2 个正品”,则 A_0、A_1、A_2 构成完备事件组.

3. 随机事件的概率

对于一个随机试验,我们不仅关心它可能出现哪些结果(事件),更重要的是研究这种结果(事件)发生的可能性的大小.这种可能性的大小是事件本身所具有的一种固有属性,对于我们的实践有着非常重要的意义.

(1)概率的古典定义

由于古典概型比较简单,因此它是概率论初期研究的重要对象.所谓**古典概型**是指具有下列特征的随机试验:

①有限性:每次试验只有有限种可能的试验结果,即组成试验的基本事件总数为有限个;

②等可能性:每次试验中,各基本事件出现的可能性是相等的.

定义 1 如果某试验结果一共有 n 个基本事件 $A_1,A_2,\cdots,A_n$,这些事件出现的机会相等,且事件 A 由其中 m 个基本事件组成,那么出现事件 A 的概率为

$$P(A)=\frac{A\text{ 中包含的基本事件数}}{\text{试验的基本事件总数}}=\frac{m}{n}$$

其中,$A_1,A_2,\cdots,A_n$ 称为**等可能基本事件组**(或**等可能完备事件组**).

例 3 盒子中有 10 个相同的球,分别标有号码 1,2,…,10.从中任取一球,求此球的号码为偶数的概率.

解 令A="所取球的号码为偶数"，A_i="所取球的号码为i"($i=1,2,\cdots,10$)，则

$$\Omega=\{A_1,A_2,\cdots,A_{10}\}$$

即基本事件总数$n=10$. 显然，$A=\{A_2,A_4,A_6,A_8,A_{10}\}$，其中含有基本事件数$m=5$，因此

$$P(A)=\frac{m}{n}=\frac{5}{10}=\frac{1}{2}$$

例 4 袋中有 7 个白球，3 个红球，从中任取 3 个，求恰好都是白球的概率.

解 从 10 个球中任取 3 个，共有C_{10}^3种取法，故基本事件总数为$n=C_{10}^3$. 要使取出的 3 个球恰好都是白球，必须从 7 个白球中取，共有C_7^3种取法，若设A="取到的 3 个球恰好都是白球"，则组成事件A的基本事件数为$m=C_7^3$，根据古典概型公式得

$$P(A)=\frac{m}{n}=\frac{C_7^3}{C_{10}^3}=\frac{\dfrac{7\times6\times5}{3!}}{\dfrac{10\times9\times8}{3!}}=\frac{7}{24}$$

例 5 一批产品共 200 个，其中有 6 个废品，求：

(1)这批产品的废品率；

(2)任取 3 个恰好有 1 个是废品的概率；

(3)任取 3 个全不是废品的概率.

解 设$P(A)$、$P(A_1)$、$P(A_0)$分别表示(1)、(2)、(3)中所求的概率，则

(1)$P(A)=\dfrac{6}{200}=0.03$

(2)$P(A_1)=\dfrac{C_6^1\cdot C_{194}^2}{C_{200}^3}\approx0.0855$

(3)$P(A_0)=\dfrac{C_{194}^3}{C_{200}^3}\approx0.9122$

例 6 设有 3 个人及 4 种就业机会，每人可随机选取任一种就业机会，求各个就业机会最多达到 1 人、2 人、3 人选择的概率各是多少？

解 设A="各个就业机会最多有 1 人选择"，则A中含的基本事件数为A_4^3.

$$P(A)=\frac{m}{n}=\frac{A_4^3}{4^3}=\frac{3}{8}$$

B="各个就业机会最多有 2 人选择"，则B中含的基本事件数为$C_3^2A_4^2$.

$$P(B)=\frac{C_3^2A_4^2}{4^3}=\frac{9}{16}$$

C="各个就业机会最多达到 3 人选择"，则C中含的基本事件数为C_4^1.

$$P(C)=\frac{4}{4^3}=\frac{1}{16}$$

(2)概率的统计定义

一般的随机试验不具备古典概型的等可能性和有限性的特征. 为了刻画其结果发生

的可能性，我们先引入频率的概念.

定义 2 如果事件 A 在 N 次重复试验中发生了 n 次，则称 n 为事件 A 发生的**频数**，$\frac{n}{N}$称为事件 A 发生的**频率**，记作 $f_n(A)=\frac{n}{N}$. 显然，频率 $f_n(A)$具有如下性质：

①$0\leqslant f_n(A)\leqslant 1$；

②$f_n(\Omega)=1$；

③$f_n(\varnothing)=0$.

经验告诉我们，多次重复同一试验时，随机现象发生的频率呈现出一定的稳定性. 它的数值徘徊在某个确定的常数附近. 而随着试验次数的增加，这种统计规律性愈加明显. 于是我们有如下定义：

定义 3 在相同的条件下进行大量重复试验，如果随机事件 A 发生的频率 $f_n(A)$稳定地在某一常数 P 附近波动，并且 n 越大，摆动幅度越小，则称常数 P 为事件 A 的**概率**. 记作 $P(A)=P$.

4. 概率的加法公式

(1)互不相容事件概率的加法公式

对于任意两个互不相容的事件，它们都满足下面的运算公式.

加法公式 1 两个互不相容事件之和的概率等于它们的概率的和. 即如果事件 A 与 B 互不相容，那么

$$P(A+B)=P(A)+P(B)$$

由加法公式可以得到下面几个重要推论：

推论 1 如果事件 $A_1,A_2,\cdots,A_n$ 两两互不相容，那么

$$P(A_1+A_2+\cdots+A_n)=P(A_1)+P(A_2)+\cdots+P(A_n)$$

这个性质称为概率的**有限可加性**.

推论 2 如果 n 个事件 $A_1,A_2,\cdots,A_n$ 构成一个完备事件组，则它们的概率的和为 1，即

$$P(A_1)+P(A_2)+\cdots+P(A_n)=1$$

特别地，两个对立事件概率之和为 1，即

$$P(A)+P(\bar{A})=1$$

该公式经常使用的形式是

$$P(A)=1-P(\bar{A})$$

此公式又称为**逆事件概率公式**.

例 7 袋中有 12 个球，其中 7 个白球、5 个红球，任取 3 个，求至少有 1 个红球的概率.

解法一 设 A_1="恰好有 1 个红球"，A_2="恰好有 2 个红球"，A_3="恰好有 3 个红球"，A="至少有 1 个红球"，则 $A=A_1+A_2+A_3$，且 A_1、A_2、A_3 互不相容，根据概率的有限可加性，得

$$P(A)=P(A_1+A_2+A_3)=P(A_1)+P(A_2)+P(A_3)$$

而
$$P(A_1)=\frac{C_5^1 \cdot C_7^2}{C_{12}^3}\approx 0.477$$
$$P(A_2)=\frac{C_5^2 \cdot C_7^1}{C_{12}^3}\approx 0.318$$
$$P(A_3)=\frac{C_5^3}{C_{12}^3}\approx 0.045$$
于是
$$P(A)=0.477+0.318+0.045=0.84$$

解法二 用逆事件概率公式计算.

设 A="至少有1个红球",则 $\overline{A}$="全是白球".
$$P(A)=1-P(\overline{A})=1-\frac{C_7^3}{C_{12}^3}=1-0.16=0.84$$

(2)任意事件概率的加法公式

加法公式2 对任意两个事件 A 和 B,有
$$P(A+B)=P(A)+P(B)-P(AB)$$

例8 某贸易公司与甲、乙两厂签订某物资长期供货关系.根据以往的统计,甲厂能按时供货的概率为0.85,乙厂能按时供货的概率为0.78,两厂都能按时供货的概率为0.65,求至少有一厂能按时供货的概率.

解 设 A="甲厂按时供货",B="乙厂按时供货",则 AB="甲、乙两厂都能按时供货",$A+B$="至少有一厂能按时供货".
$$P(A+B)=P(A)+P(B)-P(AB)$$
$$=0.85+0.78-0.65=0.98$$

5. 独立事件、条件概率与乘法公式

(1)事件的独立性

定义4 如果事件 A 发生与否不影响事件 B 发生的可能性,那么称事件 A 与事件 B 相互独立.

定理1 两个事件 A 与 B 相互独立的充要条件是
$$P(AB)=P(A)\cdot P(B)$$

定义5 如果 n 个事件 $A_1,A_2,\cdots,A_n$ 中任何一个事件 A_i 的概率都不受其他 $n-1$ 个事件发生与否的影响,那么称事件 $A_1,A_2,\cdots,A_n$ 相互独立.

定理2 一组事件 $A_1,A_2,\cdots,A_n$ 相互独立的充要条件是
$$P(A_1A_2\cdots A_n)=P(A_1)\cdot P(A_2)\cdot\cdots\cdot P(A_n)$$

在解决实际问题时,往往是凭借经验或试验结果来判定事件的独立性,然后应用上述两个定理求出事件的概率.

例9 加工某机械零件需要两道工序,第一道工序的废品率为0.015,第二道工序的废品率为0.02,假设两道工序出废品与否是相互独立的,求产品的合格率.

解 设 A_1="第一道工序合格",A_2="第二道工序合格",A="产品合格",则 $A=A_1\cdot A_2$.由题意,A_1 与 A_2 相互独立,所以

$$P(A)=P(A_1A_2)=P(A_1)\cdot P(A_2)=[1-P(\bar{A}_1)][1-P(\bar{A}_2)]$$
$$=(1-0.015)\times(1-0.02)\approx 0.965=96.5\%$$

即产品的合格率为 96.5%.

(2)条件概率与乘法公式

知识讲解 条件概率

定义 6 在事件 B 已经发生的条件下,事件 A 发生的概率称为在 B 发生前提下 A 的**条件概率**,记作 $P(A|B)$.

注意 $P(A|B)$仍是在一定条件下 A 发生的概率,只是它的条件除原来的条件以外,又附加了一个条件——B 已经发生.

例 10 全班 100 名学生中,有男生(记作 A)80 人,女生 20 人;来自北京的(记作 B)有 40 人,其中女生 8 人,男生 32 人;免修英语的(记作 C)有 20 人,其中女生 8 人,男生 12 人. 试求 $P(A)$,$P(B)$,$P(C)$,$P(A|B)$,$P(C|A)$,$P(AB)$,$P(AC)$,$P(\bar{A}|\bar{B})$.

解 依题意,有

$$P(A)=\frac{80}{100}=0.8$$

$$P(B)=\frac{40}{100}=0.4$$

$$P(C)=\frac{20}{100}=0.2$$

$$P(A|B)=\frac{32}{40}=0.8$$

$$P(C|A)=\frac{12}{80}=0.15$$

$$P(AB)=\frac{32}{100}=0.32$$

$$P(AC)=\frac{12}{100}=0.12$$

$$P(\bar{A}|\bar{B})=\frac{12}{60}=0.2$$

从上例可以看出

$$P(AB)=P(B)\cdot P(A|B),P(AC)=P(A)\cdot P(C|A)$$

定理 3 两个事件 A 与 B 的积的概率,等于其中任意一个事件的概率乘以另一事件在前一事件发生下的条件概率,即

$$P(AB)=P(A)\cdot P(B|A)=P(B)\cdot P(A|B)$$

该公式称为**概率的乘法公式**.

乘法公式可以推广到多个事件,如

$$P(A_1A_2A_3)=P(A_1)\cdot P(A_2|A_1)\cdot P(A_3|A_1A_2)$$

由定理 1 及概率的乘法公式,可以得出事件 A 与事件 B 相互独立当且仅当 $P(B|A)=P(B)$,这意味着事件 B 的概率与事件 A 的发生与否无关,这是对 A 与 B 相互独立的本质刻画.

例 11 市场上供应的 LED 节能灯中，甲厂产品占 70%，乙厂产品占 30%，甲厂产品的合格率为 95%，乙厂产品的合格率为 80%，问从市场上买到一个 LED 节能灯是甲厂生产的合格 LED 节能灯的概率是多少？

解 设A＝“买到一个 LED 节能灯是甲厂生产的”，B＝“买到一个 LED 节能灯是合格品”，AB＝“买到一个 LED 节能灯是甲厂生产的合格品”，则由乘法公式知

$$P(AB)=P(A)\cdot P(B|A)=0.7\times 0.95=0.665$$

例 12 为实现碳中和目标，中国的能源结构未来将实现颠覆性的调整. 截至 2021 年 5 月底，据中国汽车工业协会，我国新能源汽车保有量约占全球新能源汽车总量的一半. 某市发起“绿色出行”发票抽新能源汽车促销活动. 共有汽车 10 辆，其中 6 辆是纯电动汽车，4 辆是混合动力汽车. 若连续抽取 3 次，取后不放回，求：

(1)已知前两次抽得纯电动汽车的情况下，第三次抽得纯电动汽车的概率；

(2)三次都抽得纯电动汽车的概率.

解 设 A_i＝“第 i 次抽得纯电动汽车”，$i=1,2,3$. (1)$A_3|A_1A_2$＝“已知前两次抽得纯电动汽车的情况下，第三次抽得纯电动汽车”. $P(A_3|A_1A_2)=\dfrac{6-2}{10-2}=\dfrac{4}{8}=\dfrac{1}{2}$；

(2)$A_1A_2A_3$＝“三次都抽得纯电动汽车”.

$$\begin{aligned}P(A_1A_2A_3)&=P(A_1)P(A_2|A_1)P(A_3|A_1A_2)\\&=\frac{6}{10}\cdot\frac{5}{9}\cdot\frac{4}{8}=\frac{1}{6}.\end{aligned}$$

6. 全概率公式与贝叶斯公式

全概率公式与贝叶斯公式在生产、生活中有着广泛、直接的应用，下面简要地介绍其内容.

(1)全概率公式

定理 4 设 $A_1,A_2,\cdots,A_n$ 是一完备事件组，那么对任一事件 B，均有

$$P(B)=\sum_{i=1}^{n}P(A_i)\cdot P(B|A_i)$$

此公式称为**全概率公式**.

特别地，对立事件 A 与 $\overline{A}$ 构成完备事件组，对任意事件 B，由全概率公式可得

$$P(B)=P(A)\cdot P(B|A)+P(\overline{A})\cdot P(B|\overline{A})$$

运用全概率公式的关键是找出一个完备事件组.

例 13 某工厂有四条流水生产线生产同一产品，该四条流水生产线的产量分别占总产量的 15%、20%、30%和 35%. 又知这四条流水生产线的不合格率依次为 0.05、0.04、0.03 及 0.02，现在从出厂产品中任取一件，问恰好抽到不合格产品的概率是多少？

解 设 B＝“抽到不合格产品”，A_i＝“抽到第 i 条流水线的产品”($i=1,2,3,4$).

由题意知，

$$P(B|A_1)=0.05,\quad P(B|A_2)=0.04$$

$$P(B|A_3)=0.03,\quad P(B|A_4)=0.02$$

根据全概率公式

$$\begin{aligned}P(B)&=\sum_{i=1}^{n}P(A_i)\cdot P(B|A_i)\\&=0.15\times0.05+0.20\times0.04+0.30\times0.03+0.35\times0.02\\&=0.0315\end{aligned}$$

即抽到不合格产品的概率是 0.0315.

例 14 设有一矿工被困井下，他可以等可能性地选择三个通道之一逃生. 若矿工通过第一个通道逃生成功的可能性为$\frac{2}{3}$，第二个通道逃生成功的可能性为$\frac{4}{5}$，第三个通道逃生成功的可能性为$\frac{1}{6}$. 问此矿工逃生成功的可能性是多少？

解 设 $A=\{$矿工逃生成功$\}$；$B_i=\{$矿工选择第 i 个逃生通道$\}$，$i=1,2,3$. 则 $P(B_1)=P(B_2)=P(B_3)=\frac{1}{3}$，且

$$P(A|B_1)=\frac{2}{3},P(A|B_2)=\frac{4}{5},P(A|B_3)=\frac{1}{6}.$$

由全概率公式，得

$$\begin{aligned}P(A)&=P(B_1)P(A|B_1)+P(B_2)P(A|B_2)+P(B_3)P(A|B_3)\\&=\frac{1}{3}\times\frac{2}{3}+\frac{1}{3}\times\frac{4}{5}+\frac{1}{3}\times\frac{1}{6}=\frac{49}{90}\approx0.5444.\end{aligned}$$

(2)贝叶斯公式

在例 15 中，如果已知此矿工逃生成功，问他选择第一个通道逃生的可能性有多大？这是一个条件概率问题，即是求概率 $P(B_1|A)$.

定理 5 设 $A_1,A_2,\cdots,A_n$ 构成一个完备事件组，那么对任意事件 $B(P(B)>0)$，有

$$P(A_j|B)=\frac{P(A_j)P(B|A_j)}{\sum_{i=1}^{n}P(A_i)P(B|A_i)}\quad(j=1,2,\cdots,n)$$

此公式为贝叶斯公式，也叫作逆概率公式.

由贝叶斯公式，已知此矿工逃生成功，他选择第一个通道逃生的可能性为

$$P(B_1|A)=\frac{P(AB_1)}{P(A)}=\frac{P(B_1)P(A|B_1)}{\sum_{i=1}^{3}P(B_i)P(A|B_i)},$$

即

$$P(B_1|A)=\frac{\frac{1}{3}\times\frac{2}{3}}{\frac{49}{90}}=\frac{20}{49}\approx0.4082.$$

这说明他选择第一个通道逃生的可能性是 0.4082.

类似的，我们可以求得

$$P(B_2|A)=\frac{\frac{1}{3}\times\frac{4}{5}}{\frac{49}{90}}=\frac{24}{49}\approx 0.4898;$$

$$P(B_3|A)=\frac{\frac{1}{3}\times\frac{1}{6}}{\frac{49}{90}}=\frac{5}{49}\approx 0.1020.$$

他选择第二、三个通道逃生的可能性分别是 0.4898 与 0.1020.

贝叶斯公式的意义在于已知一次试验中事件 A 发生了，去探讨引起事件 A 发生的各种原因的概率.

贝叶斯 (Thomas Bayes，1702—1761)，英国数学家，贝叶斯思想与方法对概率统计的发展产生了深远的影响.随着网络的普及、卫星导航技术的进步，在人工智能领域，如人脸识别、自然语言处理、医疗影像分析、经济风险决策等诸多领域，主体上都采用了贝叶斯方法.

自测题

1. 为培养大学生实践、创新能力和团队精神，促进高等教育教学改革，教育部高等学校自动化专业教学指导分委员会主办了全国大学生智能汽车竞赛①. 该竞赛分为预赛和决赛两个阶段，参加决赛的队伍按照抽签方式决定出场顺序. 通过预赛，选出甲、乙和丙三支队伍参加决赛.

(1)求在决赛中甲、乙两支队伍恰好排在前两位的概率；

(2)求在决赛中甲、乙两支队伍出场顺序相邻的概率.

2. 某产品可能有两类缺陷 A 和 B 中的一个或两个. 缺陷 A 和 B 的发生是独立的，且有概率 $P(A)=0.05$ 和 $P(B)=0.03$，求产品有下述各种情况的概率：(1)两个缺陷都有；(2)有 A 没有 B；(3)两个缺陷中至少有一个.

3. 成年人中吸烟的人占 $\frac{1}{4}$，吸烟人得肺癌的概率为 0.18，而不吸烟的人得肺癌的概率仅为 0.01，求成年人得肺癌的概率. 若有一人得了肺癌，问他是吸烟者的概率.

习题 2.1.1

1. 设 A、B、C 表示三个随机事件，试将下列事件用 A、B、C 表示出来：

(1)A 发生，B、C 不发生；

(2)A、B 都发生，而 C 不发生；

(3)三个事件都发生；

---

①该竞赛以“立足培养，重在参与，鼓励探索，追求卓越”为指导思想，旨在促进高等学校素质教育，培养大学生的综合知识运用能力、基本工程实践能力和创新意识，激发大学生从事科学研究与探索的兴趣和潜能，倡导理论联系实际、求真务实的学风和团队协作的人文精神，为优秀人才的脱颖而出创造条件.

(4)三个事件中至少有一个发生；

(5)三个事件都不发生；

(6)三个事件中至少有两个发生.

2. 事件 A 与事件 $\overline{A+B}$ 是否互不相容？是否对立？

3. 设 A ="四件产品中至少有两件是次品"，B ="四件产品中次品数不少于三件"，问 $\overline{A}$ 与 $\overline{B}$ 各表示什么意思？

4. 袋中有红、黄、白球各一个，每次任取一个又放回，连取三次，求下列事件的概率：

A ="三个球都是红球"="全红"，B ="全黄"，C ="全白"，D ="三球颜色相同"，E ="全不同"，F ="不全同"，G ="无红"，H ="无黄"，I ="无白"，J ="无红且无黄"，K ="全红或全黄".

5. 从一副扑克牌(共 52 张)中，任取 2 张，求都是黑桃的概率.

6. 在书架上任意排着 10 本书，求指定的 3 本书放在一起的概率.

7. 在 20 件产品中有 18 件一级品、2 件二级品，任取 3 件，求下列事件的概率：

(1)A ="恰有 1 件二级品"；

(2)B ="至少有 1 件二级品".

8. 一个袋中有 5 个红球、3 个白球、2 个黑球，求任取 3 个球恰为一红、一白、一黑的概率.

9. 袋中有 18 个白球、2 个红球，从中随机地连续取 3 个球，取后不放回，求第三个是红球的概率.

10. 甲、乙两射手进行射击，甲击中目标的概率是 0.8，乙击中目标的概率是 0.85，甲、乙两人同时击中目标的概率是 0.68，求至少有一人击中目标的概率以及都没击中目标的概率.

11. 一批零件共 50 个，次品率为 10%，每次从中任取一个，取后不放回，求第三次才取得正品的概率.

12. 将由 3 件一等品和 6 件二等品所组成的一批产品随机分成三组，每组各 3 件，求每组恰好有 1 件一等品的概率.

13. 进行摩托车比赛，在 AB 地段内设有 3 个障碍，在每个障碍前停车的概率均为 0.1，从 B 点到终点 C 不停车的概率为 0.7，求在 AC 地段内竞赛者一次也不停车的概率.

14. 制造一零件可以采用两种工艺：第一种是零件经过三道独立工序，经过每道工序时出废品的概率分别为 0.1、0.2、0.3；第二种是经过两道独立工序，在每道工序中出废品的概率均为 0.3. 如果采用第一种工艺，则在合格的零件中得到一级品的概率为 0.9，而采用第二种工艺时为 0.8，试确定哪一种工艺得到一级品的概率较大.

15. 两台车床加工同样的零件，第一台车床加工零件的废品率为 0.03，第二台车床加工零件的废品率为 0.02. 现把加工出来的零件放在一起，并且已知第一台车床加工的零件比第二台车床加工的零件多 1 倍. 求：

(1)从全部零件中任取 1 件是合格品的概率；

(2)如果任意取出的零件是废品，求它是第二台车床加工的概率.

16. A 袋中有 2 个白球、1 个黑球，B 袋中有 1 个白球、5 个黑球，现从 A 中任取 1 球

放入 B 中,再从 B 中任取 1 球,求此球是白球的概率.

17. 甲箱中有 8 个产品,其中 5 个正品、3 个次品.乙箱中有 7 个产品,其中 4 个正品、3 个次品.从甲箱中任取 3 个产品放入乙箱,然后从乙箱中任取 1 个产品,求:

(1)这个产品是正品的概率;

(2)如果从乙箱中取出的是正品,推测它是从甲箱中取出的各种情况造成的概率的大小.

2.1.2 随机变量及其分布

随机变量是概率论中的一个重要概念,它的引入使得我们能够用熟知的微积分等数学方法解决各种概率问题.由本节的内容可以看出,对随机事件的研究完全可以转化为对随机变量的研究.

1. 随机变量的概念

我们在前面研究了随机事件及其概率,读者能够发现,在许多问题中,随机事件和实数之间存在着某种客观的联系.

例如,掷一颗骰子,观察点出现的情况,若用 X 表示观测的结果,则 X 的取值显然可有 1、2、3、4、5、6 六种可能的情况,并且以一定的概率取各可能值.

再例如,抛掷一枚均匀硬币,可能出现正面,也可能出现反面,对这种看似与数量无关的事件,约定:若试验结果出现正面,记作 $X=1$;若试验结果出现反面,记作 $X=0$.

由此可见,抛开一些具体实例的内容,可以在试验的结果和实数之间建立一个对应关系(包括人为建立对应关系的情况),这与函数概念的本质是一样的,下面给出随机变量的定义.

知识讲解

随机变量的概念

定义 1 在随机试验中,每个随机事件都唯一地对应着一个数,把这些数用 X 表示,则 X 是随试验结果而变化的量,这种变量称为**随机变量**,简记为 X.

按照随机变量的定义,可将随机试验下的所有事件联系在一起,用随机变量进行研究,可以更好地了解随机试验的性质.

下面,我们再来比较一下随机变量 X 与一般函数 $f(x)$ 的异同.

在一般函数 $f(x)$ 中,函数的自变量是 x,而在随机变量的概念中,它的自变量是基本事件,对每一个基本事件,都有一个实数 X 与之相对应,所以随机变量 X 的定义域是基本事件空间,同时 X 的值域与 $f(x)$ 的值域一样同在实数轴上.此外,随机变量还有一个重要特征,这就是在随机试验之前不能肯定会取哪一个数值,但对于 X 可能取到的任一实数 a,我们可以研究此时的概率,即随机变量 X 的取值的统计规律.

随机变量按其取值特点,可以分为两类:**离散型随机变量**和**非离散型随机变量**.非离散型随机变量范围很广,其中连续型随机变量是非离散型随机变量的重要形式,本书仅对离散型随机变量和连续型随机变量加以讨论.

2. 离散型随机变量

定义 2 如果随机变量 X 只取有限个或可列多个可能值,同时 X 以确定的概率取这些不同的值,则称 X 为**离散型随机变量**.

离散型随机变量 X 的所有取值与其相对应的概率间的关系，称为离散型随机变量 X 的**概率分布**，或称为**概率函数**.

随机变量 X 取值为 x 的概率，记为 $P(X=x)$ 或 $P\{X=x\}$.

通常离散型随机变量的概率分布的表示法有以下三种：

(1)解析法：随机变量 X 的形如 $P\{X=x_n\}=p_n(n=1,2,\cdots)$ 的概率表达式，称为 X 的**概率分布律**.

(2)列表法：为直观起见，可将离散型随机变量 X 的所有取值及相应的概率列成如下形式的概率分布表.

X	x_1	x_2	x_3	$\cdots$	x_n	$\cdots$
P	p_1	p_2	p_3	$\cdots$	p_n	$\cdots$

(3)图示法：借助直角坐标系，将离散型随机变量 X 的概率分布用图表示.

如果离散型随机变量 X 的概率分布是

$$P\{X=x_k\}=p_k \quad (k=1,2,\cdots,n)$$

那么由概率分布的定义，不难得出其性质：

(1)非负性：$p_k\geqslant 0$；

(2)完备性：$\sum\limits_{k=1}^{n} p_k=1$.

反之，任意一个具有上述两个性质的数列 $\{p_k\}$，均可以作为某一随机变量的概率分布. 因为它不仅明确地给出了随机变量 X 的取值，而且也给出了其取值的概率大小.

例 1 一批产品的废品率为 5%，从中任意选取一个进行检验，用随机变量 X 来描述这一试验，并写出 X 的概率分布.

解 用 X 表示废品个数，显然 X 的可能取值为 0，1.

设“$X=0$”表示产品是合格品，其概率为这批产品的合格率，即

$$P\{X=0\}=1-5\%=95\%$$

同理，设“$X=1$”表示产品是废品，则有 $P\{X=1\}=5\%$.

X 的概率分布还可以用以下形式表示：

X	0	1
P	0.95	0.05

把以上两个等式结合在一起又有

$$P\{X=k\}=(5\%)^k(1-5\%)^{1-k} \quad (k=0,1)$$

例 2 某产品有一、二、三 3 个等级，另外还有废品. 其中，一、二、三等所占比例及废品率分别为 60%、10%、20%及 10%，任取一个产品检验其质量，用随机变量 X 描述检验结果，试求 X 的概率分布.

解 由题意知，X 可能为一、二、三等品或废品，因此，令“$X=0$”表示产品为废品，“$X=k$”表示产品为 k 等品($k=1,2,3$).

依题意得

$$P\{X=0\}=10\%=0.1, \quad P\{X=1\}=60\%=0.6$$

$$P\{X=2\}=10\%=0.1,\quad P\{X=3\}=20\%=0.2$$

X 的概率分布可列表为

X	0	1	2	3
P	0.1	0.6	0.1	0.2

例 3 用随机变量描述掷一枚骰子的试验.

解 设 X 表示掷一枚骰子出现的点数. X 可以取 1 到 6 这六个数字,取各数字的概率均为 $\frac{1}{6}$,有

$$P\{X=k\}=\frac{1}{6}\quad(k=1,2,\cdots,6)$$

X 的概率分布又可表示为

X	1	2	3	4	5	6
P	$\frac{1}{6}$	$\frac{1}{6}$	$\frac{1}{6}$	$\frac{1}{6}$	$\frac{1}{6}$	$\frac{1}{6}$

例 4 从一大批产品中逐件取出检查,直到查出一件次品为止. 设产品的次品率为 p,求所需抽查次数 X 的概率分布.

解 设所需抽查次数 $X=k$,必须满足前 $k-1$ 次未查出次品,在第 k 次查出次品. 由于产品数量较大,可认为各次抽查是相互独立的,且每次查出次品的概率为 p,查出不是次品的概率为 $1-p$,于是

$$P\{X=k\}=\underbrace{(1-p)(1-p)\cdots(1-p)}_{k-1\text{次}}\cdot p=(1-p)^{k-1}p\quad(k=1,2,\cdots)$$

即为 X 的概率分布律.

在许多应用场合,确定随机变量的概率分布是很困难的,往往只能通过对随机变量做一定数量的观察或试验,才能获得对概率分布具有一定准确性的估计. 为此,对离散型随机变量做观察或试验后,我们整理出如下的频率分布表:

X	x_1	x_2	$\cdots$	x_n	$\cdots$
$f(X=x_k)$	f_1	f_2	$\cdots$	f_n	$\cdots$

表中 $f(X=x_k)=f_k$ 表示随机变量 X 的观察值 x_k 出现的频率.

通常把频率分布称为随机变量的**统计分布**(或**经验分布**),而把概率分布称为随机变量的**理论分布**. 如前所述,随着试验次数的逐渐增大,随机变量取得某一数值的频率将接近于相应的概率. 这时随机变量的统计分布 $\{f_k\}$ 可用来估计理论分布 $\{p_k\}$. 由此可见,我们可以通过统计分布提供的信息来了解理论分布.

3. 连续型随机变量

定义 3 对于随机变量 X,如果存在非负可积函数 $p(x)(-\infty<x<+\infty)$,使得对于任意实数 $a,b(a<b)$,有

$$P\{a<X\leqslant b\}=\int_a^b p(x)\mathrm{d}x$$

则称 X 为**连续型随机变量**. 其中,函数 $p(x)$ 称为 X 的**概率密度函数**,简称**概率密度**.

知识讲解
连续型随机变量及其概率密度

连续型随机变量的分布往往由它的概率密度 $p(x)$ 给出.

由定义可知,概率密度 $p(x)$ 具有以下性质:

(1)非负性:$p(x)\geqslant 0$;

(2)完备性:$\int_{-\infty}^{+\infty}p(x)\mathrm{d}x=1$.

如果给出了随机变量的概率密度,那么它在任何区间取值的概率就等于概率密度在这一区间上的定积分.

我们在直角坐标系中画出概率密度函数 $p(x)$ 的图像,就叫作**概率密度曲线**. 如图 2-6 所示,概率密度曲线位于 x 轴上方;X 在任一区间 (a,b) 内取值的概率等于以区间 (a,b) 为底、曲线 $p(x)$ 为顶的曲边梯形的面积;$p(x)$ 与 x 轴之间的面积为 1.

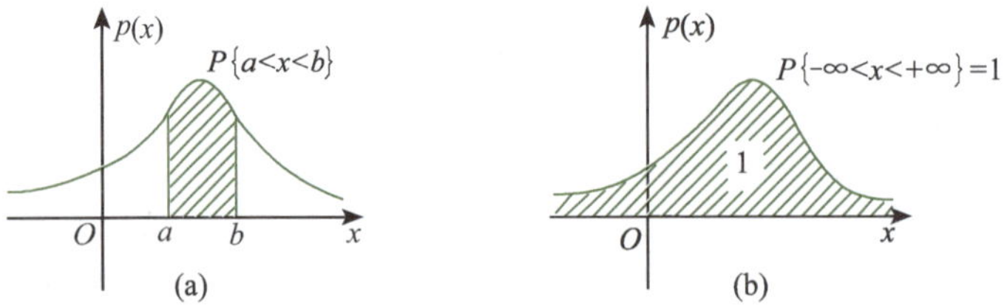

图 2-6

由概率密度定义及概率的性质,可得连续型随机变量在某一点取值的概率为零. 即

$$P\{a<x<b\}=P\{a<x\leqslant b\}=P\{a\leqslant x<b\}=P\{a\leqslant x\leqslant b\}=\int_a^b p(x)\mathrm{d}x$$

·注意· 概率密度 $p(x)$ 不表示随机变量 X 取值为 x 时的概率,而表示随机变量 X 在点 x 附近取值的密集程度.

例 5 某电子计算机在发生故障前正常运行的时间(单位:小时)是一个连续型随机变量,其概率密度为

$$p(x)=\begin{cases}\lambda\mathrm{e}^{-\frac{x}{100}} & (x\geqslant 0)\\ 0 & (x<0)\end{cases}$$

问:这个计算机在发生故障前能正常运行 50 至 150 小时的概率是多少?运行时间少于 100 小时的概率是多少?

解 由于 $\int_{-\infty}^{+\infty}p(x)\mathrm{d}x=1$,即有

$$\int_{-\infty}^{+\infty}\lambda\mathrm{e}^{-\frac{x}{100}}\mathrm{d}x=\lambda\int_{-\infty}^{+\infty}\mathrm{e}^{-\frac{x}{100}}\mathrm{d}x=1$$

求积分可得

$$-100\lambda\mathrm{e}^{-\frac{x}{100}}\Big|_0^{+\infty}=100\lambda=1$$

从而

$$\lambda=\frac{1}{100}$$

因此,在计算机发生故障前运行 50 至 150 小时的概率为

$$P\{50\leqslant X\leqslant 150\}=\int_{50}^{150}\frac{1}{100}\mathrm{e}^{-\frac{x}{100}}\mathrm{d}x=-\mathrm{e}^{-\frac{x}{100}}\Big|_{50}^{150}=\mathrm{e}^{-\frac{1}{2}}-\mathrm{e}^{-\frac{3}{2}}\approx 0.383$$

类似地可得

$$P\{X<100\}=\int_0^{100}\frac{1}{100}\mathrm{e}^{-\frac{x}{100}}\mathrm{d}x=-\mathrm{e}^{-\frac{x}{100}}\Big|_0^{100}=1-\mathrm{e}^{-1}\approx 0.632$$

4. 分布函数

概率分布率和概率密度函数分别刻画了离散型随机变量和连续型随机变量概率的规律性. 下面介绍分布函数,它能够将两类随机变量概率分布的描述统一起来.

定义 4 设 X 是随机变量,x 是任意实数($-\infty<x<+\infty$),函数

$$F(x)=P\{X\leqslant x\}$$

称为随机变量 X 的**分布函数**.

对于离散型随机变量,由 $P\{X=x_k\}=p_k$,得

$$F(x)=P\{X\leqslant x\}=\sum_{x_k\leqslant x}p_k$$

对于连续型随机变量,则有

$$F(x)=P\{X\leqslant x\}=\int_{-\infty}^{x}p(t)\mathrm{d}t$$

分布函数 $F(x)$ 与密度函数 $p(x)$ 之间的关系为 $F'(x)=p(x)$.

注意 $F(x)$ 是 X 在 $(-\infty,x)$ 整个区间上取值的"累积概率"的值,而非 X 取值为 x 时的概率.

分布函数的性质:

(1)分布函数的定义域 D 为 $(-\infty,+\infty)$,值域为 $[0,1]$.

(2)$F(x)$ 是 x 的单调不减函数.

(3)$\lim\limits_{x\to+\infty}F(x)=1$,$\lim\limits_{x\to-\infty}F(x)=0$.

(4)$P\{a<X\leqslant b\}=P\{X\leqslant b\}-P\{X\leqslant a\}=F(b)-F(a)$.

特别地,$P\{X>a\}=1-P\{X\leqslant a\}=1-F(a)$.

知识讲解

随机变量的分布函数

由性质(4)可知,X 落入区间 $(a,b]$ 的概率可通过分布函数求得. 分布函数不仅能充分刻画随机变量的分布,而且能将许多概率问题转化为函数问题.

例 6 有一袋内装有 5 个相同的球,分别标有号码 1、2、3、4、5,从中任取三个,令 X 表示三个球中的最大号码数,试求下列结果:

(1)X 的概率分布;

(2)X 的分布函数及图形;

(3)$P\{X\leqslant 2\}$;

(4)$P\{3<X\leqslant 5\}$;

(5)$P\{X>5\}$.

解 由题设知,X 的取值只能为 3、4、5,且

$$P\{X=3\}=\frac{C_3^3}{C_5^3}=0.1,P\{X=4\}=\frac{C_1^1C_3^2}{C_5^3}=0.3$$

$$P\{X=5\}=\frac{C_1^1C_4^2}{C_5^3}=0.6$$

(1) X 的概率分布可写成

X	3	4	5
P	0.1	0.3	0.6

(2)由 $P\{X=k\}=p_k(k=3,4,5)$ 可知 X 的分布函数为

$$F(x)=\sum_{x_k\leqslant x}p_k=\begin{cases}0 & (x<3)\\0.1 & (3\leqslant x<4)\\0.1+0.3 & (4\leqslant x<5)\\0.1+0.3+0.6 & (x\geqslant 5)\end{cases}$$

即

$$F(x)=\begin{cases}0 & (x<3)\\0.1 & (3\leqslant x<4)\\0.4 & (4\leqslant x<5)\\1 & (x\geqslant 5)\end{cases}$$

$F(x)$ 的图形如图 2-7 所示.

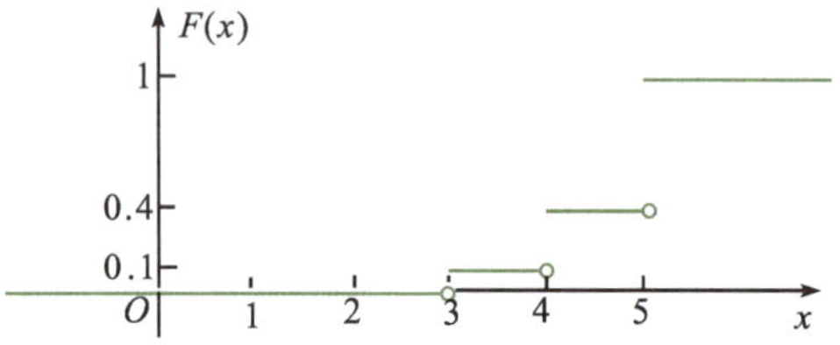

图 2-7

显然,$F(x)$ 具有非负、有界、单调不减的性质.

(3) 因为 X 只能取 3、4、5,所以 $\{X\leqslant 2\}=\varnothing$,得 $P\{X\leqslant 2\}=0$.

(4) 由于 $P\{3<X\leqslant 5\}=P\{X=4\}+P\{X=5\}=0.9$.

(5) 因为 $\{X>5\}=\varnothing$,所以 $P\{X>5\}=0$.

一般情况下,离散型随机变量 X 的分布函数 $F(x)$ 是一个阶跃函数,x 每增大到一个 x_k,$F(x)$ 便相应地提升一个高度 p_k. 当 x 达到最大值时,概率累加达到 1.

例 7 设 X 在区间 $[a,b]$ 上服从均匀分布,X 的密度函数为

$$p(x)=\begin{cases}\dfrac{1}{b-a} & (a\leqslant X\leqslant b)\\0 & (\text{其他})\end{cases}$$

(1) 求 X 的分布函数 $F(x)$;

(2) 画出 X 的密度函数 $p(x)$ 及分布函数 $F(x)$ 的图形;

(3) 求 $P\{a<X\leqslant 2\}(a<2<b)$.

解 (1) 当 $x<a$ 时,$F(x)=\int_{-\infty}^{x}p(t)\mathrm{d}t=\int_{-\infty}^{x}0\mathrm{d}t=0$

当 $a\leqslant x<b$ 时,$F(x)=\int_{-\infty}^{x}p(t)\mathrm{d}t=\int_{-\infty}^{a}0\mathrm{d}t+\int_{a}^{x}\dfrac{\mathrm{d}t}{b-a}=\dfrac{x-a}{b-a}$

当 $x \geqslant b$ 时，$F(x)=\int_{-\infty}^{x} p(t)\mathrm{d}t=\int_{-\infty}^{a} 0\mathrm{d}t+\int_{a}^{b} \frac{\mathrm{d}t}{b-a}+\int_{b}^{x} 0\mathrm{d}t=1$

所以 X 的分布函数为

$$F(x)=\begin{cases} 0 & (x<a) \\ \dfrac{x-a}{b-a} & (a \leqslant x<b) \\ 1 & (x \geqslant b) \end{cases}$$

知识讲解

随机变量的函数分布

(2) $p(x)$ 与 $F(x)$ 的图形如图 2-8 所示.

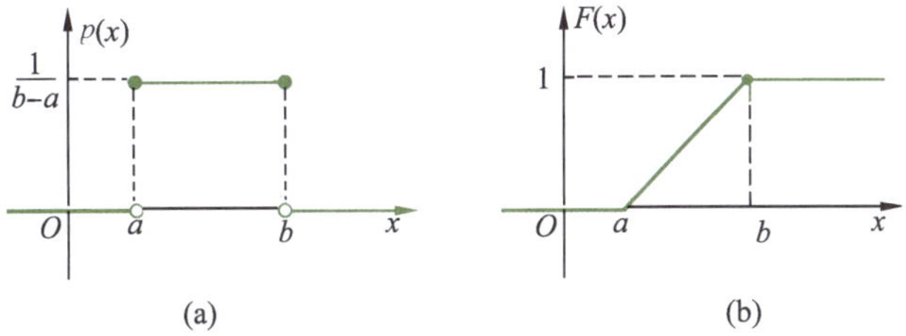

图 2-8

(3) $P\{a<X \leqslant 2\}=\int_{a}^{2} \frac{\mathrm{d}x}{b-a}=\frac{2-a}{b-a}$

另解：$P\{a<X \leqslant 2\}=F(2)-F(a)=\frac{2-a}{b-a}-\frac{a-a}{b-a}=\frac{2-a}{b-a}$

5. 几种常见的随机变量的概率分布

(1) 两点分布((0-1) 分布)

定义 5 随机变量 X 只能取两个值 0 或 1，其概率函数为

$$P\{X=1\}=p, P\{X=0\}=1-p \quad (0<p<1)$$

或

$$P\{X=k\}=p^{k}(1-p)^{1-k} \quad (k=0,1)$$

则称 X 服从**两点分布**(p 为参数).

两点分布又称(0-1) **分布**或**伯努利分布**，其分布可表示为

X	1	0
P	p	$1-p$

例 8 一批产品共 100 件，其中有 5 件次品. 从这批产品中任取一件，以 X 描述其是否为次品，即 $X=\begin{cases} 1 & 取到次品 \\ 0 & 取到正品 \end{cases}$. 求 X 的概率分布.

知识讲解

(0-1) 分布、二项分布及泊松分布

解 因为 $$P\{X=0\}=\frac{C_{95}^{1}}{C_{100}^{1}}=\frac{95}{100}=\frac{19}{20}$$

$$P\{X=1\}=\frac{C_{5}^{1}}{C_{100}^{1}}=\frac{5}{100}=\frac{1}{20}$$

故 X 的概率分布为

X	0	1
P	$\frac{19}{20}$	$\frac{1}{20}$

(2) 二项分布($X \sim B(n,p)$)

定义 6 如果一随机试验可以在相同条件下重复进行 n 次,每次试验的结果互不影响,即各次试验是独立的,且一次试验只可能出现两种结果 A 或 $\overline{A}$,每次试验中 A 出现的概率都一样,记为

$$P(A)=p \quad (0<p<1)$$

并且

$$P(\overline{A})=1-p$$

这样的试验称为 n **重伯努利试验**,简称**伯努利试验**.

在 n 重伯努利试验前提下,若用 X 表示 n 次试验中 A 出现的次数,则 X 的所有可能取值为 $0,1,2,\cdots,n$.

一般地,如果在 n 重伯努利试验中,事件 A 恰好发生 k 次($0 \leqslant k \leqslant n$)的概率为

$$P\{X=k\}=p_n(k)=C_n^k p^k q^{n-k}(k=0,1,\cdots,n,q=1-p)$$

则称随机变量 X 为服从参数 n,p 的**二项分布**,记作 $X \sim B(n,p)$.

由于 $P\{X=k\}=C_n^k p^k q^{n-k} \geqslant 0$ 且 $\sum\limits_{k=0}^{n} C_n^k p^k q^{n-k}=(p+q)^n=1$,说明该分布满足概率分布的条件,又由于 $C_n^k p^k q^{n-k}$ 恰好为 $(p+q)^n$ 的展开式中的第 $k+1$ 项,因此有二项分布的名称.

特别地,当 $n=1$ 时,二项分布即为两点分布.

例 9 某厂每天用水量保持正常的概率为 $\frac{3}{4}$,求最近 6 天内用水量正常的天数的分布.

解 设 X 表示最近 6 天内用水量保持正常的天数,X 服从二项分布,其可能取值为 0、1、2、3、4、5、6,由二项分布公式得

$$P\{X=0\}=C_6^0\left(\frac{3}{4}\right)^0\left(\frac{1}{4}\right)^6 \approx 0.0002$$

$$P\{X=1\}=C_6^1\left(\frac{3}{4}\right)^1\left(\frac{1}{4}\right)^5 \approx 0.0044$$

同理有

$$P\{X=2\}\approx 0.0330, P\{X=3\}\approx 0.1318, P\{X=4\}\approx 0.2966$$

$$P\{X=5\}\approx 0.3560, P\{X=6\}\approx 0.1780$$

例 10 某公司是否对某一项目投资由甲、乙、丙三位决策人投票决定. 他们三人都有“同意”“中立”“反对”三类票各一张. 投票时,每人必须且只能投一张票,每人投三类票中的任何一类票的概率都为 $\frac{1}{3}$,他们的投票相互没有影响. 规定:若投票结果中至少有两张“同意”票,则决定对该项目投资;否则,放弃对该项目投资.

(1)求该公司决定对该项目投资的概率;

(2)求该公司放弃对该项目投资且结果中最多有一张"中立"票的概率.

解 (1)该公司决定对该项目投资的概率为

$$P=\mathrm{C}_3^2\left(\frac{1}{3}\right)^2\cdot\left(\frac{2}{3}\right)+\mathrm{C}_3^3\left(\frac{1}{3}\right)^3=\frac{7}{27}$$

(2)该公司放弃对该项目投资且投票结果中最多有一张"中立"票,有以下四种情况(表 2-1):

表 2-1　公司放弃对该项目投资且投票结果至多有一张"中立"票的情形

	"同意"票张数	"中立"票张数	"反对"票张数
事件 A	0	0	3
事件 B	1	0	2
事件 C	1	1	1
事件 D	0	1	2

$$P(A)=\mathrm{C}_3^3\left(\frac{1}{3}\right)^3=\frac{1}{27},\quad P(B)=\mathrm{C}_3^1\left(\frac{1}{3}\right)^3=\frac{3}{27}$$

$$P(C)=\mathrm{C}_3^1\mathrm{C}_2^1\left(\frac{1}{3}\right)^3=\frac{6}{27},\quad P(D)=\mathrm{C}_3^1\left(\frac{1}{3}\right)^3=\frac{3}{27}$$

因为事件 A,B,C,D 互不相容,所以该公司放弃对该项目投资且结果中最多有一张"中立"票的概率为

$$P(A+B+C+D)=P(A)+P(B)+P(C)+P(D)=\frac{13}{27}$$

(3)泊松分布($X\sim P(\lambda)$)

定义 7 如果随机变量 X 的概率函数为

$$P\{X=k\}=\frac{\lambda^k}{k!}\mathrm{e}^{-\lambda}$$

其中 $\lambda>0,k=0,1,2,\cdots$,则称 X 为服从参数为 λ 的**泊松分布**,记作 $X\sim P(\lambda)$,λ 为参数.

泊松分布也是一种应用广泛的数学模型.例如在产品的质量管理中,常常要考虑一件产品有多少缺陷,如一只铸件或一匹布上的疵点数,一件电镀产品上的针孔数,一部手机线路板上的焊接不良处,等等.一般地,在稳定的生产场合,如果缺陷出现在产品各部位的可能性相同,则每一产品上出现的缺陷数服从泊松分布.此外,泊松分布在排队模型中也得到了广泛应用.例如,某网站 24 小时内登陆的人数,织布机纺纱在一小时内的断头数,等等,都服从泊松分布.

对于已知 λ 和 k 值的泊松分布的概率函数值可直接查泊松分布表得到.

例如,当 $\lambda=3,k=2$ 时,查泊松分布表得

$$P\{X=3\}=0.224042$$

对服从二项分布的随机变量 X,当 n 很大,p 很小时,可用 $\lambda=np$(一般要求 $\lambda\leqslant 5$)的泊松分布代替二项分布,即

$$\mathrm{C}_n^k p^k q^{n-k}\approx\frac{\lambda^k}{k!}\mathrm{e}^{-\lambda}=\frac{(np)^k}{k!}\mathrm{e}^{-np}$$

例 11 某物流公司长途货运业务中，汽车的故障时有发生. 假设每辆汽车发生故障的概率为 0.001，如果每天有 1000 辆汽车进行货运，求汽车发生故障的次数不少于 3 次的概率.

解 汽车发生故障的次数 X 服从泊松分布.

$n=1000, p=0.001$，则 $\lambda=np=1$，

$$P\{X\geqslant 3\}=1-P\{X<3\}=1-P\{X=0\}-P\{X=1\}-P\{X=2\}$$

查泊松分布表可得

$$P\{X\geqslant 3\}=1-0.3679-0.3679-0.1839=0.0803.$$

即汽车发生故障的次数不少于 3 次的概率为 0.0803.

例 12 用泊松分布求解 2.1.1 节中案例的问题.

解 泊松分布

$$P\{X=k\}=\frac{\lambda^k}{k!}e^{-\lambda}$$

这里 k 是特大暴雨的次数，λ 是概率 p 与求解问题 n 匹配之后对应的数值，这个数值是变化的. 特大暴雨的案例中，发生 1 次、2 次、3 次特大暴雨分别对应 $k=1,2,3$. “百年一遇”就是概率 $p=\frac{1}{100}$. 如果我们想知道接下来 100 年的情况，那么 $\lambda=100\times\frac{1}{100}=1$；如果我们想知道接下来 10 年的情况，那么 $\lambda=10\times\frac{1}{100}=0.1$，等等.

按 100 年计算，此时 $\lambda=1$.

100 年里 1 次特大暴雨都不发生的概率为：

$$P\{X=0\}=\frac{1^0}{0!}e^{-1}\approx 0.3679;$$

100 年里发生 1 次特大暴雨的概率为：

$$P\{X=1\}=\frac{1^1}{1!}e^{-1}\approx 0.3679;$$

100 年里发生 2 次特大暴雨的概率为：

$$P\{X=2\}=\frac{1^2}{2!}e^{-1}\approx 0.1839.$$

在 100 年里发生 2 次及 2 次以上的“百年一遇”的特大暴雨的概率为

$$P\{X\geqslant 2\}=1-P\{X=0\}-P\{X=1\}=0.2642.$$

这就是说在“百年一遇”的概率下，100 年里发生 2 次及 2 次以上的“百年一遇”的特大暴雨的概率是 26.42%. 所以在比较短的时间内发生 2 次特大暴雨，不是小概率事件，是有可能发生的. 所以仅仅用两次特大暴雨就否认市政部门的工程设计显然是不合适的.

我们学习概率就是要学会用科学的分析、严谨的态度去对待自然界、社会上的极端思想，用概率知识去分析网络上的不实之事，防止上当受骗.

(4) 均匀分布 ($X\sim U(a,b)$)

定义 8 如果随机变量 X 的概率密度为

$$p(x)=\begin{cases}\dfrac{1}{b-a} & a\leqslant x\leqslant b\\ 0 & \text{其他}\end{cases}$$

则称 X 服从在 $[a,b]$ 区间上的**均匀分布**，记为 $X\sim U(a,b)$.

一般地，若 X 在 $[a,b]$ 上服从均匀分布，则对任意子区间 $[c,d]\subset[a,b]$，有

$$P\{c\leqslant X\leqslant d\}=\int_c^d \frac{1}{b-a}\mathrm{d}x=\frac{d-c}{b-a}$$

该式说明 X 落入子区间 $[c,d]$ 中的概率等于此区间长度与整个样本空间长度的比，而与子区间在 $[a,b]$ 中的位置无关.

例 13 首届中国-阿拉伯国家峰会，是中阿关系史上具有里程碑意义的大事，也将把中阿合作推到一个全新的高度. 经过对某种产品的统计，预测其在阿拉伯国家需求量最少是 2000 单位，最多是 5000 单位，而在 2000 到 5000 之间无任何明显的变化特征. 现组织了 2800 单位的货源，问不能满足需求的概率是多少？

解 设 X 是该种产品的市场需求量，则 X 是一个随机变量，且根据题设我们可以假定 X 服从区间 $[2000,5000]$ 上的均匀分布，因而 X 的概率密度函数是

$$p(x)=\begin{cases}\dfrac{1}{3000} & 2000\leqslant x\leqslant 5000\\ 0 & \text{其他}\end{cases}$$

则不能满足需求的概率为

$$P\{X>2800\}=\int_{2800}^{+\infty}p(x)\mathrm{d}x=\int_{2800}^{5000}\frac{1}{3000}\mathrm{d}x\approx 0.733$$

(5)指数分布($X\sim E(\lambda)$)

定义 9 如果随机变量 X 的概率密度为

$$p(x)=\begin{cases}\lambda \mathrm{e}^{-\lambda x} & x\geqslant 0\\ 0 & x<0\end{cases}$$

其中，λ 为参数，且 $\lambda>0$，称 X 服从参数为 λ 的**指数分布**，记作 $X\sim E(\lambda)$.

指数分布在实际问题中有着重要的应用价值，在电话问题中的通话时间、随机服务系统中的服务时间以及电子元件的寿命等可靠性理论中占有重要地位.

例 14 某商店经销的灯泡的使用寿命 X 的概率分布由其概率密度函数 $p(t)=\frac{1}{5000}\cdot \mathrm{e}^{-\frac{1}{5000}t}$ ($t>0$，单位：小时)决定. 试求：

(1)灯泡在 1000 小时内失效的概率；

(2)使用寿命在 1000～2000 小时的概率；

(3)这种灯泡使用 2000 小时以上的概率.

解 (1) $P\{0<X<1000\}=\int_0^{1000}\frac{1}{5000}\mathrm{e}^{-\frac{t}{5000}}\mathrm{d}t=-\mathrm{e}^{-\frac{t}{5000}}\Big|_0^{1000}$

$$=1-\mathrm{e}^{-\frac{1}{5}}\approx 0.18$$

故灯泡在 1000 小时内失效的概率为 0.18.

(2) $P\{1000 < X < 2000\} = \int_{1000}^{2000} \frac{1}{5000} e^{-\frac{t}{5000}} dt = -e^{\frac{-t}{5000}} \Big|_{1000}^{2000}$

$$= e^{-\frac{1}{5}} - e^{-\frac{2}{5}} \approx 0.15$$

故使用寿命在 1000 ～ 2000 小时的概率为 0.15.

(3) $P\{2000 < X < +\infty\} = \int_{2000}^{+\infty} \frac{1}{5000} e^{-\frac{t}{5000}} dt = -e^{-\frac{t}{5000}} \Big|_{2000}^{+\infty}$

$$= e^{-\frac{2}{5}} - 0 \approx 0.67$$

故这种灯泡使用 2000 小时以上的概率为 0.67.

知识讲解

正态分布

(6) 正态分布($X \sim N(\mu, \sigma^2)$)

定义 10 如果连续型随机变量 X 的概率密度为

$$\varphi(x) = \frac{1}{\sqrt{2\pi}\sigma} e^{-\frac{(x-\mu)^2}{2\sigma^2}} \quad (-\infty < x < +\infty)$$

其中,μ,σ 为常数,且 $\sigma > 0$,则称随机变量 X 服从参数为 μ,σ 的**正态分布**,记作 $X \sim N(\mu, \sigma^2)$,这时称 X 为**正态随机变量**.

$\varphi(x)$ 在直角坐标系中的图形呈钟形. 中间高,两边低,左右对称(图 2-9). $x = \mu$ 时,$\varphi(x)$ 达到最大值 $\frac{1}{\sqrt{2\pi}\sigma}$,直线 $x = \mu$ 是对称轴,$x = \mu \pm \sigma$ 是它的两个拐点;当 $x \to \infty$ 时,$\varphi(x) \to 0$,所以 x 轴是 $\varphi(x)$ 的渐近线.

正态分布密度曲线的"位置"由 μ 决定,曲线的"形状"由 σ 决定. 当 σ 大时,曲线平缓,X 的取值分散;当 σ 小时,曲线陡峭,X 的取值集中.

定义 11 当 $\mu = 0$,$\sigma = 1$ 时,正态分布的概率密度函数为 $\varphi_0(x) = \frac{1}{\sqrt{2\pi}} e^{-\frac{x^2}{2}}$ $(-\infty < x < +\infty)$,此时称随机变量 X 服从**标准正态分布**,记为 $X \sim N(0,1)$. 其图像如图 2-10 所示.

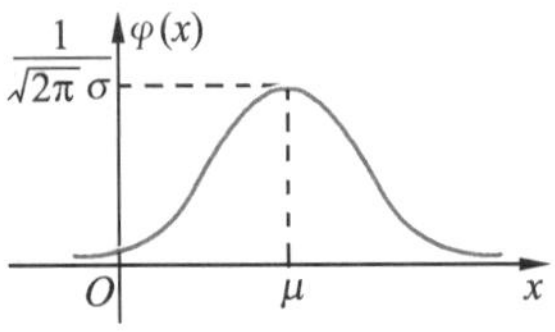

图 2-9

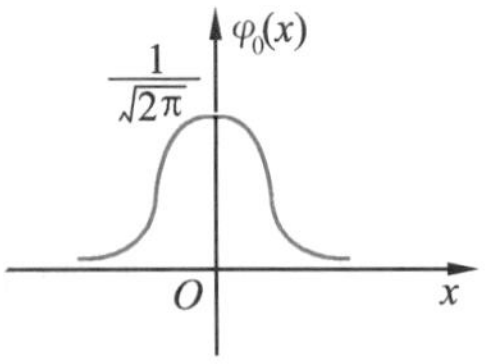

图 2-10

标准正态分布在正态分布中起着十分重要的作用.

正态分布是概率论中最重要的一个分布. 经验表明,一个变量如果受到大量微小的、独立的随机因素影响,那么这个变量近似服从正态分布,如测量误差,射击中弹着点与靶心的距离以及某一地区成年男子的身高等都可以认为服从正态分布.

将标准正态分布的分布函数记为 $\Phi_0(x)$,其概率密度函数记为 $\varphi_0(x)$,标准正态分布的概率计算公式如下:

① $\Phi_0(-x) = 1 - \Phi_0(x)$(当 $x > 0$ 时)

②$P\{X < b\} = P\{X \leqslant b\} = \Phi_0(b)$

③$P\{a < X \leqslant b\} = \Phi_0(b) - \Phi_0(a)$

④$P\{X \geqslant a\} = P\{X > a\} = 1 - \Phi_0(a)$

⑤$P\{|X| < \lambda\} = P\{|X| \leqslant \lambda\} = 2\Phi_0(\lambda) - 1(\lambda > 0)$

例 15 设 $X \sim N(0,1)$，求：①$P\{1 < X < 2\}$；②$P\{-1 < X < 1\}$；③$P\{X \geqslant 1\}$.

解 利用正态分布表可得 $\Phi_0(1) = 0.8413, \Phi_0(2) = 0.9772$，故

①$P\{1 < X < 2\} = \Phi_0(2) - \Phi_0(1) = 0.9772 - 0.8413 = 0.1359$

②$P\{-1 < X < 1\} = P\{|X| < 1\} = 2\Phi_0(1) - 1 = 2 \times 0.8413 - 1 = 0.6826$

③$P\{X \geqslant 1\} = 1 - P\{X < 1\} = 1 - \Phi_0(1) = 1 - 0.8413 = 0.1587$

一般正态分布的概率计算可以通过变量代换转化为标准正态分布的概率计算.即若 $X \sim N(\mu, \sigma^2)$，有

$$P\{a < X \leqslant b\} = \int_a^b \frac{1}{\sqrt{2\pi}\sigma} e^{-\frac{(x-\mu)^2}{2\sigma^2}} dx \quad (\text{令 } t = \frac{x-\mu}{\sigma})$$

$$= \int_{\frac{a-\mu}{\sigma}}^{\frac{b-\mu}{\sigma}} \frac{1}{\sqrt{2\pi}} e^{-\frac{t^2}{2}} dt = \Phi_0\left(\frac{b-\mu}{\sigma}\right) - \Phi_0\left(\frac{a-\mu}{\sigma}\right)$$

于是

$$F(b) = \Phi_0\left(\frac{b-\mu}{\sigma}\right), F(a) = \Phi_0\left(\frac{a-\mu}{\sigma}\right), F(x) = \Phi_0\left(\frac{x-\mu}{\sigma}\right)$$

例 16 设 $X \sim N(1.5, 2^2)$，计算 $P\{-4 < X < 3.5\}$.

解 $P\{-4 < X < 3.5\} = \Phi_0\left(\frac{3.5-1.5}{2}\right) - \Phi_0\left(\frac{-4-1.5}{2}\right)$

$$= \Phi_0(1) - \Phi_0(-2.75) = 0.8413 - [1 - \Phi_0(2.75)]$$

$$= 0.8413 - (1 - 0.9970) = 0.8383$$

例 17 参加录用工人考试的考生为 2000 名，拟录取前 300 名，已知考试成绩 $X \sim N(400, 100^2)$，问录取分数线应定为多少分?

解 设录取分数线为 a 分，由题意得

$$P\{X \geqslant a\} = \frac{300}{2000} = 0.15$$

$$1 - \Phi_0\left(\frac{a-400}{100}\right) = 0.15$$

$$\Phi_0\left(\frac{a-400}{100}\right) = 0.85$$

查表得

$$\frac{a-400}{100} \approx 1.04$$

故

$$a = 504$$

即录取分数线应定为 504 分.

在日常生活与学习中，正态分布的应用随处可见.当你打开电脑时，某软件会跳出来告诉你：你的开机时间为25秒，打败了全国96%的用户.这是怎么得来的？是大数据收集所有电脑的开机时间之后进行排序吗？答案是否定的，这个软件只是构建了一个正态分布的数学模型而已.由此可见，正态分布用途相当广泛.

自测题

1.从一批含有10件正品及3件次品的产品中一件一件地抽取产品.设每次抽取时，所面对的各件产品被抽到的可能性相等.在下列两种情况下，分别求出直到取得正品为止所需次数 X 的概率分布：

(1)按不放回抽取方式；

(2)每次取出一件产品后，总以一件正品放回这批产品中.

2.设随机变量 X 的概率分布表为

X	0	$\frac{\pi}{2}$	π
P	$\frac{1}{4}$	$\frac{1}{2}$	$\frac{1}{4}$

试求 X 的分布函数并作图.

3.某车间生产某一零件，其长度 $X\sim N(10.05, 0.06^2)$，按图纸规定长度在 10.05 ± 0.12 范围内为合格品，试求车间生产零件的合格品率.

4.设某厂生产的每台仪器0.7的概率可以直接出厂，0.3的概率需进一步调试，经调试后0.8的概率可以出厂，0.2的概率定为不合格品不能出厂，现该厂生产了 $n(n>2)$ 台仪器，求：(1)全部能出厂的概率；

(2)其中恰有两件不能出厂的概率；

(3)至少有两件不能出厂的概率.

习题 2.1.2

1.某次考试有10道判断题，某考生随意做出了正误判断.若记其答对的题数为 X，求 X 的分布律.

2.一袋中有5只乒乓球，编号为1,2,3,4,5.从中任取3只，以 X 表示取出的三只球中的最小号码数，写出随机变量 X 的概率分布表.

3.某工厂生产的圆规的二等品率为0.02(其余为一等品)，设每支圆规是否为二等品是相互独立的.这个工厂将10支圆规包成一包出售，并保证一包中的二等品数多于一个即可退货.求一包圆规中二等品个数 X 的分布律和售出产品的退货率.

4.一射手向一目标独立地射击3次，每次射击的命中率均为0.8，求3次射击击中目标的次数的分布函数.

5.已知某疾病的患病率为10%，某医院要找到一名这种病的患者，他们必须检查多少人才能使“至少找到一名患者”的概率不小于0.5？

6. 某大楼装有两部电梯，每部电梯因故障不能使用的概率均为 0.02. 设同时不能使用的电梯数为 X，求 X 的概率分布.

7. 某网站每分钟登录的人数 X 为随机变量，$X\sim P(3)$，求在一分钟内登录人数不超过 1 人的概率.

8. 某仿真实验室有一批计算机，假设机器间的工作状况是相对独立的，且发生故障的概率都是 0.01. 若：

(1) 由 1 人负责维修 40 台计算机；

(2) 由 3 人负责维修 140 台计算机.

试分别计算发生故障而需要等待维修的概率. 假定一台计算机的故障可由 1 人独自修理，比较两种方案的优劣.

9. 设某一时间段内的任意时刻乘客来到公共汽车站是等可能的. 若 5 min 来一趟车，则乘客等车时间 X 服从均匀分布，试求 X 的概率密度及等车时间不超过 3 min 的概率.

10. 设某台计算机在发生故障前正常使用时间 X 服从参数为 $\frac{1}{1500}$ 的指数分布，试求：(1) X 的概率密度函数；(2) 能够正常使用至少 1000 小时的概率.

11. 随机变量 $X\sim U(2,5)$，求：(1) X 的分布函数；(2) $P\{2\leqslant X<4\}$.

12. 设随机变量 X 的密度函数为

$$f(x)=\begin{cases}\frac{1}{2}\cos x & |x|<\frac{\pi}{2}\\ 0 & |x|>\frac{\pi}{2}\end{cases}$$

求：(1) X 的分布函数；(2) X 落在 $\left(0,\frac{\pi}{4}\right)$ 内的概率.

13. 设 $X\sim N(1,2^2)$，求 $P\{|x|\leqslant 2\}$.

14. 公共汽车的车门高度是按男子与车顶碰头机会在 0.01 以下来设计的，设男子身高 X 服从 $\mu=170$ cm，$\sigma=6$ cm 的正态分布，问车门高度应如何确定？

15. 某车间生产一种零件，其长度 $X\sim N(10.05,0.06^2)$，按图纸规定，长度在 10.05 ± 0.12 范围内为合格品，试求车间生产零件的合格率.

16. 某种电池的寿命是一个随机变量 X，且 $X\sim N(300,35^2)$，求这种电池寿命在 250 小时以上的概率，允许 $(\mu-x,\mu+x)$，使得电池寿命落在该区间内的概率不小于 90%.

17. 某工厂生产的电子元件使用寿命 X 服从参数为 μ、σ^2 的正态分布，已知 $\mu=160$，若要求 $P\{120<X\leqslant 200\}=0.80$，则 σ 最大为多少？

2.1.3 随机变量的数字特征

前面讨论了随机变量的概率分布，了解了随机变量 X 的概率分布以后，X 的全部概率特征就知道了. 然而，在实际问题中要求出某一随机变量的分布律或分布函数往往并不是一件容易的事. 就某些实际问题来说，并不需要全面地考察随机变量的变化情况，只需求出它的某些数字特征就够了.所谓**随机变量的数字特征**就是描述随机变量的某种特征的量.比如表示随机变量取值的平均大小的量,即"均值",以及它可以取得的值与该"均值"的离散程度的量,即"方差"等.通过数字特征,一方面可以部分地描述随机变量的分布特征,另一方面在统计学中往往还可根据数字特征来确定或判断某些未知的随机变量的概率分布.本节将讨论两种常用的数字特征——**均值**和**方差**.

1. 均值的概念

设随机变量 X 的概率分布为

X	x_1	x_2	$\cdots$	x_n
P	p_1	p_2	$\cdots$	p_n

我们希望能找到这样一个数值(仅仅是"一个数值"),它体现了 X 取值的"平均"大小,类似于通常求一组数字的平均数.

对于一组数,比如-1.1,1.9,0.2,0.5,0.5 这 5 个数,它们的平均数是$\frac{1}{5}\times(-1.1+1.9+0.2+0.5+0.5)=0.4$,可对随机变量 X 而言,它的平均数为 $x_1,x_2,\cdots,x_n$ 的和再除以总个数,这并不能真正起到平均的作用(当可能值有无穷多个时,也无法确定那样的"平均数").例如,X 的概率分布如下:

X	100	200
P	0.01	0.99

可得它的平均数是$\frac{1}{2}\times(100+200)=150$,但是(从直觉看来)150 并不能真正地体现 X 取值的平均,这是对 X 的可能值"100"和"200"一视同仁的结果.而实际上,从分布可以看出,X 取"200"的机会比取"100"的机会多得多.总之,要真正体现 X 取值的平均,不能只由它取什么值来决定,还要考虑它取那些值的相应概率.

那么,体现 X 取值的"平均"这样一个数字特征究竟怎样来确定呢?看下面的定义.

定义 1 设离散型随机变量 X 的概率分布为

X	x_1	x_2	$\cdots$	x_n
P	p_1	p_2	$\cdots$	p_n

称和数 $\sum_{k=1}^{n}x_kp_k=x_1p_1+x_2p_2+\cdots+x_np_n$ 为随机变量 X 的**均值**或**数学期望**,记作 $E(X)$,即

$$E(X)=x_1p_1+x_2p_2+\cdots+x_np_n$$

当 X 可能取的值有无穷多个时,上述定义要求级数 $\sum_{k=1}^{+\infty}x_kp_k$ 绝对收敛.

对于前面所提到的随机变量 X,它的均值是 $E(X)=100\times0.01+200\times0.99=199$,它与 200 非常接近,但不是 150.

显然,$E(X)$ 是一个实数,当 X 的概率分布已知时,$E(X)$ 可由公式$\sum_{k=1}^{n}x_kp_k$ 计算得到,它形式上是 X 的可能值的加权平均,实质上体现了随机变量 X 取值的真正"平均".

例 1 某公司招聘应届毕业生，公司有三种不同的职位：极好的，工资 1 万元；好的，工资 7000 元；一般的，工资 3000 元. 估计能得到这些职位的概率为 0.2、0.3、0.4，有 0.1 的可能得不到任何职位，应聘者的期望工资是多少？

解 设工资为随机变量 X，其概率分布为

X	0	3000	7000	10000
P	0.1	0.4	0.3	0.2

则应聘者的期望工资就是随机变量 X 的数学期望，即

$$E(X)=0\times0.1+3000\times0.4+7000\times0.3+10000\times0.2=5300(\text{元})$$

所以应聘者的期望工资是 5300 元.

例 2 甲和乙两人打靶，所得分数分别为 X_1 和 X_2，记分规则为：射入区域 e_1 得 2 分，射入区域 e_2 得 1 分，射入区域 e_3 得 0 分，如图 2-11 所示. 显然 X_1，X_2 为随机变量，若其分布分别为

X_1	0	1	2
P	0.3	0.2	0.5

X_2	0	1	2
P	0.6	0.3	0.1

试以平均分数为准则评定他们成绩的好坏.

解 计算 X_1、X_2 的均值.

$E(X_1)=0\times0.3+1\times0.2+2\times0.5=1.2$

$E(X_2)=0\times0.6+1\times0.3+2\times0.1=0.5$

$E(X_1)$ 和 $E(X_2)$ 可分别视为甲和乙两人打靶的平均成绩，显然甲的成绩比乙的成绩好得多.

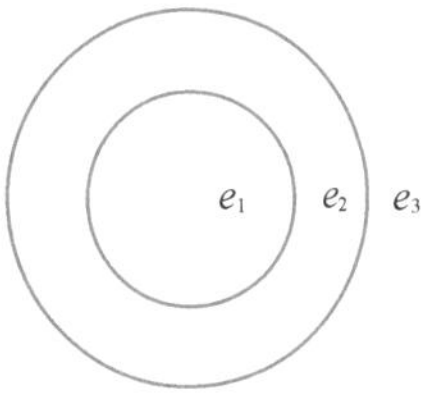

图 2-11

例 3 据统计，一位 40 岁的健康者（一般体检未发现病症）在 5 年之内仍然活着和自杀死亡的概率为 $p(0<p<1$，p 已知），在 5 年内死亡（非自杀死亡）的概率为 $1-p$. 保险公司开办 5 年人寿保险，条件是参保者需交保险费 a 元（已知），若 5 年之内死亡（非自杀死亡），保险公司赔偿 b 元（$b>a$），b 应定为何值才能使保险公司可期望获利？若有 m 人参加保险，保险公司可期望从中获利多少？

解 设 X 表示保险公司从一个参加者身上所得的利润，则 X 是一个随机变量，其分布为

X	a	$a-b$
P	p	$1-p$

保险公司期望获利为 $E(X)>0$，而

$$E(X)=ap+(a-b)(1-p)=a-b(1-p)$$

所以有

$$a<b<\frac{a}{1-p}$$

若有 m 人参加保险，保险公司可期望从中获利为

$$mE(X)=ma-mb(1-p)$$

连续型随机变量可能取的值充满某个区间，其分布律用概率密度函数来描述. 离散型随机变量的数学期望为一个和式，连续型随机变量的数学期望为一个积分.

定义 2 设连续型随机变量 X 的概率密度函数为 $p(x)$，如果 $\int_{-\infty}^{+\infty} xp(x)\mathrm{d}x$ 存在，称 $\int_{-\infty}^{+\infty} xp(x)\mathrm{d}x$ 为 X 的**均值**或**数学期望**，记作 $E(X)$，即

$$E(X)=\int_{-\infty}^{+\infty} xp(x)\mathrm{d}x$$

知识讲解

随机变量的期望

例 4 连续型随机变量 X 服从均匀分布，其概率密度函数为

$$p(x)=\begin{cases}\dfrac{1}{b-a} & a\leqslant x\leqslant b\\ 0 & 其他\end{cases}$$

求 $E(X)$.

解 由定义 2 得

$$\begin{aligned}E(X)&=\int_{-\infty}^{+\infty} xp(x)\mathrm{d}x\\&=\int_{-\infty}^{a} xp(x)\mathrm{d}x+\int_{a}^{b} xp(x)\mathrm{d}x+\int_{b}^{+\infty} xp(x)\mathrm{d}x\\&=\int_{-\infty}^{a} x\cdot 0\mathrm{d}x+\int_{a}^{b} x\cdot\frac{1}{b-a}\mathrm{d}x+\int_{b}^{+\infty} x\cdot 0\mathrm{d}x\\&=\frac{1}{2(b-a)}\cdot x^2\Big|_a^b\\&=\frac{1}{2(b-a)}\cdot(b^2-a^2)\\&=\frac{a+b}{2}\end{aligned}$$

例 5 设连续型随机变量 X 的概率密度函数为

$$p(x)=\begin{cases}\mathrm{e}^{-x} & x>0\\ 0 & x\leqslant 0\end{cases}$$

求 $E(X)$.

解
$$\begin{aligned}E(X)&=\int_{-\infty}^{+\infty} xp(x)\mathrm{d}x=\int_{0}^{+\infty} x\mathrm{e}^{-x}\mathrm{d}x=-\int_{0}^{+\infty} x\mathrm{d}(\mathrm{e}^{-x})\\&=-x\mathrm{e}^{-x}\Big|_0^{+\infty}+\int_0^{+\infty}\mathrm{e}^{-x}\mathrm{d}x=0-\int_0^{+\infty}\mathrm{e}^{-x}\mathrm{d}(-x)\\&=-\mathrm{e}^{-x}\Big|_0^{+\infty}=0+1=1\end{aligned}$$

2. 均值的性质

(1)常数的均值等于常数本身，即 $E(C)=C$(C 为常数)；

(2)设 X 为随机变量，k 为常数，则 $E(kX)=kE(X)$；

(3)设 X 为随机变量，b 为常数，则 $E(X+b)=E(X)+b$；

(4)设 X 为随机变量，k，b 为常数，则 $E(kX+b)=kE(X)+b$；

(5)设 X,Y 为随机变量,则 $E(X+Y)=E(X)+E(Y)$;

(6)设 X,Y 为随机变量,且 X,Y 相互独立,则 $E(XY)=E(X)E(Y)$.

3. 几种典型分布的均值

(1)两点分布

设 X 服从两点分布,其概率分布为 $P\{X=1\}=p,P\{X=0\}=1-p=q$,由离散型随机变量均值的定义,有

$$E(X)=1\cdot p+0\times(1-p)=p$$

(2)二项分布

设 X 服从二项分布 $B(n,p)$,即 $P\{X=k\}=C_n^k p^k q^{n-k}(k=0,1,\cdots,n)$,由离散型随机变量均值定义,有

$$\begin{aligned}E(X)&=\sum_{k=0}^{n}kP\{X=k\}=\sum_{k=0}^{n}k\cdot C_n^k p^k q^{n-k}=\sum_{k=1}^{n}\frac{k\cdot n!}{k!\,(n-k)!}p^k q^{n-k}\\&=\sum_{k=1}^{n}\frac{np(n-1)!}{(k-1)!\,[(n-1)-(k-1)]!}p^{k-1}q^{(n-1)-(k-1)}\\&\xlongequal{令k'=k-1}np\sum_{k'=0}^{n-1}\frac{(n-1)!}{k'!\,[(n-1)-k']!}p^{k'}q^{(n-1)-k'}\\&=np(p+q)^{n-1}=np\end{aligned}$$

(3)泊松分布

设随机变量 X 服从泊松分布,即

$$P\{X=k\}=\frac{\lambda^k}{k!}e^{-\lambda x}\quad(k=0,1,2,\cdots;\lambda>0)$$

由离散型随机变量均值的定义,有

$$\begin{aligned}E(X)&=\sum_{k=0}^{\infty}k\cdot\frac{\lambda^k}{k!}e^{-\lambda x}=e^{-\lambda x}\sum_{k=1}^{\infty}\frac{\lambda^{k-1}}{(k-1)!}\cdot\lambda\\&=\lambda e^{-\lambda x}\left(1+\lambda+\frac{\lambda^2}{2!}+\frac{\lambda^3}{3!}+\cdots\right)\\&=\lambda e^{-\lambda x}\cdot e^{\lambda}=\lambda\end{aligned}$$

(4)均匀分布

设 X 服从均匀分布,其概率密度为

$$p(x)=\begin{cases}\dfrac{1}{b-a} & a\leqslant x\leqslant b\\ 0 & 其他\end{cases}$$

则

$$E(X)=\frac{1}{2}(a+b)$$

(5)指数分布

设 X 服从指数分布,其概率密度为

$$p(x)=\begin{cases}\lambda e^{-\lambda x} & x\geqslant 0\\ 0 & x<0\end{cases}\quad(\lambda>0)$$

由连续型随机变量均值的定义,有

$$E(X)=\int_{-\infty}^{+\infty}xp(x)\mathrm{d}x=\int_{-\infty}^{0}xp(x)\mathrm{d}x+\int_{0}^{+\infty}xp(x)\mathrm{d}x$$

$$=\int_{-\infty}^{0}x\cdot 0\mathrm{d}x+\int_{0}^{+\infty}x\cdot\lambda\mathrm{e}^{-\lambda x}\mathrm{d}x=\lambda\int_{0}^{+\infty}x\mathrm{e}^{-\lambda x}\mathrm{d}x$$

$$\xlongequal{令 t=\lambda x}\frac{1}{\lambda}\int_{0}^{+\infty}t\mathrm{e}^{-t}\mathrm{d}t=\frac{1}{\lambda}\left[(-t\mathrm{e}^{-t})\Big|_{0}^{+\infty}+\int_{0}^{+\infty}\mathrm{e}^{-t}\mathrm{d}t\right]=\frac{1}{\lambda}$$

(6)正态分布

设 $X\sim N(\mu,\sigma^2)$,其概率密度为

$$p(x)=\frac{1}{\sqrt{2\pi}\sigma}\mathrm{e}^{-\frac{(x-\mu)^2}{2\sigma^2}}\quad(-\infty<x<+\infty)$$

由连续型随机变量均值的定义,有

$$E(X)=\frac{1}{\sqrt{2\pi}\sigma}\int_{-\infty}^{+\infty}x\mathrm{e}^{-\frac{(x-\mu)^2}{2\sigma^2}}\mathrm{d}x=\frac{1}{\sqrt{2\pi}}\int_{-\infty}^{+\infty}(\sigma t+\mu)\mathrm{e}^{-\frac{t^2}{2}}\mathrm{d}t\quad\left(令 t=\frac{x-\mu}{\sigma}\right)$$

$$=\frac{1}{\sqrt{2\pi}}\int_{-\infty}^{+\infty}\sigma t\mathrm{e}^{-\frac{t^2}{2}}\mathrm{d}t+\frac{\mu}{\sqrt{2\pi}}\int_{-\infty}^{+\infty}\mathrm{e}^{-\frac{t^2}{2}}\mathrm{d}t=\mu$$

4. 方差的概念

先看下面的例子.设甲、乙两位跳水运动员得分成绩分别为随机变量 X_1,X_2,其分布律为:

X_1	80	85	90	95	100
P	$\frac{1}{5}$	$\frac{1}{5}$	$\frac{1}{5}$	$\frac{1}{5}$	$\frac{1}{5}$

X_2	85	87.5	90	92.5	95
P	$\frac{1}{5}$	$\frac{1}{5}$	$\frac{1}{5}$	$\frac{1}{5}$	$\frac{1}{5}$

由计算可知,他们有相等的期望值,即 $E(X_1)=E(X_2)=90$,但比较两组数据可知,乙运动员较甲运动员发挥更稳定,因为乙的成绩比较集中.

又如,有两批钢筋,每批各 10 根,它们的抗拉强度指标如下:

第一批:110,120,120,125,125,125,130,130,135,140;

第二批:90,100,120,125,130,130,135,140,145,145.

它们的平均抗拉强度指标都是 128.但是使用钢筋时,一般要求抗拉强度指标不低于一个指定数值(如 115).第二批钢筋的抗拉强度指标与平均值偏差较大,即取值较分散,尽管它们中有几根抗拉强度指标很大,但不合格的根数比第一批多,所以从实用价值来讲,可以认为第二批的质量比第一批的差.

实际问题中仅靠均值并不能完善地说明随机变量的分布特征,还必须研究其离散程度(波动程度).通常人们关心的是随机变量 X 对均值 $E(X)$ 的离散程度.那么怎样去度量这个离散程度呢?容易看到,量 $E[|X-E(X)|]$ 能度量随机变量 X 与其均值 $E(X)$ 的离散程度,但由于上式带有绝对值,在运算上不方便,所以通常用量 $E[X-E(X)]^2$ 来度量随机变量与其均值的离散程度.

定义 3 设 X 是一个随机变量,如果 $E[X-E(X)]^2$ 存在,称其为随机变量 X 的**方差**,记作 $D(X)$,即

$$D(X)=E[X-E(X)]^2$$

$\sqrt{D(X)}$ 称为 X 的**标准差**.

知识讲解

随机变量的方差

如果 X 是离散型随机变量,那么

$$D(X)=\sum_{i=1}^{n}[x_i-E(X)]^2 p_i$$

如果 X 是连续型随机变量,那么

$$D(X)=\int_{-\infty}^{+\infty}[x-E(X)]^2 p(x)\mathrm{d}x$$

随机变量的方差是一个常数.当 X 的可能取值集中在均值附近时,方差较小;反之方差较大.

根据均值的性质,可得

$$D(X)=E(X^2)-[E(X)]^2$$

计算方差时,常利用此公式.

例 6 计算前面所举甲、乙两位跳水运动员一例中的 $D(X_1)$ 及 $D(X_2)$.

解 $D(X_1)=(80-90)^2\times\frac{1}{5}+(85-90)^2\times\frac{1}{5}+(90-90)^2\times\frac{1}{5}+(95-90)^2\times\frac{1}{5}+(100-90)^2\times\frac{1}{5}=250\times\frac{1}{5}=50$

$D(X_2)=(85-90)^2\times\frac{1}{5}+(87.5-90)^2\times\frac{1}{5}+(90-90)^2\times\frac{1}{5}+(92.5-90)^2\times\frac{1}{5}+(95-90)^2\times\frac{1}{5}=62.5\times\frac{1}{5}=12.5$

可以看出,乙跳水运动员发挥得更稳定.

例 7 甲、乙两工人在一天生产中出现废品的概率分布如下:

$X_{甲}$	0	1	2	3
P	0.4	0.3	0.2	0.1

$X_{乙}$	0	1	2	3
P	0.25	0.5	0.25	0

设两人的日产量相等,问谁的技术好?

解 首先求甲、乙两人出现废品数的均值.

$$E(X_{甲})=0\times0.4+1\times0.3+2\times0.2+3\times0.1=1$$

$$E(X_{乙})=0\times0.25+1\times0.5+2\times0.25+3\times0=1$$

两人平均废品数相等,仅根据均值比较不出谁的技术更好,因此继续求甲、乙两人出现废品数的方差.

$$E(X_{甲}^2)=0^2\times0.4+1^2\times0.3+2^2\times0.2+3^2\times0.1=2$$

$$E(X_{乙}^2)=0^2\times0.25+1^2\times0.5+2^2\times0.25+3^2\times0=1.5$$

所以 $$D(X_{甲})=E(X_{甲}^2)-[E(X_{甲})]^2=2-1=1$$

$$D(X_{乙})=E(X_{乙}^2)-[E(X_{乙})]^2=1.5-1=0.5$$

由于 $D(X_{甲})>D(X_{乙})$,所以乙的生产技术比较稳定,即乙的技术较好.

例 8 设随机变量 X 的概率密度为

$$p(x)=\begin{cases}1+x & -1\leqslant x\leqslant 0\\ 1-x & 0<x\leqslant 1\\ 0 & 其他\end{cases}$$

求 $E(X)$,$D(X)$.

解 $$E(X)=\int_{-\infty}^{+\infty}xp(x)\mathrm{d}x=\int_{-1}^{0}x(1+x)\mathrm{d}x+\int_{0}^{1}x(1-x)\mathrm{d}x=0$$

$$E(X^2)=\int_{-\infty}^{+\infty}x^2p(x)\mathrm{d}x=\int_{-1}^{0}x^2(1+x)\mathrm{d}x+\int_{0}^{1}x^2(1-x)\mathrm{d}x=\frac{1}{6}$$

$$D(X)=E(X^2)-[E(X)]^2=\frac{1}{6}-0=\frac{1}{6}$$

5. 方差的性质

(1)$D(C)=0$(C 为常数);

(2)$D(kX)=k^2D(X)$(k 为常数);

(3)$D(X+b)=D(X)$(b 为常数);

(4)$D(kX+b)=k^2D(X)$(k,b 为常数);

(5)若 X,Y 为相互独立的随机变量,则 $D(X+Y)=D(X)+D(Y)$.

6. 几种典型分布的方差

(1)两点分布

已知 $E(X)=p$,$E(X^2)=p$,利用公式 $D(X)=E(X^2)-[E(X)]^2$,可得

$$D(X)=E(X^2)-[E(X)]^2=p-p^2=pq\quad(q=1-p)$$

(2)二项分布

前面已经计算过,$E(X)=np$,而

$$\begin{aligned}E(X^2)&=\sum_{k=0}^{n}k^2\mathrm{C}_n^k p^k q^{n-k}=\sum_{k=1}^{n}[k(k-1)+k]\frac{n!}{k!\,(n-k)!}p^kq^{n-k}\\&=\sum_{k=1}^{n}[(k-1)+1]\frac{n!}{(k-1)!\,(n-k)!}p^kq^{n-k}\\&=\sum_{k=2}^{n}(k-1)\frac{n(n-1)(n-2)!}{(k-1)!\,(n-k)!}p^2\cdot p^{k-2}q^{(n-2)-(k-2)}+\sum_{k=1}^{n}\frac{n!}{(k-1)!\,(n-k)!}p^kq^{n-k}\\&=n(n-1)p^2\sum_{k'=0}^{n-2}\frac{(n-2)!}{k'!\,(n-2-k')!}p^{k'}q^{(n-2)-k'}+E(X)\quad(令\ k'=k-2)\\&=n(n-1)p^2+np\end{aligned}$$

于是

$$D(X)=E(X^2)-[E(X)]^2=n(n-1)p^2+np-n^2p^2=npq$$

(3)泊松分布

已知 $E(X)=\lambda$,可推得

$$E(X^2)=\sum_{k=0}^{+\infty}k^2\frac{\lambda^k}{k!}\mathrm{e}^{-\lambda}=\sum_{k=1}^{+\infty}(k-1+1)\frac{\lambda^k}{(k-1)!}\mathrm{e}^{-\lambda}$$
$$=\sum_{k=2}^{+\infty}\frac{\lambda^{k-2}\cdot\lambda^2}{(k-2)!}\mathrm{e}^{-\lambda}+\sum_{k=1}^{+\infty}\frac{\lambda^k}{(k-1)!}\mathrm{e}^{-\lambda}=\lambda^2+\lambda$$

于是

$$D(X)=E(X^2)-[E(X)]^2=(\lambda^2+\lambda)-\lambda^2=\lambda$$

(4)均匀分布

已知 $E(X)=\frac{1}{2}(a+b)$,而

$$E(X^2)=\frac{1}{b-a}\int_a^b x^2\mathrm{d}x=\frac{b^3-a^3}{3(b-a)}=\frac{1}{3}(b^2+ab+a^2)$$

于是

$$D(X)=E(X^2)-[E(X)]^2$$
$$=\frac{1}{3}(b^2+ab+a^2)-\frac{1}{4}(b^2+2ab+a^2)=\frac{1}{12}(b-a)^2$$

(5)指数分布

已知 $E(X)=\frac{1}{\lambda}$,而

$$E(X^2)=\lambda\int_0^{+\infty}x^2\mathrm{e}^{-\lambda x}\mathrm{d}x=\frac{2}{\lambda^2}$$

于是

$$D(X)=E(X^2)-[E(X)]^2=\frac{2}{\lambda^2}-\frac{1}{\lambda^2}=\frac{1}{\lambda^2}$$

(6)正态分布

当 $X\sim N(\mu,\sigma^2)$时,$E(X)=\mu$,于是

$$D(X)=E(X-\mu)^2=\int_{-\infty}^{+\infty}(x-\mu)^2\cdot\frac{1}{\sqrt{2\pi}\sigma}\mathrm{e}^{-\frac{(x-\mu)^2}{2\sigma^2}}\mathrm{d}x$$
$$=\frac{\sigma^2}{\sqrt{2\pi}}\int_{-\infty}^{+\infty}t^2\mathrm{e}^{-\frac{t^2}{2}}\mathrm{d}t\quad(令\ t=\frac{x-\mu}{\sigma})$$
$$=\frac{-\sigma^2}{\sqrt{2\pi}}\int_{-\infty}^{+\infty}t\,\mathrm{d}(\mathrm{e}^{-\frac{t^2}{2}})=\frac{-\sigma^2}{\sqrt{2\pi}}\left(t\mathrm{e}^{-\frac{t^2}{2}}\Big|_{-\infty}^{+\infty}-\int_{-\infty}^{+\infty}\mathrm{e}^{-\frac{t^2}{2}}\mathrm{d}t\right)$$
$$=\frac{\sigma^2}{\sqrt{2\pi}}\int_{-\infty}^{+\infty}\mathrm{e}^{-\frac{t^2}{2}}\mathrm{d}t=\sigma^2$$

例 9 若学校乘汽车到火车站的途中有 3 个交通岗,设在各交通岗遇到红灯是相互独立的,其概率均为$\frac{2}{5}$,试求途中遇到红灯次数的数学期望与方差.

解 设 X 表示途中遇到红灯的次数,则 $X\sim B\left(3,\frac{2}{5}\right)$,所以

$$E(X)=np=3\times\frac{2}{5}=\frac{6}{5}$$

$$D(X)=npq=3\times\frac{2}{5}\times\frac{3}{5}=\frac{18}{25}$$

例 10 设 $E(X)$，$D(X)$均存在且 $D(X)\neq 0$，则 $Y=\dfrac{X-E(X)}{\sqrt{D(X)}}$叫作随机变量 X 的标准化随机变量，试证明 $E(Y)=0$，$D(Y)=1$.

证明 根据数学期望与方差的性质得

$$E(Y)=E\left(\frac{X-E(X)}{\sqrt{D(X)}}\right)=\frac{E[X-E(X)]}{\sqrt{D(X)}}=\frac{1}{\sqrt{D(X)}}[E(X)-E(X)]=0$$

$$D(Y)=D\left[\frac{X-E(X)}{\sqrt{D(X)}}\right]=\left(\frac{1}{\sqrt{D(X)}}\right)^2 D[X-E(X)]$$

$$=\frac{1}{D(X)}\{D(X)-D[E(X)]\}=\frac{D(X)}{D(X)}=1$$

例 11 因冰雪灾害，某柑橘基地的果林严重受损，为此有关专家提出两种拯救果树的方案，每种方案都需分两年实施. 若实施方案一，预计第一年可以使柑橘产量恢复到灾前 1.0 倍、0.9 倍、0.8 倍的概率分别是 0.3、0.3、0.4；第二年可以使柑橘产量为第一年产量的 1.25 倍、1.0 倍的概率分别是 0.5、0.5. 若实施方案二，预计第一年可以使柑橘产量达到灾前 1.2 倍、1.0 倍、0.8 倍的概率分别是 0.2、0.3、0.5；第二年可以使柑橘产量为第一年产量的 1.2 倍、1.0 倍的概率分别是 0.4、0.6. 实施每种方案时第一年与第二年相互独立，令 $X_i(i=1,2)$表示方案 i 实施两年后柑橘产量达到灾前产量的倍数.

(1)写出 X_1，X_2 的概率分布；

(2)实施哪种方案，两年后柑橘产量超过灾前产量的概率更大？

(3)不管哪种方案，如果实施两年后柑橘产量达不到、恰好达到、超过灾前产量，预计利润分别为 10 万元、15 万元、20 万元，问实施哪种方案的平均利润更大？

解 (1)X_1 的所有取值为 0.8，0.9，1.0，1.125，1.25；X_2 的所有取值为 0.8，0.96，1.0，1.2，1.44.

X_1，X_2 的概率分布分别为

X_1	0.8	0.9	1.0	1.125	1.25
P	0.2	0.15	0.35	0.15	0.15

X_2	0.8	0.96	1.0	1.2	1.44
P	0.3	0.2	0.18	0.24	0.08

(2)令 A，B 分别表示实施方案一、方案二两年后柑橘产量超过灾前产量这一事件，

$$P(A)=0.15+0.15=0.3$$

$$P(B)=0.24+0.08=0.32$$

可见 $P(A)<P(B)$.

所以实施方案二，两年后产量超过灾前产量的概率更大.

(3)令 Y_i 表示方案 i 的预计利润，则

Y_1	10	15	20
P	0.35	0.35	0.3

Y_2	10	15	20
P	0.5	0.18	0.32

$$E(Y_1)=10\times0.35+15\times0.35+20\times0.3=14.75$$

$$E(Y_2)=10\times0.5+15\times0.18+20\times0.32=14.1$$

显然 $E(Y_1)>E(Y_2)$，所以实施方案一平均利润更大.

自测题

1. 一批零件中有 9 个合格品与 3 个废品，安装机器时，从这批零件中任取一个，如果取出的废品不再放回，求在取得合格品以前已取出的废品数的均值和方差.

2. 设随机变量 X 的概率密度为 $p(x)=\begin{cases}2x & 0\leqslant x\leqslant1\\0 & \text{其他}\end{cases}$，求 $E(X)$，$D(X)$.

3. 某商场准备举行促销活动，根据市场调查，该商场决定从 2 种服装商品、2 种家电商品、3 种日用品商品中，选出 3 种商品进行促销活动.

(1)试求选出的 3 种商品中至少有一种是日用品的概率；

(2)商场对选择出的某商品采用的促销方案是有奖销售，即在该商品现价的基础上将价格提高 150 元，同时，若顾客购买该商品，则允许有 3 次抽奖的机会. 若中奖，则每次中奖都获得数额为 m 元的奖金. 假设顾客每次抽奖时获奖与否的概率都是 $\frac{1}{2}$，请问：商场应将每次中奖奖金数额 m 最高定为多少元，才能使促销方案对商场有利？

习题 2.1.3

1. 已知随机变量 X 的概率分布为 $P(X=k)=\frac{1}{10}(k=2,4,\cdots,18,20)$，求 $E(X)$ 和 $D(X)$.

2. 两台生产同一种零件的车床一天中生产次品数的概率分布分别为

X_1	0	1	2	3
P	0.4	0.3	0.2	0.1

X_2	0	1	2	3
P	0.3	0.5	0.2	0

如果两台车床的产量相同，问哪台车床技术好？

3. 在射击比赛中，每人射击四次(每次一发)，规定全部不中得 0 分，只中一弹得 15 分，中两弹得 30 分，中三弹得 55 分，中四弹得 100 分，某人每次射击命中率为 $\frac{3}{5}$，问他期望能得多少分？

4. 某公共汽车站每隔 5 分钟有一辆汽车通过，乘客在任意时刻到达汽车站，求等车时间的数学期望(设汽车到站后乘客都能上车).

5. 设随机变量 X 的概率密度为 $p(x)=\frac{1}{2}e^{-|x|}(-\infty<x<+\infty)$，求 $E(X)$，$D(X)$.

6. 设随机变量 X 的概率密度为

$$p(x)=\begin{cases}e^{-x} & x>0\\0 & x\leqslant 0\end{cases}$$

求 $Y=2X$；$Y=e^{-2X}$ 的数学期望和方差.

7. 已知 $X\sim N(1,2^2)$，$Y\sim N(2,1)$，且 X 与 Y 相互独立，求 $E(3X-Y+4)$，$D(X-Y)$.

2.1.4 抽样及其分布

在实际应用中，为了了解随机现象的规律，我们必须取得尽可能多的实际数据，但是种种原因，我们又只能采用抽样的方法，从获得的有限数据中提取有用的信息，来对总体的情况进行推断，这就是统计推断的意义所在. 数理统计以概率论为基础，给出了对随机变量的观察值(即统计数据)进行搜集、整理、分析及推断的方法和原理. 由于经济管理领域的研究工作都离不开对统计数据的定量分析，所以数理统计方法已成为现代管理的一个重要工具. 本节将讨论简单随机样本、统计量、抽样分布等基本概念和基本原理，为以后的学习奠定理论基础.

1. 总体与样本

要研究随机变量的总体，认识和掌握它的变化规律和特征，往往由于总体数量庞大而复杂，不便于进行，只能借助于样本，即按照一定的原则，从总体中抽取有限个个体组成样本进行研究，利用样本的信息来做出关于总体的推断. 如通过样本资料来认识总体的分布，由一系列样本指标来推断总体的各种特征指标等. 一般说来，通过部分来推断总体，很难做到完全精确与可靠. 为了使这种推断比较精确而且具有一定的可靠性，就必须要有较好的抽样方法，使抽得的个体能很好地反映总体的情况. 这就要求抽样时要贯彻随机抽样的原则，即要求每次抽取应该彼此独立，总体中的每一个个体被抽到的机会是均等的. 从抽查量上看，抽得太多是浪费；抽得太少，代表性不够，往往又得不到可靠的结论，故应该考虑合理的抽查量，以较简便的方法对抽样数据进行处理，从而导出科学而可靠的推断原理.

定义 1 从全部对象中按一定方式抽取一部分对象的过程称为**随机抽样**.

实践中存在着各种各样的随机现象，必须进行抽样的原因也就各不相同，但大致可以归纳为以下几种情况.

(1)违背研究的本来目的. 例如对某些产品的质量检验是破坏性的，如灯泡寿命的检验，钢丝拉力强度的检验，电视机显像管无故障工作时间的检验等都是如此. 如果我们对所有产品都进行破坏性检验，就没有产品可供销售和使用了.

(2)客观上对全部对象进行观测或检验是根本不可能的. 例如研究海水中微生物的情

况，难道我们能把全部海水都装进试管里去吗？又如石油勘探中，只能取有限个点进行试钻，而绝不可能将所有可能储油的地域钻得遍地窟窿.

(3)对全部对象进行检验，或者成本很高，或者所需时间很长，或者两者兼而有之.自新中国成立以来，我国已经进行了7次人口普查.进行一次人口普查需要花费大量的人力、物力，而取得的全部数据也需要几年时间才能处理完毕，因而我们不可能每年都做人口普查，对大多数年份只能进行抽样调查.对居民的收入与消费结构的研究也只能依赖于抽样调查，因其所涉及的内容更广泛，对全部居民进行这类调查的费用与工作量可能要比人口普查还要大好几十倍.

(4)虽然根据抽样调查的数据来判断总体的情况必定带来误差，但在多数情况下，这种误差还是可以容忍的.因为并不是所有问题都需要一个绝对精确的估计量，也不是所有问题都能够得到一个非常精确的估计量(即使对所有对象进行调查).前一种情况是很明显的，事实上不同的对象具有不同的精确度要求，后一种情况也是常见的.例如，假定一个皮鞋厂生产五种样式的皮鞋，为了确定这五种样式各生产多少而对全体消费者做了调查，然而"精确的"调查却得到不精确的结果，这是得不偿失的.

由此可见，抽样作为一种了解研究对象的手段是经常使用的，因此抽样是一种非常重要的方法.

定义2 研究对象的全体称为**总体**，组成总体的每一个基本元素称为**个体**.

(1)总体可以包含有限多个个体，也可以包含无限多个个体.在一个有限总体所包含的个体相当多的情况下，可以把它作为无限总体来处理.例如，某公司一年内生产的手机，一个国家的人口等.

(2)如果每一总体中的个体具有共同的可观察的特征，那么可以把它作为不同总体之间的区别.例如，某灯泡厂一天生产5万个25瓦的白炽灯泡，按规定，使用寿命不足1000小时的为次品.在考察这批灯泡的质量时，"该天生产的5万个25瓦白炽灯泡的全体"组成一个总体，每一个灯泡是这个总体中的一个个体，其共同的可观察的特征为灯泡的使用寿命.又如，数轴上的"一条线段所有点的全体"组成一个总体，其中的每一个点是总体中的一个个体，其共同的可观察的特征为点在数轴上的位置.

(3)在质量管理中，我们检查产品时，关心的是某一质量指标，如长度、重量、硬度、强度等，这些质量指标都是用数量来表示的.因此可以把总体看成是由这些数据构成的集合，而这些数据是某一随机变量 X 的全部可能的取值.进一步可以用随机变量 X 的分布函数刻画，从而把总体数量化，便于对它做定量分析.从总体中任取一个个体，它的指标就是一个随机变量.由于人们主要是研究总体的某些数据特征，所以把总体看作所研究对象的若干数量特征的全体，直接用一个随机变量 X 来代表.以后常说某样本是来自某一分布的总体，就是把总体看成了随机变量，某一分布即是指这个随机变量所服从的分布.

为了对总体进行推断，用抽样的方法进行检验.当然，抽样越多对总体的推断和估计就越准确，但受人力、物力和时间的限制，不能逐一检验，只能从总体中抽取一部分，从抽取的这部分中获得信息和数据，再反馈到总体，从而对总体进行统计推断.

定义3 从总体中随机地抽取若干个体而组成的集合称为**样本**.样本中所含个体的数量称为**样本容量**，通常用 n 来表示.

通常把 $n \geqslant 50$ 的样本称为**大样本**,把 $n<50$ 的样本称为**小样本**.

抽样通常有两种方式:一种是**不重复抽样**,即每次抽取不放回,连续抽取 n 次,构成一个容量为 n 的样本;另一种是**重复抽样**,即每次抽取后又放回,连续抽取 n 次,构成一个容量为 n 的样本.如果总体单位数量无限,抽取有限个后不会影响总体的分布,那么不重复抽样与重复抽样没有区别.实际应用中,如果总体中个体的个数很大,而样本容量相对较小,一般不超过总体的 5%,即可认为总体是无限的.

为了保证对总体判断的准确性,我们在抽样过程中应尽可能使样本保留着总体的某些性质.例如总体的平均状态、波动情况和离散程度等.我们当然希望通过样本能够反映这些情况,为此对样本提出下列三条原则.

(1)机会均等原则

在随机抽样中,要求从总体中任取部分个体,这里"任取"二字就是要求每个个体被抽到的机会均等,或者说被抽到的概率相等.

(2)独立性原则

在每次抽取样本时,应保持总体成分不变,前一次抽取的结果不能影响后一次抽取的结果,这就是独立性原则.重复抽样和在无限总体情况下不重复抽样可以认为符合独立性原则.

(3)代表性原则

从总体中抽出的每个个体应与总体具有相同的分布.

定义 4 按照机会均等原则、独立性原则、代表性原则进行的抽样称为**简单随机抽样**,按简单随机抽样方式抽取的样本称为**简单随机样本**,简称**样本**.

(1)以后如无特殊说明,本书中所提到的样本都是简单随机样本.怎样才能得到简单随机样本呢?一般地,在有限总体时,采用重复抽样方式即可;在无限总体时,可采用不重复抽样方式得到.当有限总体含有的个体数目相当大时,也可采用不重复抽样,得到近似的简单随机样本.

(2)样本容量为 n 的样本就是 n 个相互独立且与总体有相同分布的随机变量 X_1,X_2,…,X_n.通常把样本看成是一个 n 元随机变量(X_1,X_2,…,X_n),而每一次具体抽样所得的数据,就是 n 元随机变量的一个**观察值**(**样本值**),记作(x_1,x_2,…,x_n).

每当提到一个容量为 n 的样本时,常有双重意义:其一是指某一次抽样的具体数值(x_1,x_2,…,x_n);其二是指一次抽取的可能结果,这就是指一个 n 元随机变量(X_1,X_2,…,X_n).

2. 统计量的概念

样本是总体的代表和反映,是统计推断的基本依据,但是对于不同的总体,甚至对于同一个总体,我们所关心的问题往往是不一样的.有时我们只希望估计出总体的均值,有时我们则希望了解总体的整体分布,因此根据问题的不同,必须对样本进行不同的处理,这种处理就是构造样本的某种函数.

对于这种用于统计推断的函数,有一个很重要的要求,即它不应含有任何未知的参数.这个要求是很显然的.总体的分布是未知的,我们当然不能用未知的东西作为推断的根据.事实上这些参数正是我们希望了解的东西.

定义 5 不含有未知参数的样本的函数 $f(X_1,X_2,\cdots,X_n)$称为**统计量**.

统计量一般是样本的函数. 由于样本是随机变量,因而作为样本函数的统计量也是一个随机变量.

设$(X_1,X_2,\cdots,X_n)$是来自总体 X 的样本,则下列统计量都是常用的统计量:

样本均值:$\overline{X}=\dfrac{1}{n}\sum\limits_{i=1}^{n}X_i$;

样本方差:$S^2=\dfrac{1}{n-1}\sum\limits_{i=1}^{n}(X_i-\overline{X})^2$;

样本标准差:$S=\left(\dfrac{1}{n-1}\sum\limits_{i=1}^{n}(X_i-\overline{X})^2\right)^{\frac{1}{2}}$.

例 1 设总体 $X\sim N(\mu,\sigma^2)$,其中 μ,σ^2 是未知参数,若(X_1,X_2)为来自总体 X 的一个样本,则 $X_1+X_2,X_1^3+4X_2^2+X_2^4,X_1^2+X_2^2$ 都是统计量,而 $X_1+X_2+\mu,X_1^2+X_2^2-\sigma^2,\dfrac{X_1-\mu}{\sigma}$ 都不是统计量.

例 2 若总体 X 的一个样本为$(X_1,X_2,\cdots,X_{10})$,其一组观察值为 54,67,68,78,70,66,67,70,65,69. 试求:(1) 样本均值 $\overline{x}$;(2) 样本方差 s^2;(3) 样本标准差 s.

解 (1) 由样本均值公式得

$$\overline{x}=\frac{1}{10}\sum_{i=1}^{10}x_i=\frac{1}{10}\times(54+67+68+78+70+66+67+70+65+69)=67.4$$

(2) 由样本方差公式得

$$s^2=\frac{1}{10-1}\sum_{i=1}^{10}(x_i-\overline{x})^2=\frac{1}{9}\sum_{i=1}^{10}(x_i-67.4)^2\approx 35.156$$

(3) 由样本标准差公式得

$$s=\sqrt{35.156}\approx 5.929$$

在试验不变的条件下,重复进行多次试验时,随机事件出现的频率$\dfrac{n_A}{n}$在它的概率附近摆动,并且只要试验次数 n 足够大,事件出现的频率便会相当接近于概率. 也就是说,随机事件在重复试验中频率稳定在它的概率附近.

如果事件 A 的概率很小,事件 A 的频率也很小,即事件 A 很少发生. 在实际问题中,人们常常忽略了那些概率很小的事件发生的可能性,即认为那些"概率很小的随机事件在个别试验中是不可能发生的". 这种推断被人们称为**小概率事件的实际不可能性原理**,简称**小概率原理**. 小概率原理在经济管理中有着广泛的应用. 至于"小概率"小到什么程度才能看作实际上不可能发生,则要视具体问题的要求和性质而定. 例如,加工一批零件出现废品的概率为 0.01,假设这批零件的重要性不大而且价格又低,则完全可以不必对全部加工出来的零件进行检查. 但是在一批降落伞的产品检查中,即使产品的废品率很小,哪怕是万分之一,也不能忽略,必须进行检查,因为无论它的概率多么小,总会有事故发生.

正态分布在随机变量的各种分布中,占有特别重要的地位. 一般来说,如果某一项偶然因素对总和的影响是均匀的、微小的，即没有一次起特别突出的作用，那么就可以断定描述这些大量独立的偶然因素的总和的随机变量是近似地服从正态分布的.

3. 常用统计量的分布

简单随机样本是统计推断的基础，但为了达到对总体不同的研究目的，需要构造不同的统计量，随之而来的一个基本问题是，应该对统计量的概率分布有所了解. 如果不知道统计量的概率分布，就难以评价统计量的优劣，也无从推测总体参数取到某个值的可能性的大小.

在实际问题中，由于客观条件的不同，在一些情况下我们只可能获得较少的数据，即样本容量不可能很大，这类问题称为**小样本问题**；在另一些情况下却可以进行大量重复试验，从而获得容量很大的样本，这类问题称为**大样本问题**. 从前面的讨论中知道，对于大样本问题，正态分布常可以作出很好的近似；而对小样本问题却未必能够这样做. 因此，这是两类性质很不相同的问题. 一般说来，寻求统计量的精确分布主要是对于小样本而言的，同时还必须考虑那些非简单的独立的统计量的分布问题.

(1) 样本均值的分布

定理 1 如果总体 $X \sim N(\mu,\sigma^2)$，且$(X_1,X_2,\cdots,X_n)$是来自总体 X 的样本，构造统计量样本均值 $\overline{X}=\frac{1}{n}\sum_{i=1}^{n}X_i$，那么有

$$\overline{X}\sim N(\mu,\frac{\sigma^2}{n})$$

注意 当总体 $X\sim N(\mu,\sigma^2)$时，不论样本容量 n 多大，都有 $\overline{X}\sim N(\mu,\frac{\sigma^2}{n})$. 如果总体 X 不服从正态分布，那么按照中心极限定理，当样本容量 n 充分大时，样本均值 $\overline{X}$ 近似地服从正态分布.

由于 $\overline{X}\sim N(\mu,\frac{\sigma^2}{n})$，把 $\overline{X}$ 标准化后，得 $U=\frac{\overline{X}-\mu}{\sigma/\sqrt{n}}\sim N(0,1)$，则统计量 U 服从标准正态分布.

在研究统计量 U 的分布问题时，常用到标准正态分布的分界点，为此给出以下定义.

定义 6 设 $U\sim N(0,1)$，对于给定正数 α（通常 α 取 0.05，0.01 等），满足 $P\{U>\lambda\}=\alpha$ 的点 λ 的值，称为**标准正态分布的右侧临界值**，记为 u_α.

标准正态分布的右侧临界值的几何意义可从图 2-12(a)中看出，在临界值 λ 右侧的面积为 α，在临界值 λ 左侧的面积为 $1-\alpha$，即 $P\{U>\lambda\}=1-P\{U\leqslant\lambda\}=\alpha$，$P\{U\leqslant\lambda\}=\Phi_0(\lambda)=1-\alpha$，可以根据 $1-\alpha$ 查标准正态分布表得 $\lambda=u_\alpha$.

例如，当 $\alpha=0.05$ 时，$1-\alpha=0.95$，查标准正态分布表有 $\Phi_0(1.645)=0.95$，故 $\lambda=u_{0.05}=1.645$；当 $\alpha=0.01$ 时，$1-\alpha=0.99$，查标准正态分布表有 $\Phi_0(2.326)=0.99$，故 $\lambda=u_{0.01}=2.326$.

定义 7 如果 $U\sim N(0,1)$，对于给定正数 α（通常 α 取 0.05，0.01 等），满足 $P\{|U|>\lambda\}=\alpha$ 的点 λ 的值，称为**标准正态分布的双侧临界值**.

标准正态分布的双侧临界值的几何意义可从图 2-12(b)中看出，在临界值 $\pm\lambda$ 点的

左、右部分的面积均为$\frac{\alpha}{2}$，由右侧临界值定义可得 $P\{U\leqslant\lambda\}=\Phi_0(\lambda)=1-\frac{\alpha}{2}$，即 $\lambda=u_{\frac{\alpha}{2}}$.

例如，当 $\alpha=0.05$ 时，$1-\frac{\alpha}{2}=0.975$，查标准正态分布表有 $\Phi_0(1.96)=0.975$，故双侧临界值 $\lambda=u_{0.025}=1.96$；当 $\alpha=0.01$ 时，$1-\frac{\alpha}{2}=0.995$，查标准正态分布表有 $\Phi(2.575)=0.995$，故双侧临界值 $\lambda=u_{0.005}=2.575$.

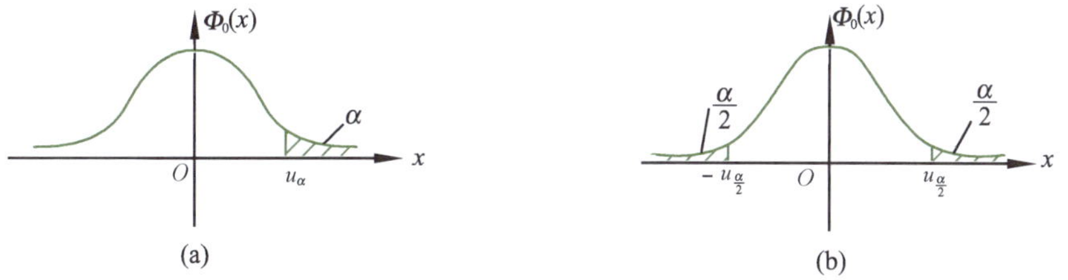

图 2-12

例 3 某厂检查保温瓶的保温性能，在瓶中灌满沸水，24 小时后测定其温度为 X. 若已知 $X\sim N(62,5^2)$，试问从中随机地抽取 20 只保温瓶进行测定，其样本均值 $\overline{X}$ 低于 60℃的概率有多大？

解 由 $X\sim N(62,5^2)$ 及 $n=20$ 可得 $\overline{X}\sim N\left(62,\frac{25}{20}\right)$，即 $\overline{X}\sim N(62,1.25)$.

$$P\{\overline{X}<60\}=P\left\{\frac{\overline{X}-62}{\sqrt{1.25}}<\frac{60-62}{\sqrt{1.25}}\right\}=\Phi(-1.79)=1-\Phi(1.79)$$
$$=1-0.9633=0.0367$$

(2)χ^2 分布

定义 8 设 $X\sim N(0,1)$，$(X_1,X_2,\cdots,X_n)$为来自 X 的一个样本，它们的平方和记作 χ^2，即

$$\chi^2=X_1^2+X_2^2+\cdots+X_n^2$$

则称统计量 χ^2 服从**自由度**为 n 的 χ^2 **分布**，记作 $\chi^2\sim\chi^2(n)$.

由于 χ^2 分布的概率密度函数比较复杂，本书不做介绍.

设总体 $X\sim N(\mu,\sigma^2)$，$(X_1,X_2,\cdots,X_n)$为 X 的一个样本，当 μ 已知时，有

$$\chi^2=\sum_{i=1}^{n}\left(\frac{X_i-\mu}{\sigma}\right)^2=\frac{1}{\sigma^2}\sum_{i=1}^{n}(X_i-\mu)^2\sim\chi^2(n)$$

参数 n 称为**自由度**，是因为它表示自由变量的个数.

当 μ 未知时，有下面的定理.

定理 2 如果总体 $X\sim N(\mu,\sigma^2)$，$(X_1,X_2,\cdots,X_n)$为来自总体 X 的样本，那么样本均值 $\overline{X}$ 与样本方差 S^2 相互独立，且统计量

$$\chi^2=\frac{(n-1)S^2}{\sigma^2}\sim\chi^2(n-1)$$

图 2-13 分别是自由度 n 为 1,4,10 时,χ^2 分布的概率密度曲线.

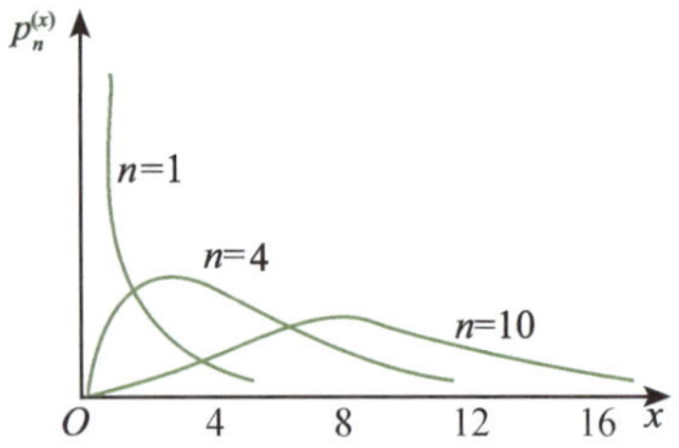

图 2-13

定义 9 如果 $X\sim\chi^2(n)$,对于给定正数 α(通常 α 取 0.05,0.01 等),满足 $P\{X>\lambda\}=\alpha$ 的点 λ 的值,称为 χ^2 **分布的右侧临界值**.

注意 χ^2 分布的右侧临界值的几何意义可从图 2-14(a)中看出,在临界值 λ 右侧的面积为 α,该值在图上标出为 $\chi^2_\alpha(n)$,可在 χ^2 分布表中查出.

例如,当 $\alpha=0.05,n=18$ 时,χ^2 分布的右侧临界值为 $\lambda=\chi^2_{0.05}(18)=28.869$;当 $\alpha=0.01,n=7$ 时,χ^2 分布的右侧临界值为 $\chi^2_{0.01}(7)=18.475$.

定义 10 如果 $X\sim\chi^2(n)$,对于给定正数 α,满足 $P\{\lambda_1<X<\lambda_2\}=1-\alpha$ 的点 λ_1,λ_2 的值,称为 $\chi^2(n)$**分布的双侧临界值**.

注意 由图 2-14(b)可看出,选择 λ_1,λ_2 分别使得在这两点左、右部分的面积各为 $\frac{\alpha}{2}$,查表可得

$$\lambda_1=\chi^2_{1-\frac{\alpha}{2}}(n),\lambda_2=\chi^2_{\frac{\alpha}{2}}(n)$$

例如,当 $\alpha=0.05,n=24$ 时,χ^2 分布的双侧临界值为

$$\lambda_1=\chi^2_{0.975}(24)=12.401$$

$$\lambda_2=\chi^2_{0.025}(24)=39.364$$

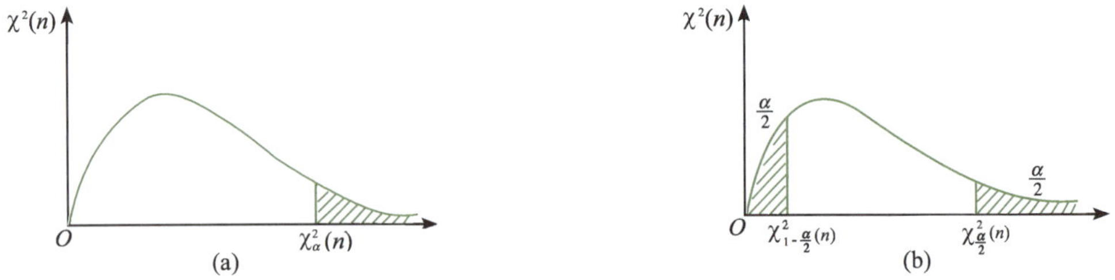

图 2-14

(3)t 分布

定义 11 如果 $X\sim N(0,1),Y\sim\chi^2(n)$,且 X 与 Y 相互独立,称统计量

$$t=\frac{X}{\sqrt{\frac{Y}{n}}}$$

为服从自由度为 n 的 t **分布**,记作 $t\sim t(n)$.

t 分布的概率密度曲线位于 x 轴上方,单峰且关于 $x=0$ 对称,很像标准正态分布的概率密度曲线. 实际上可以证明,当 n 充分大时,有 $p_n(x)\to\varphi(x)$,t 分布的概率密度曲线如图 2-15 所示.

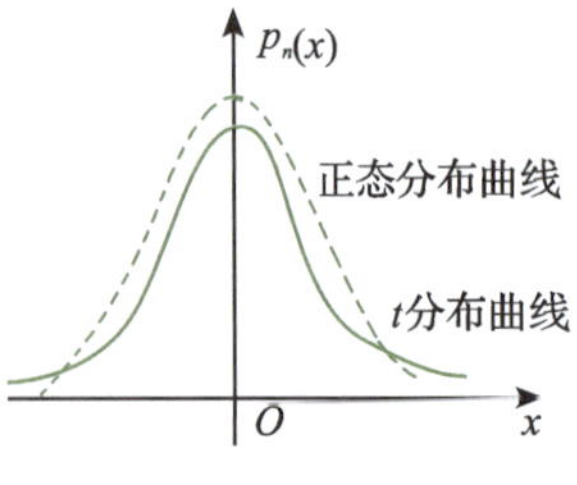

图 2-15

设 $t \sim t(n)$，对于给定正数 α，t 分布的右侧临界值 λ 应满足 $P\{t>\lambda\}=\alpha$，其中 λ 可从 t 分布表查到，记作 $\lambda=t_{\alpha}(n)$.

t 分布的双侧临界值是满足 $P\{|t|>\lambda\}=\alpha$ 的点 λ 的值，其意义可由图 2-16 看出. 在 $\pm\lambda$ 点的左、右部分的面积均为 $\frac{\alpha}{2}$，由右侧临界值定义可得 $\lambda=t_{\frac{\alpha}{2}}(n)$.

例如，当 $\alpha=0.05$，$n=20$ 时，t 分布右侧临界值为 $t_{0.05}(20)=1.7247$；t 分布双侧临界值为 $\pm t_{0.025}(20)=\pm 2.0860$.

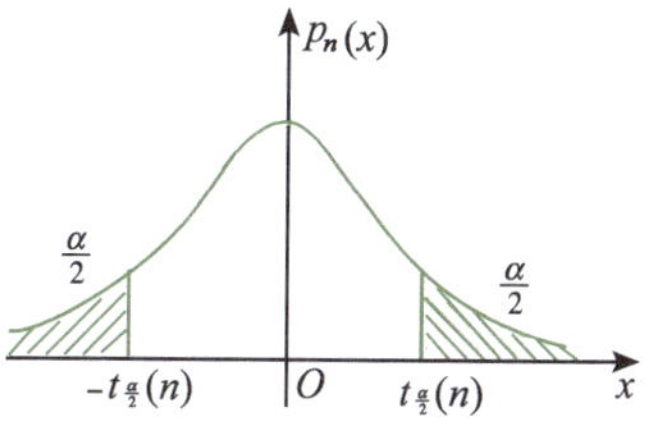

图 2-16

自测题

1. 设总体 $X \sim N(52, 6.3^2)$，随机抽取容量 $n=36$ 的样本，试求样本均值 $\overline{X}$ 落在 50.8～53.8 的概率.

2. 查表求下列各式的 C 值：

(1) 设 $X \sim \chi^2(20)$，求 $P\{X<C\}=0.95$ 中的 C 值；

(2) 设 $X \sim t(15)$，求 $P\{X>C\}=0.05$ 中的 C 值.

习题 2.1.4

1. 设总体 $X \sim N(\mu, \sigma^2)$，其中 μ，σ^2 是未知参数，(X_1, X_2, X_3) 为来自总体 X 的一个样本，试判断下列各函数是不是统计量：

(1) $X_1+X_2+X_3$；

(2) $X_1-X_2+X_3^2$；

(3) $(X_1-\mu)^2+\sigma^2$；

(4) $\dfrac{X_1+X_2}{X_3}$；

(5) $X_1X_2+X_3$；

(6) $\mu X_1+\sigma^2 X_2+X_3$；

(7) $\dfrac{1}{3}\sum_{i=1}^{3}(X_i-\mu)^2$.

2. 从某厂生产的一批灯泡中随机地抽取 10 个灯泡进行寿命测试，得到的数据如下(单位：小时)：1458，1395，1562，1614，1351，1490，1478，1382，1536，1496，试求样本均值 $\overline{X}$ 和样本方差 S^2.

3. 设总体 X 服从参数为 p 的两点分布，$(X_1, X_2, \cdots, X_n)$ 为来自总体 X 的样本，求样本均值 $\overline{X}$ 的期望 $E(\overline{X})$ 和方差 $D(\overline{X})$.

4. 查表求下列各式的 C 值：

(1) 设 $X \sim \chi^2(30)$，$P\{X<C\}=0.95$；

(2)设 $X\sim t(25)$，$P\{X>C\}=0.05$.

2.1.5 参数估计

人们经常遇到的问题是如何选取样本以及如何根据样本对总体的各种统计特征作出判断.实际工作中碰到的随机变量(总体)往往是分布类型大致已知,但确切形式并不知道,也就是总体的参数未知.要求出总体的分布函数 $F(x)$,就等于要根据样本估计出总体的参数,这类问题称为**参数估计**.参数的点估计就是运用样本数据来计算一个总体参数的估计值.

1. 参数的点估计

(1)估计量与估计值

定义 1 如果 θ 是总体 X 的待估参数,用样本$(X_1,X_2,\cdots,X_n)$的一个不含任何参数的样本函数 $\hat{\theta}=\hat{\theta}(X_1,X_2,\cdots,X_n)$来估计 θ,称 $\hat{\theta}$ 为参数 θ 的**估计量**,用样本的一组观测值$(x_1,x_2,\cdots,x_n)$计算出的估计量 $\hat{\theta}$ 的相应值 $\hat{\theta}(x_1,x_2,\cdots,x_n)$,称为参数 θ 的**估计值**,简记为 $\hat{\theta}$.

估计量是样本函数,具有双重含义:它既是一个随机变量,又是估计量的观测值.对于不同的一组观测值,估计量一般是不同的.

(2)数字特征法

有一类统计推断问题,是要利用样本来估计总体的某些数字特征.在实际问题中,由于这些数字特征往往也是总体分布的参数,对它们作出估计,就相当于对总体分布作出估计.

例如,一批灯泡的质量,可以用这些灯泡的平均使用寿命和寿命的方差来表示,因为这两个指标反映了灯泡的耐用程度和质量的稳定程度.事实上,在稳定的工艺技术条件下生产出来的灯泡,其寿命大致上是服从正态分布的.只要能通过样本估计出总体的数学期望和方差,那么总体的分布大致上就可以确定了.

此例可以归结为参数的点估计问题.要估计总体 X 的未知参数 θ,关键在于构造参数 θ 的估计量 $\hat{\theta}(X_1,X_2,\cdots,X_n)$.当样本容量无限增大时,样本分布将按某种概率意义趋近于总体分布,样本的数字特征也将随之趋近于总体的数字特征.因此,我们自然会想到用样本的数字特征去估计总体的数字特征.这种估计方法称为数字特征法.

定理 样本均值 $\overline{X}$ 作为总体分布的数学期望 μ 的估计量;样本方差 S^2 作为总体分布方差 σ^2 的估计量,即

$$\hat{\mu}=\overline{X}=\frac{1}{n}\sum_{i=1}^{n}X_i$$

$$\hat{\sigma}^2=S^2=\frac{1}{n-1}\sum_{i=1}^{n}(X_i-\overline{X})^2$$

例 1 测试灯泡使用寿命,抽取十只灯泡测得寿命(单位:小时)如下:1458,1395,1562,1615,1351,1490,1478,1382,1536,1496,试估计灯泡总体的平均使用寿命和寿命的标准差.

解 $$\hat{\mu}=\bar{x}=\frac{1}{10}\sum_{i=1}^{10}x_i=1476.3(\text{小时})$$

$$\hat{\sigma}=s=\sqrt{\frac{1}{10-1}\sum_{i=1}^{10}(x_i-\bar{x})^2}=83.17(\text{小时})$$

例 2 设总体 X 服从指数分布，其概率密度函数为

$$p(x)=\begin{cases}\lambda e^{-\lambda x} & (x\geqslant 0)\\ 0 & (x<0)\end{cases}$$

λ 未知，抽取容量为 5 的样本，值为 1000，1002，1003，998，997，试用点估计法估计 λ 的值.

解 指数分布的数学期望为

$$E(X)=\frac{1}{\lambda}$$

而

$$\hat{E}(X)=\bar{X}=\frac{1}{n}\sum_{i=1}^{n}X_i$$

所以

$$\hat{\lambda}=\frac{1}{\bar{x}}=\frac{n}{\sum_{i=1}^{n}x_i}=\frac{5}{1000+1002+1003+998+997}=0.001$$

2. 参数的区间估计

(1) 置信区间的概念

用点估计来估计总体参数，由于样本的随机性，从一个样本算得的估计量的值不一定恰是所要估计的参数真值. 而且，即使估计量等于参数真值，由于参数本身是未知的，这种可能的相等也是无法知道的. 那么两者到底相差多少，也就不能确切地知道，这就需要大致估计这些估计量的精确性与可靠性. 要根据统计量的分布，在一定的可靠程度下，指出被估计的总体参数所在的可能数值范围，这就是参数的区间估计问题.

假设我们用 $\hat{\theta}(X_1,X_2,\cdots,X_n)$ 作为未知参数 θ 的估计量，其误差小于某一正数 ε 的概率为 $1-\alpha(0<\alpha<1)$，即

$$P\{|\theta-\hat{\theta}|<\varepsilon\}=1-\alpha$$

就是说，随机区间 $(\hat{\theta}-\varepsilon,\hat{\theta}+\varepsilon)$ 包含参数 θ 的真值的概率为 $1-\alpha$，通常把概率 $1-\alpha$ 称为**置信概率**，也称**置信水平**或**置信度**，区间 $(\hat{\theta}-\varepsilon,\hat{\theta}+\varepsilon)$ 称为**置信区间**，置信区间表示估计结果的精确性，而置信概率则表示这一结果的可靠性.

定义 2 设 $\hat{\theta}_1(X_1,X_2,\cdots,X_n)$ 及 $\hat{\theta}_2(X_1,X_2,\cdots,X_n)$ 是由样本观测值确定的两个统计量，如果对于给定的概率 $1-\alpha$，有

$$P\{\hat{\theta}_1<\theta<\hat{\theta}_2\}=1-\alpha$$

那么，随机区间 $(\hat{\theta}_1,\hat{\theta}_2)$ 称为参数 θ 的对应于置信概率 $1-\alpha$ 的**置信区间**.

对应于已给的置信概率，根据样本观测值来确定未知参数 θ 的置信区间，称为参数 θ 的**区间估计**.

上式的意义是：如果反复抽样多次（容量都相同），每组样本观察值确定一个区间 $(\hat{\theta}_1,\hat{\theta}_2)$，每个这样的区间可能包含或不包含 θ 的真值，按大数定律，在这么多的区间中，包括 θ 真值的约占 $100(1-\alpha)\%$，不包含 θ 真值的仅占 $100\alpha\%$ 左右. 如给定 $\alpha=0.05$，则有 $100(1-0.05)\%$，就是说，每 100 个这样的区间中包含 θ 真值的约占 95 个，不包含 θ 真值的仅占 5 个左右.

关于区间估计问题，如果已知统计量的分布，则问题不难解决. 对于总体服从正态分布的情形，在上一节我们已经求出某些统计量分布，因此，在下面的讨论中，我们总假定总体 X 服从正态分布 $N(\mu,\sigma^2)$.

(2) 总体均值的区间估计

① 正态总体方差 σ^2 已知，参数 μ 的区间估计

设总体 $X\sim N(\mu,\sigma^2)$，$(X_1,X_2,\cdots,X_n)$ 为来自总体 X 的样本.

第一步：选择统计量

$$U=\frac{\overline{X}-\mu}{\sigma/\sqrt{n}}\sim N(0,1)$$

第二步：对于给定的置信概率 $1-\alpha$，可查表求出使

$$P\{|U|<u_{\frac{\alpha}{2}}\}=1-\alpha$$

成立的临界值 $u_{\frac{\alpha}{2}}$.

由
$$P\{|U|<u_{\frac{\alpha}{2}}\}=1-\alpha$$

可得
$$P\left\{\left|\frac{\overline{X}-\mu}{\sigma/\sqrt{n}}\right|<u_{\frac{\alpha}{2}}\right\}=1-\alpha$$

即
$$P\left\{-u_{\frac{\alpha}{2}}<\frac{\overline{X}-\mu}{\sigma/\sqrt{n}}<u_{\frac{\alpha}{2}}\right\}=1-\alpha$$

$$P\left\{-u_{\frac{\alpha}{2}}\frac{\sigma}{\sqrt{n}}<\overline{X}-\mu<u_{\frac{\alpha}{2}}\frac{\sigma}{\sqrt{n}}\right\}=1-\alpha$$

$$P\left\{\overline{X}-u_{\frac{\alpha}{2}}\frac{\sigma}{\sqrt{n}}<\mu<\overline{X}+u_{\frac{\alpha}{2}}\frac{\sigma}{\sqrt{n}}\right\}=1-\alpha$$

即 μ 的置信概率为 $1-\alpha$ 的置信区间为

$$(\hat{\theta}_1,\hat{\theta}_2)=\left(\overline{X}-u_{\frac{\alpha}{2}}\frac{\sigma}{\sqrt{n}},\overline{X}+u_{\frac{\alpha}{2}}\frac{\sigma}{\sqrt{n}}\right)$$

简记为

$$(\hat{\theta}_1,\hat{\theta}_2)=\left(\overline{X}\pm u_{\frac{\alpha}{2}}\frac{\sigma}{\sqrt{n}}\right)$$

·注意· 如 $\alpha=0.05$，总体均值 μ 的 95% 置信区间为 $\left(\overline{X}+u_{\frac{\alpha}{2}}\frac{\sigma}{\sqrt{n}}\right)=\left(\overline{X}\pm 1.96\frac{\sigma}{\sqrt{n}}\right)$. 意义为：$\overline{X}$ 是样本均值，每进行一次抽样检查（容量为 n），$\overline{X}$ 都有不同值出现，即 $\overline{X}$ 随着样本值的不同而不同，如抽样 100 次，$\overline{X}$ 就相应有 100 个值，$\overline{X}$ 是置信区间

的中心(如图2-17所示),它是一动点,总体均值μ是个未知常数,是不动点,$1.96\frac{\sigma}{\sqrt{n}}$是区间的半径,整个区间长度为$2\times1.96\frac{\sigma}{\sqrt{n}}$.随着不同次的抽样,整个置信区间在摆动.抽样100次,在100次摆动中,有95次把不动点μ盖住.因此,我们说置信区间$\left(\overline{X}-1.96\frac{\sigma}{\sqrt{n}},\overline{X}+1.96\frac{\sigma}{\sqrt{n}}\right)$有95%的把握将总体均值$\mu$包括进去.

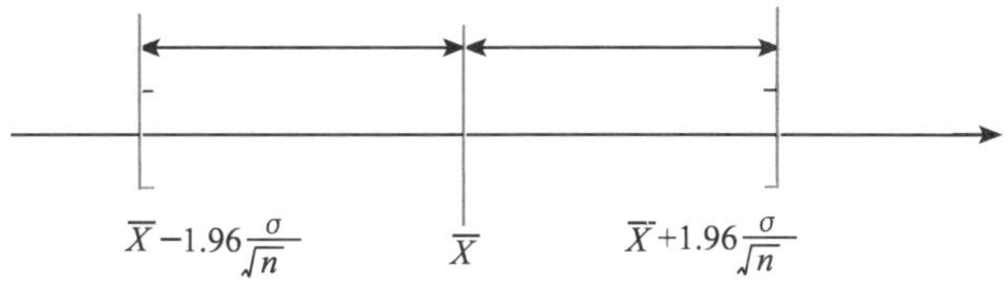

图 2-17

在相同的置信度条件下,我们认为置信区间越短,估计得越准确.由于$1.96\frac{\sigma}{\sqrt{n}}$是置信区间的半径,要使其减小,只有加大样本容量$n$.由此可见,样本容量越大,置信区间就越小,从而估计得就越准确.但是加大样本容量必然费工费时,n取多大合适,要视具体情况而定.

以上讨论是在总体$X\sim N(\mu,\sigma^2)$的条件下进行的,当X不是正态总体时,由中心极限定理,只要n充分大,随机变量$\frac{\overline{X}-E(X)}{\sqrt{D(X)/n}}$就近似地服从标准正态分布,一般来讲$n$不能小于50.这样一来,无论总体是否服从正态分布,我们都解决了在已知方差的条件下,对总体均值进行区间估计的问题.

例 3 从长期实践经验知道,某工厂滚珠车间生产的滚珠直径服从正态分布$N(\mu,0.05^2)$.现从生产的滚珠中任取6个,测得直径为(单位:毫米):

$$14.9,\ 14.6,\ 15.1,\ 14.8,\ 15.2,\ 15.1$$

求滚珠平均直径的置信概率为0.95的置信区间.

解 根据样本值计算得

$$\overline{x}=14.95$$

当$1-\alpha=0.95$时,$\alpha=0.05$,$\frac{\alpha}{2}=0.025$,查表得

$$u_{\frac{\alpha}{2}}=u_{0.025}=1.96$$

我们有

$$\hat{\theta}_1=14.95-1.96\times\frac{0.05}{\sqrt{6}}\approx14.91$$

$$\hat{\theta}_2=14.95+1.96\times\frac{0.05}{\sqrt{6}}=14.99$$

故滚珠平均直径的置信概率为 0.95 的置信区间为(14.91,14.99).

例 4 已知炼铁厂的铁水含碳量服从正态分布 $N(\mu,0.108^2)$,现在测定了 9 炉铁水,其平均含碳量为 4.484,按此资料计算该厂铁水平均含碳量的置信区间,并要求有 95% 的可靠性.

解 设该厂铁水平均含碳量为 μ,已知 $\alpha=0.05$,$u_{\frac{\alpha}{2}}=1.96$,$\mu$ 的置信概率为 0.95 的置信区间是$\left(4.484-1.96\times\frac{0.108}{\sqrt{9}},4.484+1.96\times\frac{0.108}{\sqrt{9}}\right)$,即(4.413,4.555).

例 5 设某地旅游者日消费额服从正态分布 $N(\mu,\sigma^2)$,且标准差 $\sigma=12$(元),今对该地旅游者的日平均消费额进行估计,为了能以 95% 的置信度相信这种估计误差的绝对值会小于 2(元),问至少要调查多少人?

解 由题意知 $\alpha=0.05$,$\sigma=12$,$\overline{X}-\mu<2$,查表得

$$u_{\frac{\alpha}{2}}=u_{0.025}=1.96$$

由于

$$P\left(-u_{\frac{\alpha}{2}}\frac{\sigma}{\sqrt{n}}<\overline{X}-\mu<u_{\frac{\alpha}{2}}\frac{\sigma}{\sqrt{n}}\right)=1-\alpha$$

所以

$$u_{\frac{\alpha}{2}}\frac{\sigma}{\sqrt{n}}=1.96\frac{12}{\sqrt{n}}=2$$

即

$$n=\left(\frac{1.96\times 12}{2}\right)^2=138.3$$

所以至少需要调查 139 人.

② 正态总体方差 σ^2 未知,参数 μ 的区间估计

设总体 $X\sim N(\mu,\sigma^2)$,$(X_1,X_2,\cdots,X_n)$ 为来自总体 X 的样本.

构造统计量

$$t=\frac{\overline{X}-\mu}{S/\sqrt{n}}\sim t(n-1)$$

对于给定的置信概率 $1-\alpha$,可查自由度为 $n-1$ 的 t 分布表,得临界值 $t_{\frac{\alpha}{2}}(n-1)$,使

$$P\{|t|<t_{\frac{\alpha}{2}}(n-1)\}=1-\alpha$$

$$P\left\{\left|\frac{\overline{X}-\mu}{S/\sqrt{n}}\right|<t_{\frac{\alpha}{2}}(n-1)\right\}=1-\alpha$$

$$P\left\{-t_{\frac{\alpha}{2}}(n-1)<\frac{\overline{X}-\mu}{S/\sqrt{n}}<t_{\frac{\alpha}{2}}(n-1)\right\}=1-\alpha$$

$$P\left\{-t_{\frac{\alpha}{2}}(n-1)\frac{S}{\sqrt{n}}<\overline{X}-\mu<t_{\frac{\alpha}{2}}(n-1)\frac{S}{\sqrt{n}}\right\}=1-\alpha$$

$$P\left\{\overline{X}-t_{\frac{\alpha}{2}}(n-1)\frac{S}{\sqrt{n}}<\mu<\overline{X}+t_{\frac{\alpha}{2}}(n-1)\frac{S}{\sqrt{n}}\right\}=1-\alpha$$

得 μ 的置信度为 $100(1-\alpha)\%$ 的置信区间为

$$\left(\overline{X}-t_{\frac{\alpha}{2}}(n-1)\frac{S}{\sqrt{n}},\overline{X}+t_{\frac{\alpha}{2}}(n-1)\frac{S}{\sqrt{n}}\right)$$

或简记为

$$\left(\overline{X}\pm t_{\frac{\alpha}{2}}(n-1)\frac{S}{\sqrt{n}}\right)$$

例 6 在某校某班的一次体验记录中，随意抄录 25 名男生的身高数据，测得平均身高为 170 cm，标准差为 12 cm，试求该班男生的平均身高 μ 的 95% 的置信区间(假设所测得身高近似服从正态分布).

解 第一步：本题正态总体的方差未知，对总体均值 μ 进行区间估计，故选择统计量

$$t=\frac{\overline{X}-\mu}{S/\sqrt{n}}\sim t(n-1)$$

第二步：已知 $\overline{x}=170, s=12$；

第三步：查临界值注意到自由度 $n-1=25-1=24, 1-\alpha=0.95, \alpha=0.05, t$ 分布的双侧临界值 $t_{\frac{\alpha}{2}}(n-1)=t_{0.025}(24)=2.0639$.

第四步：写出 μ 的 95% 的置信区间为

$$\left(\overline{x}\pm t_{\frac{\alpha}{2}}(n-1)\frac{s}{\sqrt{n}}\right)=\left(170\pm 2.0639\times\frac{12}{\sqrt{25}}\right)$$
$$=(170\pm 4.9534)=(165.0466,174.9534)$$

例 7 已知自动车床加工零件精度偏差 X 服从正态分布，$X\sim N(\mu,\sigma^2)$，且 $\sigma^2=5.78$(微米^2). 如从加工的零件中抽取样品，用样本均值 $\overline{x}$ 估计总体均值 μ，问样本容量 n 至少为多大，才能使偏差 X 的误差界以 95% 的置信度小于 1 微米?

解 事实上

$$u_{\frac{\alpha}{2}}=\frac{\varepsilon\sqrt{n}}{\sigma}$$

由此得

$$n=\left(\frac{u_{\frac{\alpha}{2}}\sigma}{\varepsilon}\right)^2$$

置信度为 95%，查标准正态分布表得 $u_{\frac{\alpha}{2}}=1.96$.

由题设知

$$\varepsilon=1, \sigma^2=5.78$$

代入得

$$n=\left(\frac{u_{\frac{\alpha}{2}}\sigma}{\varepsilon}\right)^2=\frac{1.96^2\times 5.78}{1}=23$$

所以至少要抽取 23 个样品才能使偏差误差界以 95% 的置信度小于 1 微米.

(3) 总体方差的区间估计

设样本$(X_1,X_2,\cdots,X_n)$来自正态总体 $N(\mu,\sigma^2)$，其中 μ,σ^2 未知，若用样本方差 S^2 来作为总体方差 σ^2 的估计量，则构造统计量

$$\chi^2=\frac{1}{\sigma^2}\sum_{i=1}^{n}(X_i-\overline{X})^2=\frac{(n-1)S^2}{\sigma^2}\sim\chi^2(n-1)$$

对于给定的置信概率 $1-\alpha$，查自由度为 $n-1$ 的 χ^2 分布表，得双侧临界值为 $\lambda_1=\chi^2_{1-\frac{\alpha}{2}}(n-1)$，$\lambda_2=\chi^2_{\frac{\alpha}{2}}(n-1)$，使得

$$P\{\lambda_1<\chi^2<\lambda_2\}=1-\alpha$$

即

$$P\{\lambda_1<\frac{(n-1)S^2}{\sigma^2}<\lambda_2\}=1-\alpha$$

$$P\left\{\frac{(n-1)S^2}{\lambda_2}<\sigma^2<\frac{(n-1)S^2}{\lambda_1}\right\}=1-\alpha$$

正态总体方差 σ^2 的置信区间为 $\left(\frac{(n-1)S^2}{\lambda_2},\frac{(n-1)S^2}{\lambda_1}\right)$.

正态总体标准差 σ 的置信区间为

$$(\hat{\theta}_1,\hat{\theta}_2)=\left(\sqrt{\frac{(n-1)S^2}{\lambda_2}},\sqrt{\frac{(n-1)S^2}{\lambda_1}}\right)$$

例 8 假定初生男婴儿的体重服从正态分布，随机抽取 12 名男婴，测其体重（单位：克）为：

3100，2520，3000，3000，3600，3160，3560，3320，2880，2600，3400，2540

试以 95％的置信度对男婴体重的方差 σ^2 进行区间估计.

解 经计算得

$$s^2=140860,(n-1)s^2=11\times140860=1549460$$

查 χ^2 分布表得临界值为

$$\lambda_1=\chi^2_{1-\frac{\alpha}{2}}(n-1)=\chi^2_{0.975}(11)=3.82$$

$$\lambda_2=\chi^2_{\frac{\alpha}{2}}(n-1)=\chi^2_{0.025}(11)=21.9$$

代入置信区间公式得

$$\frac{(n-1)s^2}{\lambda_2}=\frac{1549460}{21.9}=70752$$

$$\frac{(n-1)s^2}{\lambda_1}=\frac{1549460}{3.82}=405618$$

故新生男婴体重方差 σ^2 的置信度为 0.95 的置信区间为（70752，405618），标准差 σ 的置信区间为 $(\sqrt{70752},\sqrt{405618})=(265.99,636.88)$.

自测题

1. 某灯泡厂某天生产了一大批灯泡，从中任意抽取 10 个进行寿命试验，得数据如下（单位：小时）

1050，1100，1080，1120，1200，1250，1040，1130，1300，1200

若灯泡寿命服从正态分布 $N(\mu,8)$，问该天生产的灯泡的平均寿命所在的范围（$\alpha=0.05$）.

2. 在一批包装商品中，抽取 100 个小包装袋，已知样本的质量平均数是 21 g，总体标准差为 6 g，在置信度为 95% 的要求下，计算 μ 的置信区间.

3. 为了解某市职工月收入情况，现随机抽查 36 人，其收入均值为 6000 元，样本标准差为 1000，计算职工月收入总体均值的 95% 的置信区间.

习题 2.1.5

1. 某仪器的工作温度服从正态分布，测得五次温度为：

1250℃，1275℃，1265℃，1245℃，1260℃

求温度真值的置信区间（$\alpha=0.10$）.

2. 某种电子管的使用寿命服从正态分布，从中随机地抽取 15 个进行检验，计算得到 $\overline{x}=1\,950$ 小时，标准差 $s=300$ 小时，试以 95% 的置信度估计整批电子管平均寿命的置信区间.

3. 人的身高服从正态分布，从初一女生中随机抽取 6 名，测得身高为（单位：厘米）：

149，158.5，152.5，165，142，157

求初一女生平均身高的置信度为 95% 的置信区间.

4. 岩石密度的测量误差服从正态分布，随机抽取 12 个样品，得标准差 $s=0.2$，求 σ^2 的置信区间（$\alpha=0.05$）.

5. 进行 30 次独立试验，测得零件加工时间的样本平均值 $\overline{x}=5.5$ 秒，样本标准差 $s=1.7$ 秒，设零件加工时间服从正态分布，求零件加工时间的数学期望及标准差对应于置信度为 95% 的置信区间.

2.1.6 假设检验

我们已经研究了怎样用样本统计量来推断总体未知参数——参数的点估计与区间估计. 参数估计是统计推断中的一类重要问题，统计推断的另一类问题就是**假设检验**. 本节将主要讨论总体分布中未知参数的假设检验的基本思想及原理，并介绍参数假设检验的基本方法.

1. 问题的提出

在管理实践中，除了要对总体的参数做出一定的估计外，我们还会遇到另一类问题，例如要判断总体是否具有某种性质，或者判断两个独立样本的总体是否具有相同的均值或方差. 请看下面的问题.

例 1 某牙膏厂用自动包装机包装牙膏，在正常情况下每个牙膏管内装入的牙膏量（单位：克）是服从正态分布 $N(50,1.2^2)$ 的. 某日生产中随机抽取 16 支牙膏，测得平均每支牙膏的净重为 50.72（克），问这天包装机工作是否正常？

例 2 有一批处理品电子元件，据称其中次品率为 10%，今从中随机抽取 100 个进行测试，发现有 12 个次品，能否认为这批产品的次品率超过了 10%？

例 3 某食品工业公司为了了解家庭糕点的月平均消费量有无变动，在去年和今年同期进行了两次调查，数据整理见表 2-2.

表 2-2

日期	调查户数	平均每户消费量	样本标准差
今年五月	250	3.15	0.7
去年五月	200	3.05	0.6

能否断定今年和去年相比家庭平均糕点消费量有显著的变动？

上述例子都要求用样本推断总体.

对于例 1，可设那天生产的牙膏净重为 X，则 $X \sim N(\mu, \sigma^2)$，且有 $\sigma = 1.2$. 如果机器正常工作，那么 μ 应当等于 $\mu_0 = 50$，这样我们预先作一假设：$H_0: \mu = \mu_0$，问题就变成判断这一假设 H_0 是否成立，或者说假设 H_0 是否符合实际观察的结果. 因为 $\overline{X}$ 是 μ 的一个估计值，所以我们就根据 $\overline{X}$ 与 μ 之间的差异程度来做判断. 但是，即使机器确实工作正常，由于各种随机的原因，样本平均值也未必正好等于 μ_0，它在 μ_0 附近波动是可以理解的. 然而，如果 $\overline{X}$ 与 μ_0 相差较大，超出一定范围，那么就难以相信机器工作是正常的，明智的做法是先否定原先的假设 H_0.

对于例 2 来说，若预先作出这批处理元件的次品率为 $P = P_0 = 10\%$ 的假设，那么由于在试验次数增大时，随机事件的频率将以概率为稳定值，所以可以用样本的频率与 P_0 差异的大小去检验这个假设正确与否.

对于例 3，若设两个样本的总体分别为 $N(\mu_1, \sigma_1^2)$ 和 $N(\mu_2, \sigma_2^2)$，且有 $\sigma_1^2 = \sigma_2^2$，于是可先假设 $\mu_1 = \mu_2$，并利用 $\overline{X}_1$ 与 $\overline{X}_2$ 的差异来检验 H_0 是否成立.

由此可见，虽然上述问题的提法各不相同，但是都可以归纳为对总体作出某种假设，然后用样本来检验该假设是否成立. 这类问题一般称为**假设检验问题**.

2. 假设检验的基本思想

为了解决例 1 提出的假设检验问题，根据所要求的可靠程度，确定出机器正常工作时 $\overline{X}$ 与 μ_0 之间允许的最大差异量 k. 这样，当 $|\overline{X} - \mu_0| \leqslant k$ 时，我们便接受假设 H_0，认为机器工作正常；而当 $|\overline{X} - \mu_0| > k$ 时，则拒绝 H_0，认为机器工作不正常. 一般地，如果检验原假设 $H_0: \mu = \mu_0$，那么称接受 H_0 的 $\overline{X}$ 的取值范围为**接受域**，称拒绝 H_0 的 $\overline{X}$ 的取值范围为**拒绝域**，其边界点称为**临界点**. 现在的问题是如何根据可靠程度的要求确定常数 k.

由参数的区间估计，可知 μ 落在区间 $\left(\overline{X} - u_{\frac{\alpha}{2}} \dfrac{\sigma}{\sqrt{n}}, \overline{X} + u_{\frac{\alpha}{2}} \dfrac{\sigma}{\sqrt{n}}\right)$ 的概率为 $1 - \alpha$. 如果 H_0 成立（即 $\mu = \mu_0$），则 μ_0 落在这个区间里的概率也为 $1 - \alpha$，或者说 μ 落在这个区间之外的概率是 α. 令 $u_{\frac{\alpha}{2}} \dfrac{\sigma}{\sqrt{n}} = k$，于是出现 $|\overline{X} - \mu_0| > k$ 的概率为 α. 当 α 很小时，$|\overline{X} - \mu_0| > k$ 是一个小概率事件.

由概率论可知，概率很小的事件在一次试验中几乎是不会出现的. 例如，假设一百件产品中只有一件次品，从中任取一件产品，一般来说总会取得正品. 如果任取一件产品，就查到了次品，就很难相信原来的假设"一百件产品中只有一件次品"，从而否定该假设. 也许有人会说，尽管一次就查到次品的概率很小，但仍然有这种可能性，如果因此而否定原来的假设，是否会犯错误呢？这当然可能，即原假设是对的，而我们却否定了它，但是犯这种错误的可能性很小. 因为判断的可靠程度能达到 99%，只有 1%的可能判断错误，如果不否定原来的假设，也许犯错误的可能性更大，即这一百件产品中有多于一件的次品，而我们却误认为只有一件次品. 因此，我们宁愿作出否定假设的结论. 这一思想就是假设检验的基本思想.

如果根据所作的假设 H_0，预计事件 A 出现的概率很小，但在一次试验中，事件 A 居然发生了，那么可以认为 H_0 是不正确的，从而否定 H_0. 这一原理就是小概率原理.

假设检验的基本思想就是利用小概率原理进行反证的推理思想.

至于什么算是"概率很小"，在检验之前都事先指定，比如概率为 0.10，0.05，0.01 等，一般记作 α. α 是一个事先指定的小的正数，称为**显著性水平或检验水平**.

假设检验的基本步骤：

(1)根据实际问题提出假设 H_0，即说明需要检验的假设 H_0 的具体内容；

(2)选取适当的统计量，并在假设 H_0 成立的条件下确定该统计量的分布；

(3)按问题的具体要求，选取适当的显著性水平 α，并根据统计量的分布查表，确定对应于 α 的临界值；

(4)根据样本观测值计算统计量的值，并与临界值比较，从而对拒绝或接受假设 H_0 作出判断.

3. 统计结论的两类错误

采用统计假设检验方法，其目的只是作出有一定可靠程度的判断，因此在实际运用中，难免会作出错误的判断.

(1)假设 H_0 实际上是正确的，但我们却错误地拒绝了它，这是犯了"弃真"的错误，通常称为**第一类错误**. 由于仅当小概率事件 A 发生时才否定 H_0，所以犯第一类错误的概率 α 就等于条件概率 $P(A|H_0)$.

(2)假设 H_0 实际上是不正确的，但我们却错误地接受了它，这是犯了"取伪"的错误，通常称为**第二类错误**，犯第二类错误的概率记为 β.

我们希望犯这两类错误的概率越小越好. 但是，在样本容量确定以后，犯两类错误的概率不可能同时减小，往往减小其中一个，就会使另一个增大. 在上例中，我们确定的拒绝域为：$|\overline{X}-\mu_0|>u_{\frac{\alpha}{2}}\frac{\sigma}{\sqrt{n}}$，当我们减小 α 时，实际上是缩小拒绝域，而扩大了接受域，这样势必增加了"取伪"的机会. 为了要同时减小 α 和 β，只有增大样本容量 n. 但是增大样本容量往往会增加花费，因此，在实际应用可以对犯两类错误可能造成的损失和增大样本容量所增加的花费加以比较，来选择适当的 α、β 和 n 的值.

4. U-检验法(正态检验法)

(1)单正态总体均值的假设检验问题

设$(X_1,X_2,\cdots,X_n)$是来自正态总体 $X\sim N(\mu,\sigma^2)$的一个样本，因样本均值 $\overline{X}\sim$

$N(\mu,\frac{\sigma^2}{n})$，所以$\frac{\overline{X}-\mu}{\sigma/\sqrt{n}}\sim N(0,1)$. 因此得到关于方差已知的正态总体均值$\mu$的检验步骤：

①提出待检假设$H_0:\mu=\mu_0$；

②选取样本$(X_1,X_2,\cdots,X_n)$的统计量

$$U=\frac{\overline{X}-\mu_0}{\sigma/\sqrt{n}}$$

在H_0成立的条件下$U\sim N(0,1)$；

③根据给定的检验水平α，查表确定临界值$u_{\frac{\alpha}{2}}$，使得

$$P\{|U|>u_{\frac{\alpha}{2}}\}=\alpha$$

$u_{\frac{\alpha}{2}}$可通过查标准正态分布函数表得到，如$\alpha=0.05$，$\Phi_0(u_{\frac{\alpha}{2}})=1-\frac{\alpha}{2}=0.975$，$u_{\frac{\alpha}{2}}=1.96$；

④根据样本观测值计算统计量U的值. 若$|U|>u_{\frac{\alpha}{2}}$，则否定假设H_0，若$|U|\leqslant u_{\frac{\alpha}{2}}$，则接受假设$H_0$.

这种方法称为**U-检验法**.

例 4 假设某厂生产的一种钢索的断裂强度$X\sim N(\mu,40^2)$（单位：kg/cm^2），从中选取一个容量为9的样本，经计算得平均断裂强度为780 kg/cm^2，能否据此样本认为这批钢索的断裂强度为800 kg/cm^2（$\alpha=0.05$）？

解 根据例题中所给的条件，可知这是一个正态总体方差已知，对总体均值μ是否等于800进行检验的问题. 所以采用U-检验法.

①$H_0:\mu=800$；

②作统计量：$U=\frac{\overline{X}-800}{40/\sqrt{9}}\sim N(0,1)$；

③由$\alpha=0.05$，查表得$u_{0.025}=1.96$，使得

$$P\{|U|>1.96\}=0.05$$

④根据样本值，计算得到$\overline{x}=780$，所以

$$|u|=\left|\frac{780-800}{40/3}\right|=1.5<1.96$$

故接受H_0，即认为这批钢索的平均断裂强度为800 kg/cm^2（$\alpha=0.05$）.

例 5 某一化肥厂采用自动流水生产线，装袋记录表明，实际包重X服从正态分布$N(100,2^2)$. 打包机必须定期进行检查，确定机器是否需要调整，以确保所打的包不致过轻或过重. 现随机抽取9包，测得平均包重为102（单位：kg），若要求完好率为95%，问机器是否需要调整？

解 假设$H_0:\mu=100$.

作统计量

$$U=\frac{\overline{X}-100}{2/\sqrt{9}}\sim N(0,1)$$

因为

$$\alpha=0.05$$

所以

$$u_{\frac{\alpha}{2}}=1.96$$

于是

$$|u|=\left|\frac{102-100}{2/\sqrt{9}}\right|=3>1.96$$

故拒绝 H_0,即认为机器需要调整.

(2)双正态总体均值的假设检验问题

设$(X_1,X_2,\cdots,X_{n_1})$是来自正态总体 $X\sim N(\mu_1,\sigma_1^2)$的一个样本;$(Y_1,Y_2,\cdots,Y_{n_2})$是来自正态总体 $Y\sim N(\mu_2,\sigma_2^2)$的一个样本,且 X 与 Y 相互独立.记

$$\overline{X}=\frac{1}{n_1}\sum_{i=1}^{n_1}X_i,\overline{Y}=\frac{1}{n_2}\sum_{i=1}^{n_2}Y_i$$

$$S_1^2=\frac{1}{n_1-1}\sum_{i=1}^{n_1}(X_i-\overline{X})^2$$

$$S_2^2=\frac{1}{n_2-1}\sum_{i=1}^{n_2}(Y_i-\overline{Y})^2$$

若已知 σ_1^2、σ_2^2,检验假设 $H_0:\mu_1=\mu_2$.

要检验 μ_1 与 μ_2 的差异大小,自然要考虑样本均值 $\overline{X}-\overline{Y}$,若这个差数的绝对值很大,则 $\mu_1=\mu_2$ 就不大可能.因 $\overline{X}-\overline{Y}$ 服从均值为 $\mu_1-\mu_2$ 和方差为$\frac{\sigma_1^2}{n_1}+\frac{\sigma_2^2}{n_2}$的正态分布,即 $\overline{X}-\overline{Y}\sim N\left(\mu_1-\mu_2,\frac{\sigma_1^2}{n_1}+\frac{\sigma_2^2}{n_2}\right)$,将其标准化,得

$$\frac{\overline{X}-\overline{Y}-(\mu_1-\mu_2)}{\sqrt{\frac{\sigma_1^2}{n_1}+\frac{\sigma_2^2}{n_2}}}\sim N(0,1)$$

选取统计量

$$U=\frac{\overline{X}-\overline{Y}}{\sqrt{\frac{\sigma_1^2}{n_1}+\frac{\sigma_2^2}{n_2}}}$$

在 $H_0:\mu_1=\mu_2$ 成立的条件下,$U\sim N(0,1)$.

对于给定的检验水平 α,反查标准正态分布表得 $u_{\frac{\alpha}{2}}$,使得

$$P\{|U|>u_{\frac{\alpha}{2}}\}=\alpha$$

根据样本观测值计算 U,若$|U|>u_{\frac{\alpha}{2}}$,则拒绝假设 H_0;若$|U|\leqslant u_{\frac{\alpha}{2}}$,则接受假设 H_0.

例 6 某公司从甲、乙两灯泡厂购买灯泡,平日灯泡寿命服从正态分布.寿命的标准差:甲厂为 80 小时,乙厂为 94 小时.现从两厂各抽取 50 个灯泡测得平均寿命:甲厂为 1282 小时,乙厂为 1231 小时.能否判断两厂灯泡的平均寿命存在显著差异($\alpha=0.05$)?

解:假设 $H_0:\mu_1=\mu_2$.

对给定的显著性水平($\alpha=0.05$),查表得 $u_{\frac{\alpha}{2}}=1.96$,由样本观测值知

$$\overline{x}=1282,\overline{y}=1231,\sigma_1^2=80^2,\sigma_2^2=94^2$$

于是

$$|u|=\frac{|1282-1231|}{\sqrt{\frac{80^2+94^2}{50}}}=2.92>1.96$$

因此拒绝 H_0.进一步可以推断 $\mu_1>\mu_2$,即甲厂灯泡质量优于乙厂.

5. t-检验法

使用 U-**检验法**时总体方差 σ^2 必须已知,而在实际问题中,σ^2 常常是未知的.为此,统计量中的 σ^2 必须考虑用其估计值 S^2 来代替.如果是在大样本情况下作这一替代,那么统计量仍近似服从标准正态分布.对于小样本,也用 S^2 代替 σ^2 就不妥当了.现在介绍一种适用于正态总体的小样本检验方法——t-**检验法**.它同样可以检验正态总体均值 μ 是否等于(或大于,或小于)μ_0,也可以检验两个正态总体均值 μ_1、μ_2 是否相等.

(1)单正态总体均值的假设检验问题

设$(X_1,X_2,\cdots,X_n)$是来自正态总体 $X\sim N(\mu,\sigma^2)$ 的一个样本,其中 σ^2 未知,用样本方差 $S^2=\frac{1}{n-1}\sum\limits_{i=1}^{n}(X_i-\overline{X})^2$ 代替 σ^2,则有 $\frac{\overline{X}-\mu_0}{S/\sqrt{n}}\sim t(n-1)$.所以,关于未知方差的一个正态总体均值 μ 的假设检验步骤为:

①建立待检验假设 $H_0:\mu=\mu_0$;

②选取样本$(X_1,X_2,\cdots,X_n)$的统计量

$$t=\frac{\overline{X}-\mu_0}{S/\sqrt{n}}$$

在 H_0 成立的条件下,t 服从自由度为 $n-1$ 的 t 分布;

③对于给定的检验水平 α,查 t 分布表确定临界值 $t_{\frac{\alpha}{2}}$,使得

$$P\{|t|>t_{\frac{\alpha}{2}}\}=\alpha$$

④根据样本观测值计算统计量 t 的值.若$|t|>t_{\frac{\alpha}{2}}$,则拒绝假设 H_0;若$|t|\leqslant t_{\frac{\alpha}{2}}$,则接受假设 H_0.

这种检验方法称为 t-**检验法**.

例 7 设某个计算公司所使用的现行系统运行每个程序的平均时间为 45 秒,今在一个新的系统中进行试验,试运行 9 个程序所需的时间如下(单位:秒):

30,37,42,35,36,40,47,48,45

由此数据能否断言:新系统能减少运行程序的平均时间.假设运行每个程序的时间服从正态分布.($\alpha=0.05$)

解 假设 $H_0:\mu=45$.

选取统计量 $t=\frac{\overline{X}-45}{S/\sqrt{9}}$,在 H_0 成立的条件下,$t\sim t(9-1)=t(8)$.

对于给定的 $\alpha=0.05$,查表得 $t_{0.025}(8)=2.306$.

根据样本观测值计算得 $\bar{x}=40, s=6.04$，于是

$$|t|=\left|\frac{40-45}{6.04/3}\right|=2.483>2.306$$

故否定 H_0，由于 $\bar{x}<45$，因此，可以认为新系统优于现行系统.

例 8 设某次考试的考生成绩服从正态分布，从中随机地抽了 36 位考生的成绩，算得平均成绩为 66.5 分，标准差为 15 分，问在显著性水平 0.05 下，是否可以认为这次考试全体考生的平均成绩为 70 分？并给出检验过程.

解 按题意，要检验的假设是

$$H_0: \mu=\mu_0=70$$

选取统计量

$$t=\frac{\overline{X}-70}{S/\sqrt{36}}$$

对于 $\alpha=0.05$，查表得

$$t_{0.025}(36-1)=2.0301$$

因为

$$|t|=\left|\frac{66.5-70}{15/\sqrt{36}}\right|=1.4<2.0301$$

所以在显著性水平 0.05 下接受假设 H_0，即可以认为这次考试全体考生的平均成绩为 70 分.

(2)双正态总体均值的假设检验问题

设有两个总体 $X \sim N(\mu_1, \sigma_1^2), Y \sim N(\mu_2, \sigma_2^2)$，$X$ 与 Y 相互独立，且 $\sigma_1^2=\sigma_2^2$，现分别从两个总体中各取一样本，容量分别为 n_1 和 n_2，样本均值为 $\overline{X}_1$ 和 $\overline{X}_2$，样本方差为 S_1^2 和 S_2^2，欲检验 μ_1 是否等于 μ_2，解决这一问题的步骤为：

①建立待检假设 $H_0: \mu_1=\mu_2$；

②选取样本的统计量

$$t=\frac{\overline{X}-\overline{Y}}{\sqrt{\frac{(n_1-1)S_1^2+(n_2-1)S_2^2}{n_1+n_2-2}} \cdot \sqrt{\frac{1}{n_1}+\frac{1}{n_2}}}$$

在 H_0 成立的条件下，$t \sim t(n_1+n_2-2)$；

③对于给定的检验水平 α，查 t 分布表可得临界值 $t_{\frac{\alpha}{2}}$，使得 $P\{|t|>t_{\frac{\alpha}{2}}\}=\alpha$；

④根据样本观测值计算 t 的值. 若 $|t|>t_{\frac{\alpha}{2}}$，则拒绝假设 H_0；若 $|t| \leqslant t_{\frac{\alpha}{2}}$，则接受假设 H_0. 特别当 $n_1=n_2=n$ 时

$$t=\frac{\overline{X}-\overline{Y}}{\sqrt{\frac{S_1^2+S_2^2}{n}}}$$

例 9 从两煤矿各抽样数次，分析其含灰率(%)如下：

甲矿:24.3,20.8,23.7,21.3,17.4

乙矿:18.2,16.9,20.2,16.7

假定两煤矿含灰率都服从正态分布,且方差相等,问甲、乙两煤矿煤的含灰率有无显著差异($\alpha=0.05$)?

解 假设 $H_0:\mu_1=\mu_2$.

选取统计量

$$t=\frac{\overline{X}-\overline{Y}}{\sqrt{\frac{(n_1-1)S_1^2+(n_2-1)S_2^2}{n_1+n_2-2}}\cdot\sqrt{\frac{1}{n_1}+\frac{1}{n_2}}}$$

在 H_0 成立的条件下,$t\sim t(n_1+n_2-2)$.

对于给定的 $\alpha=0.05$,查自由度为 $n_1+n_2-2=7$ 的 t 分布表,得 $t_{0.025}(7)=2.365$.

根据样本观测值计算得,$\overline{x}=21.5$,$\overline{y}=18$,$(n_1-1)s_1^2=30.02$,$(n_2-1)s_2^2=7.78$,于是

$$|t|=\left|\frac{21.5-18}{\sqrt{\frac{30.02+7.78}{7}}\times\sqrt{\frac{1}{5}+\frac{1}{4}}}\right|=2.245<2.365$$

因而认为两矿煤的含灰率无显著差异.

6. χ^2-检验法

(1)总体均值 μ 未知,检验假设 $H_0:\sigma^2=\sigma_0^2$(σ_0^2 为已知)

设$(X_1,X_2,\cdots,X_n)$是来自正态总体 $X\sim N(\mu,\sigma^2)$的一个样本,其中 μ 未知,因为 $\frac{(n-1)S^2}{\sigma^2}\sim\chi^2(n-1)$,所以关于未知期望的正态总体方差的假设检验步骤为:

①建立待检假设 $H_0:\sigma^2=\sigma_0^2$;

②选取样本$(X_1,X_2,\cdots,X_n)$的统计量

$$\chi^2=\frac{(n-1)S^2}{\sigma^2}$$

在 H_0 成立的条件下,它服从具有 $n-1$ 个自由度的 χ^2 分布;

③对于给定的检验水平 α,查 χ^2 分布表确定临界值 $\chi^2_{\frac{\alpha}{2}}(n-1)$及 $\chi^2_{1-\frac{\alpha}{2}}(n-1)$,满足:

$$P\{\chi^2>\chi^2_{\frac{\alpha}{2}}\}=P\{0<\chi^2<\chi^2_{1-\frac{\alpha}{2}}\}=\frac{\alpha}{2}$$

④根据样本观测值计算 χ^2 的值.若 $\chi^2>\chi^2_{\frac{\alpha}{2}}$ 或 $\chi^2<\chi^2_{1-\frac{\alpha}{2}}$,则拒绝假设 H_0;若 $\chi^2_{1-\frac{\alpha}{2}}\leqslant\chi^2\leqslant\chi^2_{\frac{\alpha}{2}}$,则接受假设 H_0.

这种检验法称为 χ^2-**检验法**.

例 10 某炼铁厂的铁水含碳量 X 在正常情况下服从正态分布,现对操作工艺进行了某些改进,从中抽取了 5 炉铁水,测得含碳量数据如下:

4.420,4.052,4.357,4.287,4.683

据此,是否可以认为新工艺炼出的铁水含碳量的方差仍为 0.108^2($\alpha=0.05$)?

解　假设 $H_0: \sigma^2=\sigma_0^2=0.108^2$.

选取 $\chi^2=\dfrac{(n-1)S^2}{0.108^2}$，对于 $\alpha=0.05$，查自由度为 $n-1=4$ 的 χ^2 分布表得

$$\chi^2_{0.025}(4)=11.1, \chi^2_{0.975}(4)=0.484$$

由样本观测值计算得 $s^2=0.0520$，于是

$$\chi^2=\frac{(5-1)\times 0.0520}{0.108^2}=17.836>11.1$$

所以拒绝原假设 H_0，即不能认为新工艺炼出的铁水含碳量的方差仍为 0.108^2.

(2)总体均值 μ 未知，检验假设 $H_0: \sigma^2 \leqslant \sigma_0^2$（$\sigma_0^2$ 为已知）

设 $(X_1, X_2, \cdots, X_n)$ 是来自正态总体 $X\sim N(\mu, \sigma^2)$ 的一个样本，$\chi_0^2=\dfrac{(n-1)S^2}{\sigma^2}\sim \chi^2(n-1)$. 对于给定的 α，可以查表确定临界值 χ^2_α，使得

$$P\{\chi_0^2 \geqslant \chi^2_\alpha\}=\alpha$$

由于 χ_0^2 中含有未知参数 σ^2，不能由样本观测值计算出 χ_0^2 的值. 由假设 $\sigma^2 \leqslant \sigma_0^2$，得

$$\frac{(n-1)S^2}{\sigma_0^2} \leqslant \frac{(n-1)S^2}{\sigma^2}$$

选取样本 $(X_1, X_2, \cdots, X_n)$ 的统计量 $\chi^2=\dfrac{(n-1)S^2}{\sigma_0^2}$，有

$$\chi^2 \leqslant \chi_0^2$$

因此
$$P\{\chi^2 \geqslant \chi^2_\alpha\} \leqslant P\{\chi_0^2 \geqslant \chi^2_\alpha\}=\alpha$$

这说明事件 $\{\chi^2 \geqslant \chi^2_\alpha\}$ 更是一个"小概率事件". 根据样本观测值计算 χ^2 的值，如果 $\chi^2 \geqslant \chi^2_\alpha$，则应该拒绝 H_0.

例 11　公司从生产商处购买牛奶. 公司怀疑生产商在牛奶中掺水以谋利. 通过测定牛奶的冰点，可以检验出牛奶是否掺水. 天然牛奶的冰点温度近似服从正态分布，均值 $\mu_0=-0.545$℃，标准差 $\sigma=0.008$℃. 牛奶掺水可使冰点温度升高而接近于水的冰点温度(0℃)，测得生产商提交的 5 批牛奶的冰点温度，其均值为 -0.535℃，问是否可以认为生产商在牛奶中掺了水？取 $\alpha=0.05$.

解　(1)按题意需检验假设

$$H_0: \mu \leqslant \mu_0=-0.545 \text{（即设牛奶未掺水）}$$
$$H_1: \mu > \mu_0=-0.545 \text{（即设牛奶已掺水）}$$

(2)在原假设 H_0 成立条件下，作统计量

$$U=\frac{\overline{X}-\mu_0}{\dfrac{\sigma}{\sqrt{n}}}\sim N(0,1)$$

(3)由 $\alpha=0.05$，查表得 $u_{0.05}=1.645$，使得

$$P\{U>1.645\}=0.05$$

(4)根据样本值得

$$u=\frac{-0.535-(-0.545)}{0.008/\sqrt{5}}=2.7951(>1.645)$$

故拒绝 H_0,即认为牛奶商在牛奶中掺了水.

自测题

1. 汽车轮胎厂制造的轮胎使用寿命服从均值 $\mu=50000$ km,标准差为 $\sigma=4000$ km 的正态分布,现在改变配方,重新生产一种轮胎,若随机抽出 16 个轮胎进行检验,得其平均寿命为 52000 km,那么新产品的寿命比旧产品的寿命是否明显增长?($\alpha=0.05$)

2. 由于工业排水引起附近水质污染,测得鱼的蛋白质中含汞的浓度(单位:ppm)为

0.37,0.266,0.135,0,095,0.101,0.213,0.228,0.167,0.766,0.054

从过去大量的资料判断,鱼的蛋白质中含汞的浓度服从正态分布,并且从工艺过程分析可以推算出理论上的浓度应为 0.1,问从这组数据来看,实测值与理论值是否符合?($\alpha=0.05$)

3. 用包装机包装某种洗衣粉,在正常情况下每袋重量为 1000 克,标准差 σ 不能超过 15 克,假设每袋洗衣粉净重服从正态分布.某天检验机器工作状况,随机抽取已装好的 10 袋洗衣粉,测得净重(单位:克)的样本均值为 $\overline{x}=998$,样本方差为 $s^2=30.23^2$,问这天机器工作是否正常($\alpha=0.05$)?

习题 2.1.6

1. 糖厂用自动打包机打包,每包标准重量为 100 千克.每天开工后需要检查一次打包机工作是否正常,即检查打包机是否有系统偏差.某日开工后测得 9 包糖的重量(单位:kg)如下:

99.3,98.7,100.5,101.2,98.3,99.7,99.5,102.1,100.5

问打包机工作是否正常?($\alpha=0.05$;已知包重服从正态分布 $X\sim N(\mu,\sigma^2)$,且 $\sigma^2=1$).

2. 正常人的脉搏平均为 72 次/分,某医生测得 10 例慢性四乙基铅中毒者的脉搏(次/分)如下:

54,67,68,78,70,66,67,70,65,69

问四乙基铅中毒者和正常人的脉搏有无显著性差异?(已知四乙基铅中毒者的脉搏服从正态分布;$\alpha=0.05$).

3. 用热敏电阻测温仪间接测量地热勘探井底温度,重复测量 7 次,测得温度(单位:℃)为:112.0,113.4,111.2,112.0,114.5,112.9,113.6.而用某精确办法测得温度为 112.6℃(可看作温度真值).试问用热敏电阻测温仪间接测量地热勘探井底温度有无系统偏差?($\alpha=0.05$)

4. 检查了 26 匹马,测得每 100 毫升的血清中,所含的无机磷平均为 3.29 毫升,标准差为 0.27 毫升.又检查了 18 头羊,每 100 毫升的血清中含无机磷平均为 3.96 毫升,标准差为 0.40 毫升,试以 0.05 的显著性水平,检验马与羊的血清中含无机磷的量是否有显著

性差异？

5. 某种导线，要求其电阻的标准差不得超过 0.005 Ω. 现从生产的一批导线中抽取样品 9 根，测得 $s=0.007$ Ω. 设总体服从正态分布，问在显著性水平 $\alpha=0.05$ 下能认为这批导线的标准差显著地偏大吗？

6. 机床厂某日从两台机床所加工的同一种零件中，分别抽取若干个样品，测量零件尺寸如下(单位：毫米)：

第一台机床：6.2，5.7，6.5，6.0，6.3，5.8，5.7，6.0，6.0，5.8，6.0；

第二台机床：5.6，5.9，5.6，5.7，5.8，6.0，5.5，5.7，5.5.

问这两台机床的加工精度是否有显著性差异？($\alpha=0.05$)

数学史话

从算术平均到正态分布

伟大的天文学家伽利略(G·Galileo，1564—1642)可能是第一个在其著作中提出随机误差这个概念的学者. 他在 1632 年出版的著作《关于托勒密和哥白尼两大世界系统的对话》中描述了观测误差的性质：

(1)所有观测值都可以有误差，其来源可归因于观测者、仪器工具以及观测条件；

(2)观测误差对称地分布在 0 的两侧；

(3)小误差出现得比大误差更频繁.

辛普森(Thomas Simpson，1710—1761)是一个自学数学成才的人，青年时曾沉迷于星相学，这使得他对天文学和数学感兴趣. 在 1755 年，他作为英国皇家军事学院的教授和皇家学会的会员给一位勋爵写了一封信，题为《在应用天文学中取若干观察值的平均的好处》，他在信中指出，在天文学界，取算术平均的做法并没有为多数人所接受. 他表示打算用数学方法证明取平均的做法有更大的可信度. 而当时人们普遍认为，当有多个观测值时，应选择其中"谨慎地观测"所得的值，他设计了一个简单的观测误差 e 的分布：

e	-5	-4	-3	-2	-1	0	1	2	3	4	5
P	$\frac{1}{36}$	$\frac{2}{36}$	$\frac{3}{36}$	$\frac{4}{36}$	$\frac{5}{36}$	$\frac{6}{36}$	$\frac{5}{36}$	$\frac{4}{36}$	$\frac{3}{36}$	$\frac{2}{36}$	$\frac{1}{36}$

如果观测 6 次，得 6 个观察误差 $e_1,e_2,\cdots,e_6$，其算术平均值为 $\bar{e}=\frac{1}{6}(e_1+e_2+\cdots+e_6)$，经计算得

$$P\{|\bar{e}|\leqslant 1\}=0.725,\ P\{|e_i|\leqslant 1\}=0.444$$

$$P\{|\bar{e}|\leqslant 2\}=0.967,\ P\{|e_i|\leqslant 2\}=0.667$$

这使他成为首次在特定情况下严格地从概率的角度证明算术平均值优良性的人.

与辛普森研究方法类似的还有大数学家拉格朗日(J. L. Lagrange，1736—1813)，他在 1776 年发表了一篇题为《关于取平均方法的有用性》的论文，用更多的分布例子验证了平均值的优越性.

对这个问题付出精力最多的要算著名数学家拉普拉斯(P. S. Laplace，1749—1827)，

他的研究范围已突破了证明平均值优良性的局限，并开始向寻求一个好的误差分布挺进，他通过对类似伽利略所作误差的假设进行数学描述，推导出误差分布的密度函数为

$$f(x)=\frac{m}{2}e^{-m|x|}\quad(-\infty<x<+\infty)$$

这距大家所熟悉的正态分布已仅一步之遥了，然而烦琐的数学表达式阻碍了他的研究进展，眼睁睁地看着高斯摘取了正态分布的"誉名权".

1809 年高斯(Garl Friedrich Gauss，1777—1855)发表了其数学和天体力学的名著《绕日天体运动的理论》，在此书中他采取"倒叙"的手法，先承认算术平均值 $\overline{x}$ 是应取的估计，然后证明当误差分布密度函数为

$$f(x)=\frac{1}{\sqrt{2\pi}\sigma}e^{-\frac{(x-\mu)^2}{2\sigma^2}}$$

时，被测量值 σ 的估计就是 $\overline{X}$，于是成为概率统计学科标志的正态分布诞生了.

第二部分 数学模型与应用

内容提要

概率论与数理统计知识在经济管理中应用极广.本部分主要介绍利用第一部分概率论与数理统计的基本知识来建立实际问题中的两个数学模型:风险型决策数学模型与一元线性回归分析数学模型.

预备知识

概率论知识、数理统计的基本知识.

学习目标

1.了解风险型决策数学模型的建立背景,会解决简单的有关问题;

2.了解一元线性回归分析数学模型的建立背景,会解决简单的实际问题.

2.2.1 风险型决策数学模型

风险型决策是指在不确定情况下的决策.这是企业经营中会大量碰到的决策问题.决策者对未来情况无法做出肯定的判断,但是可以预测不同自然状态发生的概率及在一定条件下的收益.它要求决策者对决策对象的自然状态和客观条件比较清楚,也有比较明确的决策目标,但是实现决策目标必须冒一定风险.在进行风险型决策时,每个备选方案都会遇到几种不同的可能情况,而且已知出现每一种情况的可能性有多大,即发生的概率有多大,在依据不同概率所拟定的多个决策方案中,选择一种方案,使其能达到最优期望效益.

风险型决策面临的自然状态是一种随机事件(即可能发生或不可能发生),其概率在0～1之间,是可以计算或估计出来的.一般通过比较不同方案的期望值来进行决策.

本节介绍风险型决策的两种数学模型,它们都是利用概率论中的数学期望的计算来解决经济管理中比较实用的风险型决策问题的.

先看下面的例子.

例1 (投资问题)某企业经过市场调查和预测得知,某新产品今后5年中在市场上的销售为畅销、一般、滞销的概率分别为0.3,0.5和0.2;为使该新产品投产,该企业有三种可供选择的行动方案:第一种方案是投资150万元新建一车间,按这种方案,市场畅销、一般和滞销三种情况下的利润情况分别为获利500万元、250万元和亏损50万元;第二种方案是投资60万元扩建原有车间,在这种方案下,市场畅销、一般和滞销三种情况下的利润情况分别为获利 350 万元、200 万元和 50 万元；第三种方案是利用原有车间，在这种方案下，市场畅销、一般和滞销三种情况下的利润情况分别为获利 200 万元、100 万元和 0 万元，问该企业确定哪一种决策方案能使 5 年中的利润最大.

分析以上问题可以发现，上述决策问题包括下列要素：

(1)自然状态：它描述了决策问题所处的各种状态. 如投资问题有三种自然状态，即产品畅销、一般和滞销；(2)行动方案：它是为解决决策问题，决策者可采取的行动. 如投资问题，决策者可采取的行动方案有三种，即新建车间、扩建车间和利用原有车间；(3)状态概率：它描述自然状态发生的概率. 如畅销、一般、滞销的概率分别为 0.3，0.5 和 0.2. (4)后果：它是决策者采取了某一行动方案后可能获得的结果. 对于投资问题，若采取新建车间的方案，有三种后果，即产品畅销时获利 500 万元、销路一般时获利 250 万元和产品滞销时亏损 50 万元.

以上分析可以看出，在上述决策问题中，由于自然状态的不确定性，不论决策者采取什么样的行动方案，都可能产生多种不同的后果，即决策后果具有不确定性. 而决策者感兴趣的是最终的决策是否为最优化.

在风险决策过程中，决策者对所面临的决策环境不能完全地掌握，事件可能出现的状态不止一种，而是两种或两种以上. 但是，决策者对即将发生的各事件状态和后果的概率是已知的，这种情况下的决策要冒一定风险.

风险型决策问题通常有两种数学模型，一种是决策矩阵模型；另一种是决策树模型.

1. 决策矩阵模型

先给出一个例子，通过例子阐述决策矩阵模型.

例 2 某公司为了扩大市场，要举办一个产品展销会，会址打算从甲、乙、丙三地中选择. 获利情况除了与会址有关外，还与天气有关，天气分为晴、阴、多雨三种. 据气象台预报，三种天气可能发生的概率分别为 0.2，0.5，0.3，其收益情况见表 2-3，现要通过分析，确定会址，使收益最大.

表 2-3 收益情况表 单位：万元

自然状态 / 概率 / 收益 / 选址方案	天气情况		
	S_1(晴)	S_2(阴)	S_3(多雨)
	$p_1=0.2$	$p_2=0.5$	$p_3=0.3$
A_1(甲地)	4	5	1
A_2(乙地)	5	4	1.5
A_3(丙地)	6	3	1.2

在表 2-3 中，A_1，A_2，A_3 分别表示决策者可能采取的 3 个行动方案，它们彼此相互独立. 而 S_1(晴)，S_2(阴)，S_3(多雨)分别表示各个行动方案可能遇到的客观条件即自然状态. 对风险型决策问题，它们是随机变量，其发生的概率分别为 $p_1=0.2$，$p_2=0.5$，$p_3=0.3$. 由于发生这类事件的可能性既是相互排斥的，又是相互独立的，故有 $p_1+p_2+p_3=1$.

把每个行动方案看作随机变量，在第 i 个自然状态下的效益值看作随机变量的取值，其概率为自然状态出现的概率，把每个行动方案的数学期望计算出来，选择最优行动方案，这个方法称为**期望值准则法**. 如果决策目标是效益最大，则采用期望值最大的行动方案；如果决策目标是损益最小，则采用期望值最小的行动方案.

此题的决策目标是效益最大，所以计算出各行动方案的期望值，选择期望值最大的方案.

计算三种方案的期望值：

$$E(A_1)=4\times0.2+5\times0.5+1\times0.3=3.6(\text{万元})$$

$$E(A_2)=5\times0.2+4\times0.5+1.5\times0.3=3.45(\text{万元})$$

$$E(A_3)=6\times0.2+3\times0.5+1.2\times0.3=3.06(\text{万元})$$

显然 $E(A_1)$最大，所以采用方案 A_1 最优，即选择甲地举办展销会效益最大.

上述过程归纳成矩阵，见表 2-4.

表 2-4 决策矩阵表

自然状态 / 概率 / 收益 / 选址方案	天气情况			期望值
	S_1(晴)	S_2(阴)	S_3(多雨)	
	$p_1=0.2$	$p_2=0.5$	$p_3=0.3$	
A_1(甲地)	4	5	1	3.6
A_2(乙地)	5	4	1.5	3.45
A_3(丙地)	6	3	1.2	3.06
决策	最大值　$E(A_1)=3.6$(万元)			

在实际工作中，用此表来选取决策方案，简单明了.

一般地，风险决策问题可以用决策矩阵表来描述，见表 2-5.

表 2-5 决策矩阵表的一般形式

自然状态 / 概率 / 收益 / 行动方案	S_1	S_2	$\cdots$	S_j	$\cdots$	S_n	期望损益值
	p_1	p_2	$\cdots$	p_j	$\cdots$	p_n	
A_1	a_{11}	a_{12}	$\cdots$	a_{1j}	$\cdots$	a_{1n}	$E(A_1)$
A_2	a_{21}	a_{22}	$\cdots$	a_{2j}	$\cdots$	a_{2n}	$E(A_2)$
$\vdots$	$\vdots$	$\vdots$		$\vdots$		$\vdots$	$\vdots$
A_m	a_{m1}	a_{m2}	$\cdots$	a_{mj}	$\cdots$	a_{mn}	$E(A_m)$
决　策	$A_r=\max E(A_i)$或$A_r=\min E(A_i)$　$(i=1,2,\cdots,m)$						

在表 2-5 中，$A_1,A_2,\cdots,A_m$ 分别表示决策者可能采取的 m 个行动方案，它们彼此相互独立，$S_1,S_2,\cdots,S_n$ 分别表示各个行动方案可能遇到的客观条件即自然状态. 对风险决策问题，假定它们是随机变量，其发生的概率分别用 $p_1,p_2,\cdots,p_n$ 表示. 由于发生这类事件的可能性既是相互排斥的，又是相互独立的，故有 $p_1+p_2+\cdots+p_n=1$. 在自然状态 $S_1,S_2,\cdots,S_n$ 下，采用方案 $A_1,A_2,\cdots,A_m$ 的风险值为 a_{ij} $(i=1,2,\cdots,m;j=1,$

$2,\cdots,n$). 表中的主要部分是在各自然状态下决策者采取行动方案的后果，即期望值 $E(A_i)$. 比较各 $E(A_i)(i=1,2,\cdots,m)$，确定决策者采取的最优行动方案.

把所有期望损益值看作一个列矩阵，则

$$E(\boldsymbol{A})=\begin{pmatrix} E(A_1) \\ E(A_2) \\ \vdots \\ E(A_m) \end{pmatrix}$$

把自然状态概率用矩阵表示为

$$\boldsymbol{P}=\begin{pmatrix} p_1 \\ p_2 \\ \vdots \\ p_n \end{pmatrix}$$

所有方案的风险值 $a_{ij}(i=1,2,\cdots,m;j=1,2,\cdots,n)$ 用矩阵表示为

$$\boldsymbol{A}=\begin{pmatrix} a_{11} & a_{12} & \cdots & a_{1j} & \cdots & a_{1n} \\ a_{21} & a_{22} & \cdots & a_{2j} & \cdots & a_{2n} \\ \vdots & \vdots & & \vdots & & \vdots \\ a_{m1} & a_{m2} & \cdots & a_{mj} & \cdots & a_{mn} \end{pmatrix}$$

把矩阵 $\boldsymbol{A}$ 与矩阵 $\boldsymbol{P}$ 相乘，得

$$\boldsymbol{AP}=\begin{pmatrix} a_{11} & a_{12} & \cdots & a_{1j} & \cdots & a_{1n} \\ a_{21} & a_{22} & \cdots & a_{2j} & \cdots & a_{2n} \\ \vdots & \vdots & & \vdots & & \vdots \\ a_{m1} & a_{m2} & \cdots & a_{mj} & \cdots & a_{mn} \end{pmatrix}\begin{pmatrix} p_1 \\ p_2 \\ \vdots \\ p_n \end{pmatrix}$$

$$=\begin{pmatrix} \sum_{j=1}^{n} a_{1j}p_j \\ \sum_{j=1}^{n} a_{2j}p_j \\ \vdots \\ \sum_{j=1}^{n} a_{mj}p_j \end{pmatrix}=\begin{pmatrix} E(A_1) \\ E(A_2) \\ \vdots \\ E(A_m) \end{pmatrix}$$

即以上三者的关系为

$$E(\boldsymbol{A})=\boldsymbol{AP}$$

当决策目标是收益时，应选择期望值最大的方案为最优方案，即 $A_r=\max E(A_i)$；当决策目标是损失时，应选择期望值最小的方案为最优方案，即 $A_r=\min E(A_i)$.

上述期望值可由矩阵的乘法运算得到，故这种风险型决策模型称为**矩阵决策模型**.

例 3 用决策矩阵法确定例 1 中哪一种行动方案较为合适.

解 由于

$$A=\begin{pmatrix}500 & 250 & -50\\350 & 200 & 50\\200 & 100 & 0\end{pmatrix},P=\begin{pmatrix}0.3\\0.5\\0.2\end{pmatrix}$$

所以

$$E(A)=AP=\begin{pmatrix}500 & 250 & -50\\350 & 200 & 50\\200 & 100 & 0\end{pmatrix}\begin{pmatrix}0.3\\0.5\\0.2\end{pmatrix}=\begin{pmatrix}265\\215\\110\end{pmatrix}$$

建立决策矩阵表，见表 2-6.

表 2-6　　决策矩阵表　　单位：万元

自然状态 / 概率 / 收益 / 行动方案	市场情况			期望值
	S_1(畅销)	S_2(一般)	S_3(滞销)	
	$p_1=0.3$	$p_2=0.5$	$p_3=0.2$	
A_1(投资 150 万元)	500	250	−50	265
A_2(投资 60 万元)	350	200	50	215
A_3(原有生产设备)	200	100	0	110

决策矩阵表的期望值要减去投资额，得到纯收益.

投资 150 万元新建车间的纯收益为 265−150=115(万元)；

投资 60 万元扩建原有车间的纯收益为 215−60=155(万元)；

利用原有生产设备的纯收益为 110(万元).

可以看出，投资 60 万元扩建原有车间的纯收益为 155 万元，比其他两种方案的利润高，所以选择扩建原有车间的方案比较合适.

2. 决策树模型

决策树模型是风险决策问题的一种直观的图示法. 因为图的形状像树，所以被称为**决策树**. 当所要决策问题只需进行一次决策就可解决，叫作**单阶段决策问题**；如果问题比较复杂，要进行一系列的决策才能解决，就叫作**多阶段决策问题**. 多阶段决策问题采用决策树决策方法比较直观容易. 与决策矩阵法相比，决策树法有许多优点. 如决策矩阵法只能表示单极决策问题，且要求所有行动方案所面对的自然状态完全一致. 当利用决策树法时，决策矩阵法的缺点均能被克服，同时决策树法还方便简捷、层次清楚，能形象地显示出决策过程.

决策树的结构如图 2-18 所示. 图中的方块代表决策节点，通常用 R 表示. 从它引出的分枝叫作方案分枝. 每条分枝代表一个方案，分枝数就是可能的方案数. 圆圈代表方案的节点，从它引出概率分枝，每条概率分枝上标明了自然状态及其发生的概率. 概率分枝数反映了该方案面对的可能的状态数. 末端的三角形叫作结果结点，注有各方案在相应状态下的结果值.

应用决策树来做决策的过程，是从右向左逐步后退进行分析. 根据右端的损益值和概率分枝的概率，计算出期望值的大小，确定方案的期望结果，然后根据不同方案的期望结果做出选择. 方案的舍弃叫作修枝，被舍弃的方案用"‖"的记号来表示，最后的决策点留

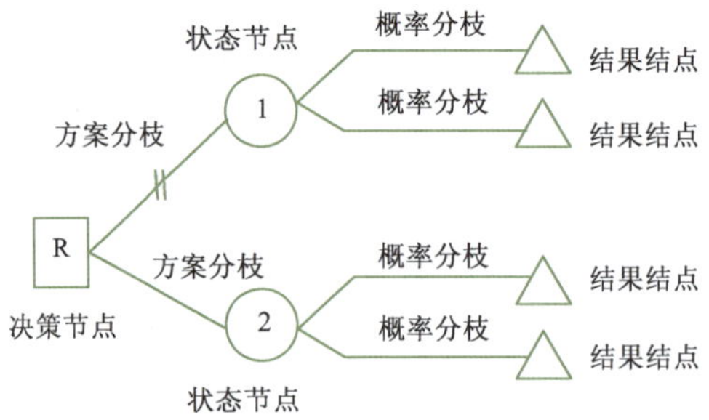

图 2-18

下一条树枝,即为最优方案.

例 4 某企业生产某种产品,生产出来后产品畅销的概率为 0.7,产品滞销的概率为 0.3.现有两种方案:(1)扩大工厂的规模.如果产品畅销可盈利 600 万元,滞销则亏损 200 万元;(2)不改变工厂规模.如果产品畅销可盈利 400 万元,滞销则盈利 100 万元.试问哪一种方案较好?

解 (1)按决策过程画出决策树,如图 2-19 所示.

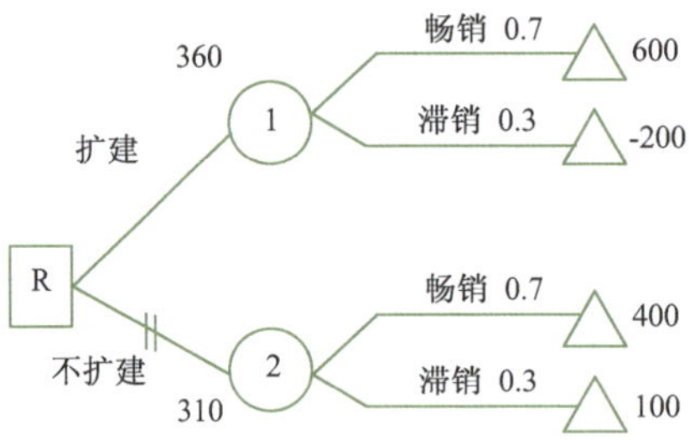

图 2-19

(2)计算各节点的期望损益值:

节点①:$600\times0.7+(-200)\times0.3=360$;

节点②:$400\times0.7+100\times0.3=310$.

(3)进行决策.通过节点值的比较,得到 $360>310$,即节点①的值大于节点②的值,所以应该将节点②剪掉,采用扩建厂房的方案.

例 5 某企业为提高其产品在市场上的竞争力,现拟定三种改革方案:(1)公司组织技术人员逐步改进技术,使用期是 10 年;(2)购买先进技术,这样前期投入相对较大,使用期是 10 年;(3)前四年先组织技术人员逐步改进,四年后再决定是否需要购买先进技术,四年后买入技术相对第一年便宜一些,收益与前四年一样.预计该种产品前四年畅销的概率为 0.7,滞销的概率为 0.3.如果前四年畅销,后六年畅销的概率为 0.9;若前四年滞销,后六年滞销的概率为 0.1.相关的收益数据见表 2-7.

(1)画出决策树;

(2)计算各节点的期望值,并做出最优决策.

表 2-7　　　　投资收益表　　　　单位:万元

方案	投资额		每年收益			
			前四年		后六年	
	第一年	四年后	畅销	滞销	畅销	滞销
(1)	200	0	80	20	80	20
(2)	500	0	200	−30	200	−30
(3)	100	200	80	20	80	20

解　(1)画出决策树如图 2-20 所示. R 为总决策,R_1 为二级决策.

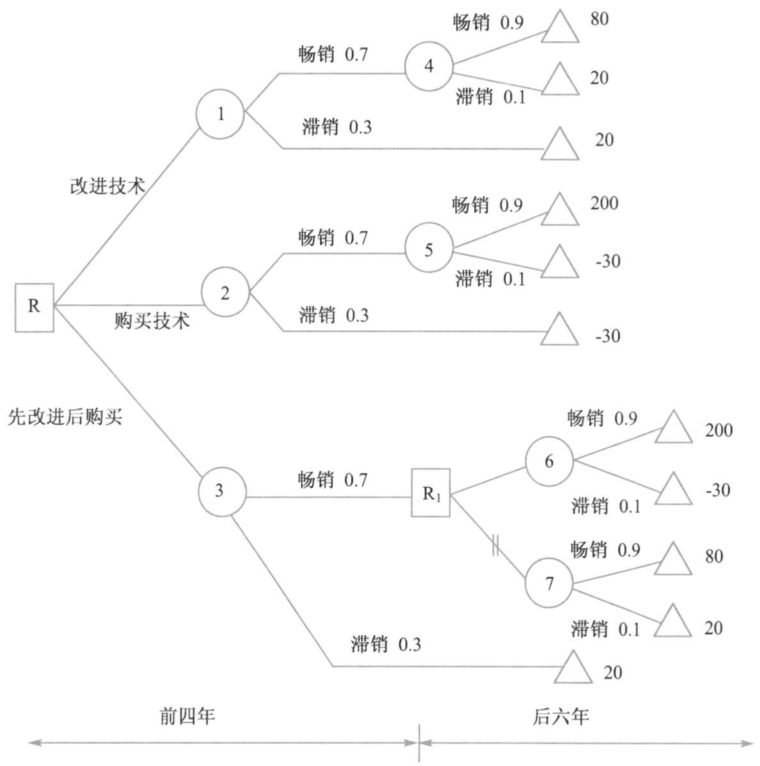

图 2-20

节点①表示第一种方案:公司组织技术人员逐步改进技术,使用期是 10 年的收益期望值节点;节点②表示第二种方案:购买先进技术,使用期是 10 年的收益期望值节点;节点③表示第三种方案:前四年先组织技术人员逐步改进,四年后购买先进技术的收益值节点.节点④、⑤、⑥、⑦分别是在三种方案下的分枝结点.

(2)各节点的期望值计算从最右边开始:

节点④:$(80\times0.9+20\times0.1)\times6=444$(万元)

节点①:$(80\times4+444)\times0.7+20\times0.3\times10-200=394.8$(万元)

节点⑤:$(200\times0.9-30\times0.1)\times6=1062$(万元)

节点②:$(200\times4+1062)\times0.7-30\times0.3\times10-500=713.4$(万元)

节点⑥:(200×0.9−30×0.1)×6−200=862(万元)

节点⑦:(80×0.9+20×0.1)×6=444(万元)

因为 444<862,所以将⑦这一枝剪掉.

节点③:(80×4+862)×0.7+20×0.3×10−100=787.4(万元)

将决策点①、②、③的期望损益值进行比较,决策点③的期望损益值最大,所以应选择方案(3),即先采取公司组织技术人员逐步改进,然后再引进技术的决策.

决策树是用二叉树形图来处理逻辑的一种工具.决策树数学模型的优点如下:

(1)它构成了一个简单决策过程,可以使决策人有顺序、有步骤地进行决策;

(2)它比较直观,可以使决策人以科学的推理步骤去周密地思考各有关因素;

(3)便于集体决策,对要决策的问题画一个决策树出来,便于集体讨论;

(4)对于较复杂的决策问题,用决策树方法比较有效,特别是对多级决策问题来说尤其方便简捷.

决策树提供了一种展示在什么条件下会得到什么值这类规则的方法.在风险投资中,要对风险大小做出判断,都可以建立一棵决策树,从而我们可以利用决策树进行决策.

自测题

某企业计划推出一款新型产品,企业的备选方案有三种.一是建立新型的生产线,投入的成本最大,但产出最高;二是改造原来的生产线,投入的成本比新建生产线少,产量也会相应少一些;三是继续使用原来的生产线,不用投入相应的成本,产量最少.根据市场需求分析和估计,产品畅销、一般、滞销的概率分别为 0.3,0.5,0.2.根据产量和销量的不同,企业面临的盈利情况如下表:

方案 \ 收益 \ 概率 \ 状态	市场情况		
	畅销	一般	滞销
	$p_1=0.3$	$p_2=0.5$	$p_3=0.2$
A_1(新建生产线)	50	15	−10
A_2(改造生产线)	30	20	0
A_3(原有生产线)	10	10	10

试进行决策.

习题 2.2.1

1.某直播平台计划购进一批新服装.根据以往经验,新服装的销售量可能为 50、100、150 和 200 件.假定每件新服装的订购价为 40 元,销售价为 50 元,剩余服装的处理价为每件 30 元,他们售出的概率分别为 0.2,0.4,0.3,0.1.经测算得出订购方案与损益矩阵如下表所示.

行动方案	损益矩阵			
50 件	500	500	500	500
100 件	0	1000	1000	1000
150 件	−500	500	1500	1500
200 件	−1000	0	1000	2000

试用矩阵决策法确定最优的订购数量.

2. 某工程经理欲决定下月是否开工. 如果开工后天气好，可以如期竣工，获利 10 万元；如果开工后天气坏，将造成损失 2 万元. 如果不开工，不论天气好坏都得付误工费 1 万元. 根据过去资料统计，预计下月天气好的概率为 0.6，而天气坏的概率为 0.4. 决策的目的是使施工单位平均获利最多，损失最少. 试分别用矩阵法与决策树法进行决策.

3. 为了适应建筑市场的需要，某企业提出了扩大某产品生产的两个方案. 第一个方案是建设大工厂，第二个方案是建设小工厂. 建设大工厂需要投资 600 万元，可使用 10 年. 建设小工厂需要投资 280 万元. 如销路好，3 年后扩建，扩建需要投资 400 万元，可使用 7 年，每年获利 190 万元. 试用决策树法选出合理的决策方案.

4. 长城照相器材厂是一家有着 20 年生产照相机历史的企业. 最近企业实行改制，由国有独资企业改制为股份制企业，并通过猎头公司招聘刘丽担任公司的总经理. 刘丽上任后要求公司的发展规划部为公司的未来发展提出方案. 发展规划部提出了两个方案供公司领导班子选择：一个方案是继续生产传统产品，另一个方案是生产数码相机. 根据发展规划部的分析测算，如果照相机市场需求量大的话，生产传统相机一年可获利 30 万元，而生产数码相机则可获利 50 万元. 如果市场需求量小，生产传统相机仍可获利 10 万元，生产数码相机将亏损 5 万元. 根据对照相机市场所做的调研和市场分析，市场需求量大的概率为 0.8，需求量小的概率为 0.2. 以刘丽为总经理的公司领导班子根据发展规划部提交的方案将做出怎样的决策？（要求用决策树法决策）

2.2.2 一元线性回归分析数学模型

在经济管理中，经常会遇到变量之间存在两种关系，一种是函数关系，另一种是相关关系.

函数关系中两个变量 x，y 总可以用形如 $y=f(x)$ 的函数式来描述，其中，当 x 确定后，y 也随着 x 而完全确定. 在微积分中我们研究的函数都有这样的特性. 例如，某种商品的单价是 a，销售数量为 x 时的收入为 $R=ax$. 这是**函数关系**.

相关关系是在变量 x，y 之间存在的关系，但不是确定的函数关系. 如父代与子代身高的关系，人的体重与身高的关系，都是不确定的关系. 它们之间相关但不确定，我们称之为**相关关系**.

例如，市场上某水果的需求量为 Q，价格为 p，微积分中，大家熟知的需求函数为 $Q=$

$f(p)$，这种需求与价格之间的函数关系实际上是不可能存在的. 因为需求量不仅依赖于价格，还存在许多随机因素影响着需求的变化. 如温度、气候以及消费者的偏爱等诸多因素都事先无法控制和预知. 但是，两者之间客观上存在着 Q 随 p 波动且按一定规律波动的关系. 这是一个典型的相关关系的例子，而且这类例子在经济管理中普遍存在. 所以对变量之间相关关系的研究是十分必要的. 本节只介绍一元线性回归分析，它是回归分析中最简单也是最常用的一种.

1. 散点图与一元线性回归数学模型

研究两个变量之间的相关关系时，通常只有一个变量是随机变量，而另一个变量则是一般变量. 例如研究某客运站按年统计的旅客流量，年次为 1，2，3，…是一般的变量，而对应于某年的旅客流量，则是一个不能事先预言的随机变量. 如果这两个变量之间呈现某种线性关系，用方程表示出来，就称为一元线性回归方程. 求一元线性回归方程就是要寻求一个描述两个变量之间关系的线性方程.

下面结合实例介绍一元线性回归方程的求法.

把具有相关关系的两个变量 x，y 之间的若干对实测数据 $(x_i, y_i)(i=1,2,\cdots,n)$ 所对应的 n 个离散的点在直角坐标系中描绘出来，所得到的图像叫作**散点图**. 图中所有的散点表现出某种趋势，把能反映散点趋势的某条直线称为**回归直线**. 该直线所对应的一元方程叫作**一元线性回归方程**.

例 1 某物流公司一年中每月的总运量 x（单位：万吨）与每月的总成本 C（单位：万）的统计数据见表 2-8. 试给出散点图.

表 2-8　一年中每月的总运量 x 与每月的总成本 C 的统计数据

x/万吨	1.08	1.12	1.19	1.28	1.36	1.48	1.59	1.68	1.80	1.87	1.98	2.07
C/万吨	2.25	2.37	2.40	2.55	2.64	2.75	2.92	3.03	3.14	3.26	3.36	3.50

解 将表中的 12 对数据所对应的 12 个散点描在坐标系中，得到散点图，如图 2-21 所示，从图中可以看到，这些点虽不在一条直线上，但都在一条直线的附近. 于是，用一条直线来近似地表示它们之间的关系，这条直线就叫作总成本 C 对总运量 x 的回归直线，回归直线的方程就叫作总成本 C 对总运量 x 的回归方程，记作

$$\hat{C}=a+bx$$

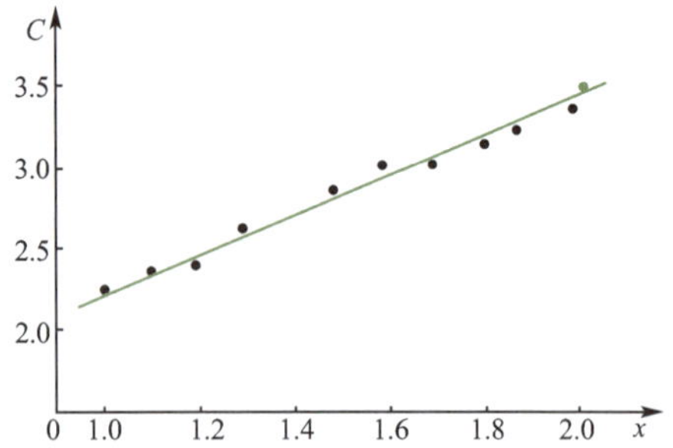

图 2-21

其中 a，b 称为回归系数. 为了和总成本 C 的实际观测值区别，用 $\hat{C}$ 表示回归方程中的总成本，由 x 的每一个取值所得到的 $\hat{C}$ 的值叫作总成本的回归值. 由于回归方程是由一批经验数据或观测数据回归而成的，有时又叫作经验公式.

一般地，如果随机变量 y 与变量 x 之间呈现某种线性关系，则 y 与 x 之间的一元线

性回归数学模型为

$$\hat{y}=a+bx \tag{1}$$

也称为变量 y 对变量 x 的**一元线性回归方程**，a，b 称为**回归系数**.

一元线性回归数学模型是变量 y 与变量 x 的关系曲线近似于一条直线，用一元线性方程去拟合，进而用得到的线性方程去预测的一种数学模型. 一元线性回归分析数学模型是最基本、最简单的回归分析模型. 在经济管理与预测中经常用此模型研究有关问题.

2. 最小二乘法与一元线性回归数学模型

寻求回归方程，关键是根据样本值确定方程 $\hat{y}=a+bx$ 中的系数 a，b.

设在一次试验中，取得 n 对数据 $(x_i, y_i)(i=1,2,\cdots,n)$，这 n 对数据 (x_i, y_i) 就是一组样本值，根据这一组样本值可以寻求一对系数 a，b. 但由于 y 是一个随机变量，所以如果通过另一组试验又可得到一对 a，b 的值. 也就是说，我们通过一组数据所得到的是系数 a，b 的估计值，记作 $\hat{a}$，$\hat{b}$，通过一组试验数据所求出的回归方程为

$$\hat{y}=\hat{a}+\hat{b}x \tag{2}$$

称为**经验回归方程**，又称为经验公式，$\hat{a}$，$\hat{b}$ 叫作**经验回归系数**.

为了求系数 a，b 的估计值 $\hat{a}$，$\hat{b}$，我们介绍一种常用的方法——最小二乘法.

设在一次试验中，取得 n 对数据 (x_i, y_i)，其中 y_i 是随机变量 y 对应于 x_i 的试验值，图 2-22 中的直线是根据这 n 对数据 (x_i, y_i) 描绘的回归直线，其中 $\hat{y}_i$ 是试验值 y_i 的回归值.

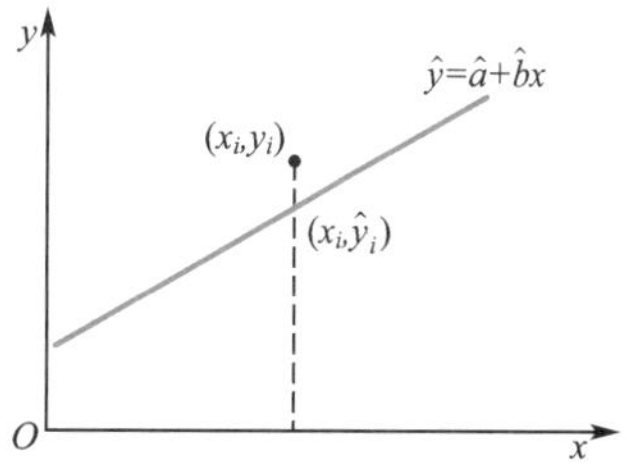

图 2-22

每一个试验值 y_i 与回归值 $\hat{y}_i$ 之间的差 $y_i-\hat{y}_i$，在图中表示为两个纵坐标之差，这个差有正有负，其绝对值为 $|y_i-\hat{y}_i|$. 显然，我们要找的直线应该是使所有这些距离之和为最小的一条直线，即 $\sum_{i=1}^{n}|y_i-\hat{y}_i|$ 最小. 但由于绝对值在处理上比较麻烦，所以代之以平方和.

$$Q=Q(\hat{a},\hat{b})=\sum_{i=1}^{n}(y_i-\hat{y}_i)^2=\sum_{i=1}^{n}[y_i-(\hat{a}+\hat{b}x_i)]^2$$

这个平方和 Q 是随着回归系数 $\hat{a}$，$\hat{b}$ 而变的，因此它是 $\hat{a}$，$\hat{b}$ 的一个二元函数，其中 x_i，y_i 为常数.

根据二元函数求极值的方法，求偏导数得到

$$\begin{cases}\dfrac{\partial Q}{\partial \hat{a}}=-2\sum_{i=1}^{n}[y_i-(\hat{a}+\hat{b}x_i)] \\ \dfrac{\partial Q}{\partial \hat{b}}=-2\sum_{i=1}^{n}[y_i-(\hat{a}+\hat{b}x_i)]x_i\end{cases}$$

令 $\dfrac{\partial Q}{\partial \hat{a}}=0,\dfrac{\partial Q}{\partial \hat{b}}=0$,得到

$$\begin{cases}\sum_{i=1}^{n} y_i - \hat{a} - \hat{b}\sum_{i=1}^{n} x_i = 0\\ \sum_{i=1}^{n} x_i y_i - \hat{a}\sum_{i=1}^{n} x_i - \hat{b}\sum_{i=1}^{n} x_i^2 = 0\end{cases}$$

解出回归系数 $\hat{a},\hat{b}$ 为

$$\begin{cases}\hat{b}=\dfrac{\sum_{i=1}^{n} x_i y_i - \dfrac{1}{n}\sum_{i=1}^{n} x_i \sum_{i=1}^{n} y_i}{\sum_{i=1}^{n} x_i^2 - \dfrac{1}{n}\left(\sum_{i=1}^{n} x_i\right)^2}\\ \hat{a}=\bar{y}-\hat{b}\bar{x}\end{cases} \tag{3}$$

其中 $\bar{x}=\dfrac{1}{n}\sum_{i=1}^{n} x_i,\bar{y}=\dfrac{1}{n}\sum_{i=1}^{n} y_i$.

式(3)可写成

$$\begin{cases}\hat{b}=\dfrac{\sum_{i=1}^{n} x_i y_i - n\bar{x}\,\bar{y}}{\sum_{i=1}^{n} x_i^2 - n\bar{x}^2}\\ \hat{a}=\bar{y}-\hat{b}\bar{x}\end{cases} \tag{4}$$

式中的 $\hat{a},\hat{b}$ 即为 Q 的最小值点,使得 $Q=Q(\hat{a},\hat{b})=\sum_{i=1}^{n}(y_i-\hat{y}_i)^2$ 达到最小.

以 $\hat{a},\hat{b}$ 为回归系数的直线方程,就是我们所要求的回归方程.它最能代表这些点的分布状态.由于在求系数 $\hat{a},\hat{b}$ 时,是使平方和 Q 最小,故称这种方法为**最小二乘法**.

如果令

$$\begin{cases}L_{xx}=\sum_{i=1}^{n}(x_i-\bar{x})^2=\sum_{i=1}^{n} x_i^2-\dfrac{1}{n}\left(\sum_{i=1}^{n} x_i\right)^2\\ L_{yy}=\sum_{i=1}^{n}(y_i-\bar{y})^2=\sum_{i=1}^{n} y_i^2-\dfrac{1}{n}\left(\sum_{i=1}^{n} y_i\right)^2\\ L_{xy}=\sum_{i=1}^{n}(x_i-\bar{x})(y_i-\bar{y})=\sum_{i=1}^{n} x_i y_i-\dfrac{1}{n}\sum_{i=1}^{n} x_i\sum_{i=1}^{n} y_i\end{cases} \tag{5}$$

则式(3)又可写成

$$\begin{cases}\hat{b}=\dfrac{L_{xy}}{L_{xx}}\\ \hat{a}=\bar{y}-\hat{b}\bar{x}\end{cases} \tag{6}$$

将求得的$\hat{a}$,$\hat{b}$ 代入$\hat{y}=\hat{a}+\hat{b}x$,就得到一元线性回归方程的具体表达式,也就是经验公式.

例 2 写出例 1 中总成本 C 对总运量 x 的回归方程. 为了方便起见,借助计算机,将计算列成表格,见表 2-9.

表 2-9 例 1 中的计算数据

编号	x_i	C_i	x_i^2	C_i^2	x_iC_i
1	1.08	2.25	1.166	5.063	2.430
2	1.12	2.37	1.254	5.617	2.654
3	1.19	2.40	1.416	5.760	2.856
4	1.28	2.55	1.638	6.503	3.264
5	1.36	2.64	1.850	6.970	3.590
6	1.48	2.75	2.190	7.563	4.070
7	1.59	2.92	2.528	8.526	4.643
8	1.68	3.03	2.822	9.181	5.090
9	1.80	3.14	3.240	9.860	5.652
10	1.87	3.26	3.497	10.628	6.096
11	1.98	3.36	3.920	11.290	6.653
12	2.07	3.50	4.285	12.250	7.245
$\sum_{i=1}^{12}$	18.50	34.17	29.81	99.21	54.24

由表 2-9 可得:

$$\sum_{i=1}^{12}x_i=18.50,\overline{x}\approx1.54,\sum_{i=1}^{12}C_i=34.17,\overline{C}\approx2.85$$

$$\sum_{i=1}^{12}x_i^2=29.81,\sum_{i=1}^{12}C_i^2=99.21,\sum_{i=1}^{12}x_iC_i=54.24$$

$$\frac{1}{12}\left(\sum_{i=1}^{12}x_i\right)^2\approx28.52,\frac{1}{12}\left(\sum_{i=1}^{12}C_i\right)^2\approx97.30,\frac{1}{12}\sum_{i=1}^{12}x_i\sum_{i=1}^{12}C_i\approx52.68$$

代入数据得

$$L_{xx}=29.81-28.52=1.29$$

$$L_{CC}=99.21-97.30=1.91$$

$$L_{xC}=54.24-52.68=1.56$$

所以

$$\hat{b}=\frac{L_{xC}}{L_{xx}}=\frac{1.56}{1.29}\approx1.21$$

$$\hat{a}=\overline{C}-\hat{b}\overline{x}=2.85-1.21\times1.54\approx0.99$$

故总成本 C 对总运量 x 的回归方程为

$$\hat{C}=0.99+1.21x$$

从而可知固定成本为 0.99 万元,可变成本为 1.21 万元.

我们结合例子求出了一元线性回归方程. 下面归纳一下具体步骤:

(1)由题中经验数据,列出回归方程计算表;

(2)由公式计算回归系数 $\hat{a}$,$\hat{b}$;

(3)把 $\hat{a}$,$\hat{b}$ 的值代入 $\hat{y}=\hat{a}+\hat{b}x$,即得回归方程.

例 3 某一企业物流的生产过程中,为研究温度 x(单位:℃)对产品的腐蚀程度 y(单位:%)的影响,测得下列一组数据,见表 2-10:

表 2-10 测量数据

x	100	110	120	130	140	150	160	170	180	190
y	45	51	54	61	66	70	74	78	85	89

用最小二乘法求出产品的腐蚀程度 y 对温度 x 的回归方程.

解 列出回归方程计算表,见表 2-11.

表 2-11 回归方程计算表

编号	x_i	y_i	x_i^2	y_i^2	x_iy_i
1	100	45	10000	2025	4500
2	110	51	12100	2601	5610
3	120	54	14400	2916	6480
4	130	61	16900	3721	7930
5	140	66	19600	4356	9240
6	150	70	22500	4900	10500
7	160	74	25600	5476	11840
8	170	78	28900	6084	13260
9	180	85	32400	7225	15300
10	190	89	36100	7921	16910
$\sum_{i=1}^{10}$	1450	673	218500	47225	101570

由表 2-11 可得:

$$\sum_{i=1}^{10}x_i=1450,\overline{x}=145,\sum_{i=1}^{10}y_i\approx 673,\overline{y}\approx 67.3$$

$$\sum_{i=1}^{10}x_i^2=218500,\sum_{i=1}^{10}y_i^2=47225,\sum_{i=1}^{10}x_iy_i=101570$$

$$\frac{1}{10}\left(\sum_{i=1}^{10}x_i\right)^2=210250,\frac{1}{10}\left(\sum_{i=1}^{10}y_i\right)^2=45292.9,\frac{1}{10}\sum_{i=1}^{10}x_i\sum_{i=1}^{10}y_i=97585$$

代入数据得:

$$L_{xx}=\sum_{i=1}^{10}x_i^2-\frac{1}{10}\left(\sum_{i=1}^{10}x_i\right)^2=8250$$

$$L_{yy}=\sum_{i=1}^{10}y_i^2-\frac{1}{10}\left(\sum_{i=1}^{10}y_i\right)^2=1932.1$$

$$L_{xy}=\sum_{i=1}^{10}x_iy_i-\frac{1}{10}\sum_{i=1}^{10}x_i\sum_{i=1}^{10}y_i=3985$$

所以

$$\hat{b}=\frac{L_{xy}}{L_{xx}}\approx 0.483$$

$$\hat{a} = \bar{y} - \hat{b}\bar{x} \approx -2.735$$

回归方程为

$$\hat{y} = -2.735 + 0.483x$$

一元回归方程只是在一组经验数据下用最小二乘法估计得到的，事先并不能知道 x 与 y 两个变量之间是否具有线性相关关系. 实际问题中经验公式是否可靠，这令人怀疑. 因为平面上一些根本不成线性关系的点，也同样可以代入公式求出一条回归直线. 当然这时是毫无意义的. 因此求出的一元线性回归模型，还要进一步检验两个相关变量之间的线性关系是否成立，经验公式是否有效，这就涉及假设检验等问题.

3. 回归方程的显著性检验

由前面的讨论可知，在建立回归直线以后，必须对变量之间的线性相关关系进行检验，一般称为**显著性检验**或**相关性检验**.

本书只介绍常用的线性相关关系的一种检验法 —— 相关系数检验法.

(1) 相关系数

求出了回归直线 $\hat{y} = \hat{a} + \hat{b}x$，我们可以用样本值 $x_i (i=1,2,3,\cdots,n)$ 代入回归直线方程，求出 y 的回归值 $\hat{y} (i=1,2,\cdots,n)$，显然 $Q(\hat{a},\hat{b}) = \sum\limits_{i=1}^{n}(y_i - \hat{y}_i)^2 = \sum\limits_{i=1}^{n}[y_i - (\hat{a} + \hat{b}x_i)]^2$，可以反映变量 y 与 x 之间线性相关的密切程度. 如果 $Q(\hat{a},\hat{b})=0$，说明全部样本值都落在回归直线上；如果 $Q(\hat{a},\hat{b})$ 的值很大，则说明变量 y 与 x 之间线性关系不显著. 由于 $Q(\hat{a},\hat{b})$ 的计算较繁，而且对不同的相关关系难以比较，为此我们引入“相关系数”来定量描述变量 y 与 x 之间的线性相关程度.

由 $\bar{y} = \hat{a} + \hat{b}\bar{x}$，对 $Q(\hat{a},\hat{b}) = \sum\limits_{i=1}^{n}[y_i - (\hat{a} + \hat{b}x_i)]^2$ 进行恒等变形，得

$$\begin{aligned}
Q(\hat{a},\hat{b}) &= \sum_{i=1}^{n}[y_i - (\hat{a} + \hat{b}x_i)]^2 \\
&= \sum_{i=1}^{n}[(y_i - \bar{y}) - \hat{b}(x_i - \bar{x})]^2 \\
&= L_{yy} + \left(\frac{L_{xy}}{L_{xx}}\right)^2 L_{xx} - 2\frac{L_{xy}}{L_{xx}}L_{xy} \\
&= L_{yy} - \frac{L_{xy}^2}{L_{xx}} \\
&= L_{yy}\left(1 - \frac{L_{xy}^2}{L_{xx}L_{yy}}\right)
\end{aligned}$$

令

$$r^2 = \frac{L_{xy}^2}{L_{xx}L_{yy}}$$

则

$$Q(\hat{a},\hat{b}) = L_{yy}(1 - r^2)$$

而

$$Q(\hat{a},\hat{b})\geqslant 0, L_{yy}\geqslant 0$$

所以

$$1-r^2\geqslant 0$$

从而

$$-1\leqslant r\leqslant 1$$

因为$Q(\hat{a},\hat{b})=L_{yy}(1-r^2)$，当变量$x$与$y$的样本值$(x_i,y_i)(i=1,2,\cdots,n)$确定以后，只有$r^2$的值决定$Q$的变化，$r^2$的值越接近于1，则$Q$的值越小，变量$y$与$x$之间的线性关系也就越显著；反之，若$r^2$的值越接近于0，则$Q$的值越大，变量$y$与$x$之间的线性关系也就不显著，用回归直线来表示变量$y$与$x$之间的关系就越不准确.$r$的值可以表示变量$y$与$x$之间具有线性关系的相对程度.

称$r=\dfrac{L_{xy}}{\sqrt{L_{xx}L_{yy}}}(-1\leqslant r\leqslant 1)$为变量$y$与$x$的相关系数.

当$r=\pm 1$时，$Q=0$，即所有的样本值$(x_i,y_i)(i=1,2,\cdots,n)$都落在直线$\overline{y}=\hat{a}+\hat{b}\overline{x}$上，称变量$y$与$x$完全相关；当$r=0$时，$Q$的值最大，说明变量$y$与$x$不相关或是非线性相关关系.

在实际中，r的值要达到什么水平，才能认为变量y与x之间的线性关系是显著的，回归方程具有实用价值？这要根据具体情况对检验标准的要求而定.

(2)线性相关的显著性水平检验方法

一般地，按照以下步骤对线性相关的显著性进行检验.

①提出原假设H_0：y与x的线性关系不显著.记$b=0$，这是因为当$b=0$时，回归直线$\hat{y}=\hat{a}+\hat{b}x$是一条平行于x轴的直线，无论x如何变化，y的值均为常数，显然，不可能有显著的线性关系.

②选用统计量$r=\dfrac{L_{xy}}{\sqrt{L_{xx}L_{yy}}}$，并根据样本值计算$r$的值；

③按给出的显著性检验水平α和自由度$f=n-2$，查相关系数检验表，得临界值λ；

④做出判断：

当$|r|\geqslant\lambda$时，拒绝原假设H_0，说明变量y与x的线性关系显著；

当$|r|<\lambda$时，接受原假设H_0，说明变量y与x的线性关系不显著.

例4 对例3中的回归方程进行线性相关的显著性检验($\alpha=0.05$).

解 (1)提出假设H_0：$b=0$；

(2)计算$r=\dfrac{L_{xy}}{\sqrt{L_{xx}L_{yy}}}$.

由上例计算知

$$L_{xx}=\sum_{i=1}^{10}x_i^2-\frac{1}{10}\left(\sum_{i=1}^{10}x_i\right)^2=8250$$

$$L_{yy}=\sum_{i=1}^{10}y_i^2-\frac{1}{10}\left(\sum_{i=1}^{10}y_i\right)^2=1932.1$$

$$L_{xy}=\sum_{i=1}^{10}x_iy_i-\frac{1}{10}\sum_{i=1}^{10}x_i\sum_{i=1}^{10}y_i=3985$$

所以

$$r=\frac{L_{xy}}{\sqrt{L_{xx}L_{yy}}}=\frac{3985}{\sqrt{8250\times 1932.1}}\approx 0.9981$$

按给定的显著性水平 $\alpha=0.05$，自由度 $f=10-2=8$ 查表，得临界值 $\lambda=0.632$.

因为 $|r|=0.9981>\lambda=0.632$，所以拒绝原假设 H_0：$b=0$，即变量 y 与 x 存在显著的线性相关关系，也就是说回归直线 $\hat{y}=-2.735+0.483x$ 具有实际意义，可靠性强.

4. 线性回归在经济预测中的应用

经济预测是对经济现象进行事先的预测和推测. 在竞争激烈的市场经济环境中，用科学的方法进行经济预测是企业必不可少的工作. 用最小二乘法建立一元线性回归数学模型，是较为成熟、实用且有广泛应用的方法之一.

(1)预测区间

由 n 个样本使用最小二乘法，计算得到回归直线方程 $\hat{y}=\hat{a}+\hat{b}x$，经显著性检验后，变量 y 与 x 的线性关系显著，但用实际值 x_0 代入回归方程，以回归值 $\hat{y}_0$ 作为随机变量 y 的预测值，总不能令人满意，这是因为回归值 $\hat{y}_0$ 与实际值 y_0 极有可能是存在偏差的.

现在的问题是用回归值 $\hat{y}_0$ 去估计 y_0，将会有多大偏差？如果我们能用数理统计的方法，按给定的置信度 $1-\alpha$，能找到一个正数 δ，使得实际值 y_0 有 $1-\alpha$ 的概率在区间 $(\hat{y}_0-\delta,\hat{y}_0+\delta)$ 之间，这个置信区间称为**预测区间**. 也只有如此，预测问题才有实际意义.

设用回归值 $\hat{y}_0$ 估计 y_0 的偏差为 ε_0，则可以证明统计量

$$T=\frac{y_0-\hat{y}_0}{S\sqrt{1+\frac{1}{n}+\frac{(x_0-\bar{x})^2}{L_{xx}}}}$$

服从自由度 $f=n-2$ 的 t 分布，其中

$$S=\sqrt{\frac{1-r^2}{n-2}L_{yy}}$$

于是，对给定的置信度 $1-\alpha$，查自由度 $f=n-2$ 的 t 分布表，得临界值 λ 使

$$P\left\{\left|\frac{y_0-\hat{y}_0}{S\sqrt{1+\frac{1}{n}+\frac{(x_0-\bar{x})^2}{L_{xx}}}}\right|\leqslant\lambda\right\}=1-\alpha$$

即可得 y_0 的置信度为 $1-\alpha$ 的置信区间为

$$\left(\hat{y}_0-\lambda S\sqrt{1+\frac{1}{n}+\frac{(x_0-\bar{x})^2}{L_{xx}}},\hat{y}_0+\lambda S\sqrt{1+\frac{1}{n}+\frac{(x_0-\bar{x})^2}{L_{xx}}}\right)$$

令 $c_0=\sqrt{1+\frac{1}{n}+\frac{(x_0-\bar{x})^2}{L_{xx}}}$，称为**修正系数**.

可以证明：当样本容量 n 较大时($n\geqslant 30$)，

$$c_0=\sqrt{1+\frac{1}{n}+\frac{(x_0-\overline{x})^2}{L_{xx}}}\approx 1$$

y_0 的置信度为 $1-\alpha$ 的置信区间近似为

$$(\hat{y}_0-\lambda S,\hat{y}_0+\lambda S)$$

当样本容量 n 不大时($n<30$)，y_0 的置信度为 $1-\alpha$ 的置信区间为

$$(\hat{y}_0-\lambda Sc_0,\hat{y}_0+\lambda Sc_0)$$

例 5 某地区物流行业近 8 年来物流专业人才数 y 与普通职工人数 x 的数据见表 2-12. 试预测当职工数为 2 万人时，物流专业人才的需求量.

表 2-12　　近 8 年物流专业人才数 y 与普遍职工人数 x

年　份	2014	2015	2016	2017	2018	2019	2020	2021
普通职工 x/万人	1.30	1.34	1.40	1.41	1.42	1.53	1.55	1.60
物流专业人才 y/百人	4.88	5.19	6.74	7.31	8.23	10.41	11.10	11.8

解　(1)建立一元线性回归数学模型.

列出回归方程计算表，见表 2-13.

表 2-13　　回归方程计算表

编号	x_i	y_i	x_i^2	y_i^2	x_iy_i
1	1.30	4.88	1.6900	23.8144	6.3440
2	1.34	5.19	1.7956	26.9361	6.9546
3	1.40	6.74	1.9600	45.4276	9.4360
4	1.41	7.31	1.9881	53.4361	10.3071
5	1.42	8.23	2.0164	67.7329	11.6866
6	1.53	10.41	2.3409	108.3681	15.9273
7	1.55	11.10	2.4025	123.2100	17.2050
8	1.60	11.80	2.5600	139.2400	18.8800
$\sum_{i=1}^{8}$	11.55	65.66	16.7535	588.1652	96.7406

由表 2-13 可得：

$$\sum_{i=1}^{8}x_i=11.55,\overline{x}\approx 1.4438,\sum_{i=1}^{8}y_i=65.66,\overline{y}=8.2075$$

$$\sum_{i=1}^{8}x_i^2=16.7535,\sum_{i=1}^{8}y_i^2=588.1652,\sum_{i=1}^{8}x_iy_i=96.7406$$

$$\frac{1}{8}\left(\sum_{i=1}^{8}x_i\right)^2\approx 16.6753,\frac{1}{8}\left(\sum_{i=1}^{8}y_i\right)^2\approx 538.9045,\frac{1}{8}\sum_{i=1}^{8}x_i\sum_{i=1}^{8}y_i\approx 94.7966$$

代入数据得：

$$L_{xx}=\sum_{i=1}^{8}x_i^2-\frac{1}{8}\left(\sum_{i=1}^{8}x_i\right)^2=0.0782$$

$$L_{yy}=\sum_{i=1}^{8}y_i^2-\frac{1}{8}\left(\sum_{i=1}^{8}y_i\right)^2=49.2607$$

$$L_{xy}=\sum_{i=1}^{8}x_iy_i-\frac{1}{8}\sum_{i=1}^{8}x_i\sum_{i=1}^{8}y_i=1.944$$

所以

$$\hat{b}=\frac{L_{xy}}{L_{xx}}=\frac{1.944}{0.0782}\approx 24.859$$

$$\hat{a}=\overline{y}-\hat{b}\,\overline{x}=8.2075-24.859\times 1.4438\approx -27.684$$

该问题的一元线性回归数学模型为

$$\hat{y}=-27.684+24.859x$$

(2)利用相关系数进行假设检验.

由相关系数计算公式 $r=\frac{L_{xy}}{\sqrt{L_{xx}L_{yy}}}$ 得

$$r=\frac{1.944}{\sqrt{0.0782\times 49.2607}}\approx 0.9905$$

取显著性水平 $\alpha=0.05$,自由度 $f=8-2=6$,查表得临界值 $\lambda=0.707$.

因为 $r=0.9905>\lambda=0.707$,变量 y 与 x 存在显著的线性相关关系,也就是说一元回归模型 $\hat{y}=-27.684+24.859x$ 有效.

(3)当职工人数为 2 万人时求物流专业人才数的需求量.

一元回归模型 $\hat{y}=-27.684+24.859x$ 经过以上的检验并通过后,即可用于预测(点预测).当职工人数为 2 万人时,则物流专业人才的需求量为

$$\hat{y}=-27.684+24.859\times 2=22.034(\text{百人})$$

由于回归模型是经过数理统计的方法得到的,除了点预测外,还有区间预测.

由于样本数 $n=8<30$,所以由修正系数公式得

$$c_0=\sqrt{1+\frac{1}{n}+\frac{(x_0-\overline{x})^2}{L_{xx}}}=\sqrt{1+\frac{1}{8}+\frac{(2.0-1.4438)^2}{0.0782}}\approx 2.2541$$

$$s=\sqrt{\frac{1-r^2}{n-2}L_{yy}}=\sqrt{\frac{1-0.9905^2}{8-2}\times 49.2607}\approx 0.394$$

若取 $\alpha=0.05$,查 t 分布表,有 $\lambda=t_{0.025}(6)=2.447$,于是

$$\hat{y}_0-\lambda sc_0=22.034-2.447\times 0.394\times 2.2541=19.8685$$

$$\hat{y}_0+\lambda sc_0=22.034+2.447\times 0.394\times 2.2541=24.2067$$

即当 $x_0=2.0$ 万人时,置信区间为(19.86,24.21).这就是说,我们有 95%的把握认为当普通职工人数为 2.0 万人时,物流专业人才需求量在 1986 至 2421 人之间.

一般地,一元线性回归方程与函数的直线方程是有区别的.在函数关系中,有一个 x 必有一个 y 与之对应.而一元线性回归方程只能通过变量 x 去估计变量 y 的取值范围.

自测题

根据统计数据,某 10 年间世界制造业的总产量年增长率 x 与世界制成品总出口量年增长率 y 的变化关系如下表:

x	4.0	4.0	8.5	9.5	3.0	1.0	8.0	5.0	5.0	4.0
y	8.5	8.5	10.5	15.0	8.5	4.5	13.0	5.0	6.0	7.0

求这两个变量的线性回归方程.

习题 2.2.2

1. 设我国某种创汇商品在国际市场上的需求量为 Q(单位:万件),价格为 P(单位:百美元/件). 根据往年市场调查获悉 Q,P 之间的一组调查数据如下表:

P	2	4	4	4.5	3	4.2	3.5	2.5	3.3	3
Q	6	2	2	1	4	1.5	2.8	5.1	3.4	4.2

试求需求量 Q 对价格 P 的回归方程.

2. 随机抽取 12 户城市居民家庭,调查收入与食品支出的情况,获得数据如下表:

家庭收入	82	93	105	130	144	150	160	180	200	270	300	400
食品支出	75	85	92	105	120	120	130	145	156	200	200	240

试求出食品支出对家庭收入的回归方程.

3. 某地 4.5 至 10.5 周岁的女孩 7 个年龄组的平均身高 y_i(单位:cm)的实测数据见下表:

女孩年龄/x_i	4.5	5.5	6.5	7.5	8.5	9.5	10.5
平均身高/y_i	101.1	106.6	112.1	116.1	121.0	125.5	129.2

(1)试求女孩身高关于年龄的线性回归方程;

(2)进行线性相关的显著性检验.($\alpha=0.05$)

4. 某企业对明年生产某种产品的需求量进行预测. 因为商品的需求量与居民数有关,为得到预测的原始资料,随机抽取 20 个居民点进行调查,其产品的需求量和居民数之间的关系见下表.

居民点	居民数 x	需求量 y	居民点	居民数 x	需求量 y
1	100	50	11	700	400
2	200	120	12	750	450
3	300	160	13	800	490
4	300	190	14	800	480
5	400	240	15	850	500
6	500	290	16	850	490
7	550	330	17	900	550
8	600	350	18	950	540
9	600	360	19	950	560
10	600	380	20	1000	610

试求：

(1)产品的需求量关于居民数的回归方程；

(2)进行线性相关的显著性检验.($\alpha=0.05$)

5. 根据过去七年的统计资料，某高校食堂面食销售额与学生月人均消费额关系密切，有关资料见下表：

历史数据

年序号	1	2	3	4	5	6	7
学生月人均消费额(元)	850	900	920	980	1030	1130	1250
食堂面食销售额（百万元）	12	13	15	16	18	22	24

如果该高校学生月人均消费额达到 1300 元，试以 99% 的置信度预测下一年度该高校食堂面食的销售额.

第三部分 应用 Matlab 求解

内容提要

本部分介绍用数学软件 Matlab 如何求解概率与数理统计的有关问题，给出基本命令格式，对简单的概率统计问题给出利用 Matlab 求解的过程.

预备知识

计算机基本操作，概率与数理统计的基本知识.

学习目标

1. 了解用数学软件 Matlab 求随机事件的概率值；

2. 了解用数学软件 Matlab 求数理统计中的有关问题的计算等.

2.3.1 应用 Matlab 求随机事件的概率值

数理统计中存在着大量的计算，很多数据的来源都要查概率统计表，现在利用数学软件 Matlab 能方便快捷地得到结果，大大提高我们的工作效率. 本节介绍 Matlab 软件在概率计算中的常用命令.

(一)实验目的

1. 掌握 Matlab 软件求概率值的命令及操作过程；

2. 加深对概率知识、意义的理解；

3. 提高学生应用数学软件解决问题的能力.

(二)用数学软件 Matlab 进行概率计算的常用命令

1. 计算组合数与排列数

(1) nchoosek(n,k).

功能：计算组合数 C_n^k；

(2) factorial(n)

功能：计算排列数 $n!$.

2. 二项分布

(1)命令:binopdf (k, n, p)

功能：求二项分布 $X\sim B(n,p)$在 n 次试验中事件 A 恰好发生 k 次的概率值.

p 为每次试验事件 A 发生的概率,k 为在 n 次试验中事件 A 发生 k 次,n 为试验总次数.

(2)命令:binocdf(k, n, p)

功能：求二项分布的累积概率值 $P\{X\leqslant k\}$.

p 为每次试验事件 A 发生的概率,k 为 n 次试验中事件 A 发生 k 次,n 为试验总次数.

3. 泊松分布

(1)命令：poisspdf(k, lambda)

功能:求泊松分布 $X\sim P(\lambda)$的概率值 $P\{X=k\}$. k 为事件 A 发生的次数,lambda=λ.

(2)命令：poissinv(k, lambda)

功能:求泊松分布 $X\sim P(\lambda)$的累积概率值 $P\{X\leqslant k\}$. k 为事件 A 发生的次数,lambda=λ.

4. 均匀分布

(1)命令:unifcdf(x,a,b)

功能:计算累积概率 $F(k)=P\{X\leqslant k\}$.

(2)命令:unifinv(p,a,b)

功能:求服从均匀分布 $X\sim U(a,b)$,其概率为 $p=P\{X\leqslant k\}$的随机变量 X 的取值 k.

5. 指数分布

(1)命令 expcdf(x,lambda)

功能:计算累积概率 $F(k)=P\{X\leqslant k\}$.

(2)命令:expinv(p, lambda)

功能:求服从指数分布 $X\sim E(\lambda)$,其概率为 $p=P\{X\leqslant k\}$的随机变量 X 的取值 k.

6. 正态分布

(1)命令:normpdf(k,mu,sigma)

功能:求正态分布 $X\sim N(\mu,\sigma^2)$的概率值,其中参数为 μ=mu,σ=sigma,k 为事件$\{X<k\}$中的值.

(2)命令:normcdf (k,mu,sigma)

功能:求正态分布 $X\sim N(\mu,\sigma^2)$的累积概率值,其中参数为 μ=mu,σ=sigma,k 为事件$\{X<k\}$中的值.

(三)实验内容

1. 计算组合数 C_{10}^5.

2. 计算排列数 10!.

3. 求二项分布 $X\sim B(15,100,0.1)$ 的概率值.

4. 求二项分布 $X\sim B(15,100,0.1)$ 至多发生 15 次的概率.

5. 求泊松分布 $X\sim P(7,5)$ 的概率值.

6. 设均匀分布 $X\sim U(2,20)$，求：

(1)累积概率 $F(5)=P\{X\leqslant 5\}$ 概率值；

(2)随机变量 X，使得 $p=P\{X\leqslant 10\}$.

7. 设指数分布 $X\sim E(5)$.

(1)计算累积概率 $F(2)=P\{X\leqslant 2\}$；

(2)计算随机变量 X，使得概率 $p=P\{X\leqslant 3\}$.

8. 求正态分布的概率值.

(1)$X\sim N(0.5,0,1)$；

(2)$X\sim N(1.5,2,4)$.

9. 求正态分布的累积概率值.

(1)$X\sim N(0.8,0,1)$；

(2)$X\sim N(1.5,2,4)$.

10. 设 $X\sim N(3,2)$，求：

(1)$P\{2<X<5\}$；

(2)$P\{-4<X<10\}$；

(3)$P\{X>2\}$；

(4)$P\{X>3\}$.

11. 公共汽车门的高度是按成年男子与车门顶碰头的机会不超过 1% 设计的. 设男子身高 X(单位：cm)服从正态分布 $N(175,36)$，设计车门的最低高度.

(四)实验过程

在命令窗口输入：

```
1. >> n=10;
>> k=5;
>> nchoosek(n,k)
ans =
        252
2. >> n=10;
>> factorial(n)
ans =
    3628800
3. >> syms x
```

≫ binopdf (15, 100, 0.1)

ans =

0.0327

4. ≫binocdf (15, 100, 0.1)

ans =

0.9601

5. ≫ syms x

≫ poisspdf(7,5)

ans =

0.1044

6. (1)≫ clear

≫ format rat

≫ p=unifcdf(5,2,20)−unifcdf(2,2,20)

p =

1/6

(2)≫ clear

≫ x=unifinv(1/8,2,20)

x =

17/4

7. (1)≫ clear

≫ p=expcdf(2,5)

p =

0.3297

(2)≫ clear

≫ x=expinv(1−exp(−5 * 3),5)

x =

75.0000

8. (1)≫ normpdf(0.5,0,1)

ans =

0.3521

(2)≫ normpdf(1.5,2,4)

ans =

0.0990

9. (1)≫ normcdf(0.8,0,1)

ans =

0.7881

(2)≫normcdf(1.5,2,4)

ans =

0.4503

10. p1=$P\{2<X<5\}$

p2=$P\{-4<X<10\}$

p3=$P\{X>2\}=1-P\{X\leqslant 2\}$

p4=$P\{X>3\}=1-P\{X\leqslant 3\}$

在命令窗口输入：

(1)≫p1=normcdf(5,3,2)−normcdf(2,3,2)

p1 =

0.5328

(2)≫p2=normcdf(10,3,2)−normcdf(−4,3,2)

p2 =

0.9995

(3)≫p3=1−normcdf(2,3,2)−normcdf(−2,3,2)

p3 =

0.6853

(4)≫p4=1−normcdf(3,3,2)

p4 =

0.5000

11. 解：设 h 为车门高度，X 为身高. 求满足条件 $P\{X>h\}\leqslant 0.01$ 的 h，即 $P\{X<h\}\geqslant 0.99$.

输入：

≫h=norminv(0.99, 175, 6)

h =

188.9581.

(五)练习内容

利用软件 Matlab 求概率值：

1. 计算组合数 C_5^3.

2. 计算排列数 5!.

3. 设均匀分布 $X\sim U(0,20)$，求：

(1)累积概率 $F(5)-P\{X\leqslant 5\}$概率值；

(2)随机变量 x，使得 $p=P\{X\leqslant 10\}$.

4. 求正态分布的概率值.

(1)$X\sim N(0.3,0,1)$；

(2)$X \sim N(1,2,4)$.

5.求二项分布的概率值：

(1)$X \sim B(3, 5, 0.2)$;

(2)$X \sim B(10, 120, 0.1)$

6.求二项分布的累积概率值：

(1)$X \sim B(3, 5, 0.2)$;

(2)$X \sim B(10, 120, 0.1)$

7.求泊松分布 $X \sim P(2,4)$的概率值.

8.求:(1)标准正态分布 $X \sim N(2,0,1)$的概率值.

(2)正态分布 $X \sim N(0.5,4,9)$的概率值.

9.求:(1)标准正态分布 $X \sim N(2,0,1)$的累积概率值.

(2)正态分布 $X \sim N(0.5,4,9)$的累积概率值.

2.3.2 应用 Matlab 求数理统计中的问题

一、用 Matlab 软件求样本统计值、区间估计、假设检验

(一)实验目的

1.进一步理解样本、统计量的意义.

2.学习用 Matlab 求统计值；

3.学习用 Matlab 求估计区间；

4.学习用 Matlab 进行假设检验.

(二)学习软件 Matlab 的命令

1.命令:mean(X)

功能: 计算样本均值,$X=[x_1,x_2,\cdots,x_n]$.

2.命令:var(X)命令

功能:求样本方差,$X=[x_1,x_2,\cdots,x_n]$.

3.命令: std(X)

功能:求样本标准差,$X=[x_1,x_2,\cdots,x_n]$.

4.sum(X. * p)

功能:由分布律计算均值.

5.[muhat,sigmahat,muci,sigmaci] = normfit(X)

[muhat,sigmahat,muci,sigmaci] = normfit(X,alpha)

功能:正态分布的参数估计.

其中 muhat,sigmahat 分别为正态分布的参数 μ 和 σ 的估计值,muci,sigmaci 分别为置信区间,alpha 给出显著水平 α,缺省时默认为 0.05,即置信度为 95%.

(三)实验内容

1. 有一组 50 个符合正态随机数据,其均值为 10,均方差为 2,求 95% 的置信区间和参数估计值.

2. 有两组(每组 100 个元素)正态随机数据,其均值为 10,均方差为 2,求 95% 的置信区间和参数估计值.

(四)实验过程

```
1. r = normrnd (10,2,50,1);
[mu,sigma,muci,sigmaci] = normfit(r)
mu =
    10.1498          % μ 的估计值
sigma =
    1.8029          % σ 的估计值
muci =
    9.6374         %置信区间
    10.6622
sigmaci =
    1.5060         %参数估计值
     2.2466
```

表明置信区间是[9.6374,10.6622],参数估计值是[1.5060,2.2466].

```
2. >> r = normrnd (10,2,100,2);
>> [mu,sigma,muci,sigmaci] = normfit(r)
mu =
    10.0959      9.7460
sigma =
     1.7370      1.8894
muci =
    9.7512      9.3711
    10.4405    10.1209
sigmaci =
     1.5251      1.6589
     2.0178      2.1949
```

说明 muci,sigmaci 中各列分别为原随机数据各列估计值的置信区间,置信度为 95%.

(五)练习内容

1. 某班有 32 名学生,数学考试成绩如下:

92,80,91,70,87,82,69,57,97,68,76,80,61,85,78,70

96,84,96,82,64,82,79,69,92,80,86,78,85,58,64,88

利用软件 Matlab 求样本均值、样本方差和样本标准差.

2. 设总体 $X \sim N(\mu, \delta)$，测得一组样本的观测值为 12.6，13.4，12.8，13.2，求参数 μ 的 0.95 的置信区间.

3. 有两组(每组 80 个元素)正态随机数据，其均值为 65，均方差为 3，求 95%的置信区间和参数估计值.

二、用 Matlab 软件进行假设检验与一元线性回归

(一)实验目的

1. 学习用 Matlab 进行假设检验；

2. 学习用 Matlab 进行一元线性回归.

(二)学习软件 Matlab 的命令

1. 命令 [H, P, CI, zval]=ztest(X, μ_0, σ, α, tail)

功能：U 检验法. 其中 μ_0 为均值，σ 为已知的标准差，α 为给定的检验水平，

当 tail=0 时，备择假设为"$\mu \neq \mu_0$"；当 tail=1 时，备择假设为"$\mu > \mu_0$"；当 tail=−1 时，备择假设为"$\mu < \mu_0$"；当 H=0 时表示接受原假设；当 H=1 时表示拒绝原假设.

2. 命令：[h,sig,ci]=ttest(X,m,sigma,alpha,tail)；

功能：t-检验法的命令. 其中 m 为均值，sigma 为已知方差，alpha 为显著性水平，alpha 的默认值为 0.05，tail 的取值有三种形式：tail=0，检验假设"X 的均值=m"，tail=1，检验假设"X 的均值>m"，tail=−1，检验假设"X 的均值<m"，tail 的缺省为 0. h=1 表示拒绝原假设，h=0 表示不拒绝原假设，sig 为假设成立的概率，ci 为均值的 1−alpha 置信区间.

3. 命令：polyfit (x, y, 1)

功能：求回归直线方程 $y=ax+b$ 的系数 a，b 的值.

4. 命令：plot(x,y,'*',xi,pi)

功能：画出散点图及回归直线方程的拟合直线.

(三)实验内容

1. 某橡胶的伸长率 $X \sim N(0.53, 0.015^2)$，现改进橡胶配方，对改进配方后的橡胶取样分析测得其伸长率如下

0.56,0.53,0.55,0.55,0.58,0.56,0.57,0.57,0.54

已知改进配方后橡胶伸长率的方差不变，问改进配方后橡胶的平均伸长率有无显著变化？(α=0.05)

2. 某物流公司为测量某种电子元件的寿命，进行抽样检查，现测得 17 只电子元件的寿命(单位：小时)如下：

224,260,170,101,280,212,179,379,264,168,222,362,250,149,485,170,159

问是否有理由认为元件的平均寿命大于 225 小时？

3. 某厂生产一种商品，产量与生产费用之间的统计资料见表 2-14.

表 2-14　　某商品产量与生产费用统计资料

产量 x	100	110	120	130	140	150	160	170	180	190
费用 y	45	51	54	61	66	70	74	78	85	89

试作 $y=ax+b$ 型的回归.

(四)实验过程

1. 解：橡胶的伸长率 X 服从正态分布，因为总体方差 σ^2 已知，所以采用 u 检验.

假设 $H_0:\mu=\mu_0, H_1:\mu\neq\mu_0$.

Matlab 命令求解：

输入：

```
X=[0.56,0.53,0.55,0.55,0.58,0.56,0.57,0.57,0.54];
[H,P,CI,zval]=ztest(X,0.53,0.015,0.05,0)
```

输出：

```
H=1                          %拒绝原假设
P=9.6426e-008                %显著性概率显著小于 0.05
CI=0.5469    0.5665          %置信区间(0.5469,0.5665)
zaval=5.3333                 %统计量的计算值
```

2. 解：设电子元件的寿命 X 服从正态分布.

因为总体方差 σ^2 未知，所以采用 t-检验.

在显著性水平 $\alpha=0.05$ 下检验假设.

原假设：$H_0:\mu<\mu_0=225$；

备择假设：$H_1:\mu>225$.

现在用 Matlab 求解如下：

输入：

```
X=[224,260,170,101,280,212,179,379,264,168,222,362,250,149,485,170,159]
X =
   224   260   170   101   280   212   179   379   264
168   222   362   250   149   485   170   159
>> [h,sig,ci]=ttest(X,225,0.05,1)
h =
     0
sig =
     0.3045
ci =
   196.1565        Inf
```

结果表明：$h=0$ 表示在水平 $\alpha=0.05$ 下应该接受原假设 H_0，即认为电子元件的平均寿命不大于 225 小时.

3. 解：在命令窗口输入：

```
≫x=[100,110,120,130,140,150,160,170,180,190];
≫y=[45,51,54,61,66,70,74,78,85,89];
≫polyfit(x,y,1)
```

运行结果

```
ans =
   0.4830   -2.7394
```

结果说明回归直线为 $y=-2.7394+0.4830x$.

画出散点图与回归直线.

在命令窗口输入：

```
≫ xi=100:10:190;
≫ pi=polyval(p,xi);
≫ plot(x,y,'*',xi,pi)
```

拟合曲线图如图 2-23 所示.

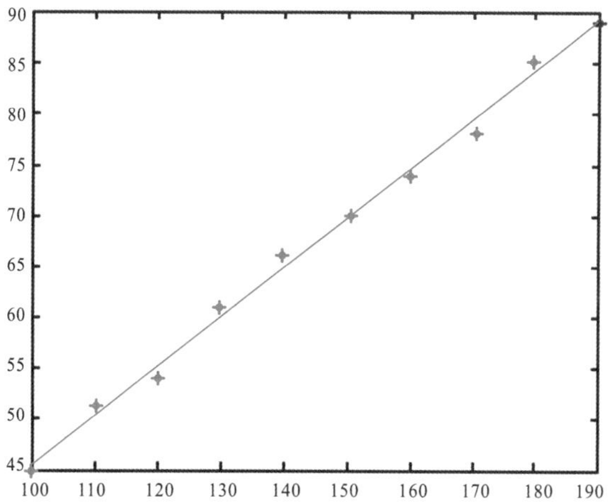

图 2-23

（五）学生练习

1. 按行业规定，某食品每 100 g 中维生素(Vc)的含量不少于 21 mg，设 Vc 含量的测定值总体服从正态分布，现从生产的这批食品中随机抽取 17 个样品，测得如下每 100 g 食品中的 Vc 的含量(单位：mg)为：

16　22　21　20　23　21　19　15　13　23　17　20　29　18　22　16　25

试检验该批食品的含量是否合格？($\alpha=0.05$)

概率论与数理统计知识结构图

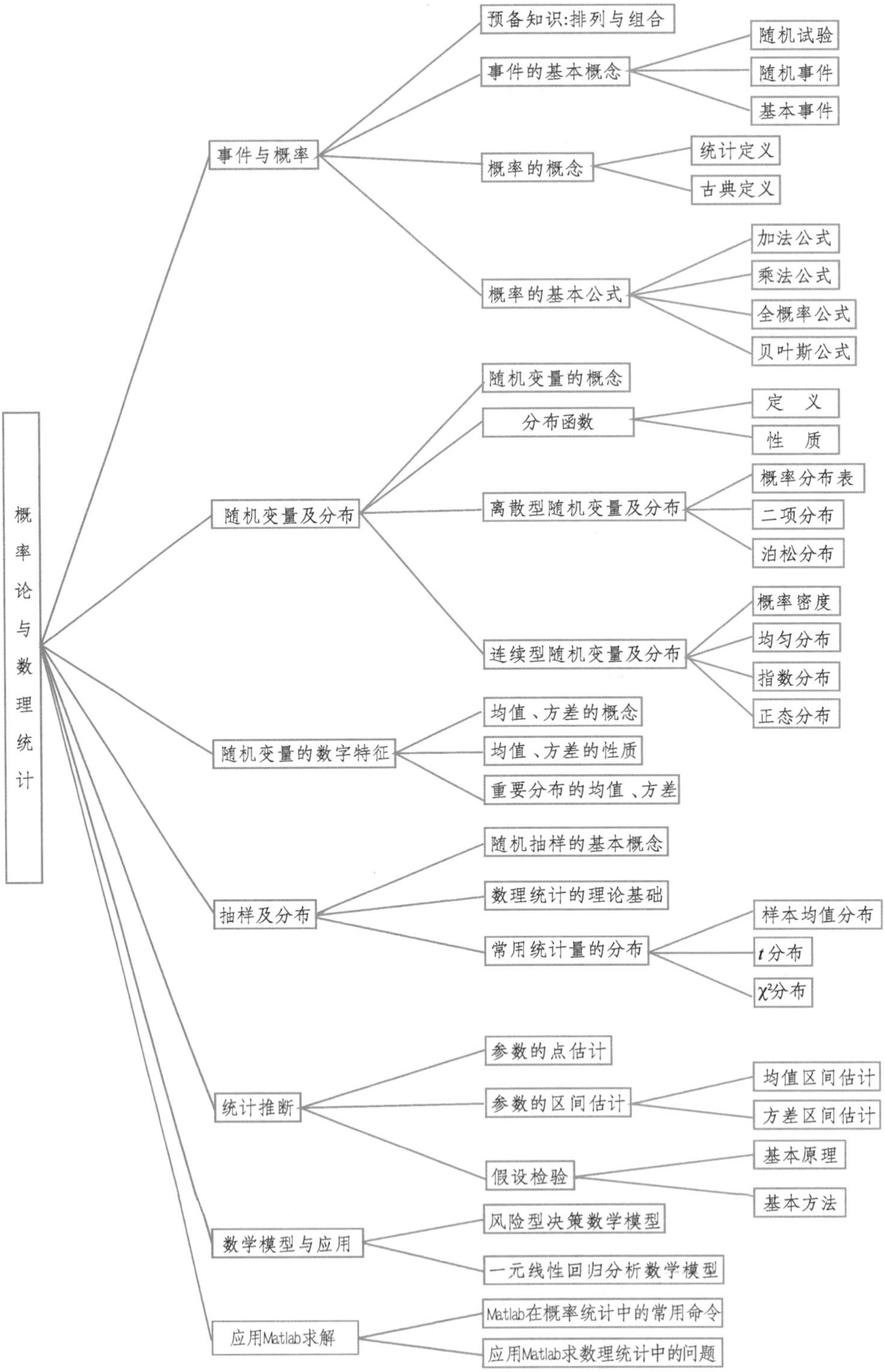

概率论与数理统计
事件与概率
预备知识:排列与组合
事件的基本概念
随机试验
随机事件
基本事件
概率的概念
统计定义
古典定义
概率的基本公式
加法公式
乘法公式
全概率公式
贝叶斯公式
随机变量及分布
随机变量的概念
分布函数
定　义
性　质
离散型随机变量及分布
概率分布表
二项分布
泊松分布
连续型随机变量及分布
概率密度
均匀分布
指数分布
正态分布
随机变量的数字特征
均值、方差的概念
均值、方差的性质
重要分布的均值、方差
抽样及分布
随机抽样的基本概念
数理统计的理论基础
常用统计量的分布
样本均值分布
t分布
χ^2分布
统计推断
参数的点估计
参数的区间估计
均值区间估计
方差区间估计
假设检验
基本原理
基本方法
数学模型与应用
风险型决策数学模型
一元线性回归分析数学模型
应用Matlab求解
Matlab在概率统计中的常用命令
应用Matlab求数理统计中的问题

复习题二

一、单项选择题

1. 设 A,B 为两个事件，则 $AB+A\overline{B}=$(　　).

A. $\varnothing$　　B. S　　C. A　　D. $A+B$

2. 设事件 A,B 互不相容，$P(A)>0,P(B)>0$，则(　　).

A. $P(A+B)=1$　　B. $P(AB)=P(A)P(B)$　　C. $P(AB)=0$　　D. $P(AB)>0$

3. 若 $X\sim N(0,1)$，则 $Y=2X+4$ 服从(　　).

A. $N(2,4)$　　B. $N(4,4)$　　C. $N(0,2)$　　D. $N(0,4)$

4. 若 $X\sim B(1,p)$，则 $E(X)=$(　　).

A. 0　　B. 1　　C. p　　D. $1-p$

5. 若 X 在$[-3,3]$上服从均匀分布，则 $D(1-2X)=$(　　).

A. 1　　B. 3　　C. 7　　D. 12

6. 若 $X\sim N(2,5),Y\sim N(3,1)$，且 X 与 Y 相互独立，则 $E(XY)=$(　　).

A. 6　　B. 2　　C. 5　　D. 15

7. 设$(X_1,X_2,\cdots,X_n)$是取自总体 X 的样本，$X\sim N(\mu,\sigma^2)$，$\overline{X}$ 为样本均值，令 $Y=\dfrac{\sum\limits_{i=1}^{n}(X_i-\overline{X})^2}{\sigma^2}$，则 $Y\sim$(　　).

A. $\chi^2(n-1)$　　B. $\chi^2(n)$　　C. $N(\mu,\sigma^2)$　　D. $N(\mu,\dfrac{\sigma^2}{n})$

8. 设$(X_1,X_2,\cdots,X_n)$是取自总体 X 的样本，$X\sim N(\mu,\sigma^2)$，μ 未知，则(　　)是统计量.

A. $\dfrac{1}{n}\sum\limits_{i=1}^{n}X_i^2$　　B. $\sum\limits_{i=1}^{n}(X_i-\mu)^2$　　C. $X-\mu$　　D. $(X-\mu)^2+\sigma^2$

9. 设正态总体 X 的一组样本值为(10,10,10,30,10,20)，则可得总体 X 的均值 $E(X)$的点估计值为(　　).

A. 10　　B. 15　　C. 20　　D. 30

10. 在假设检验中，做出拒绝假设 H_0 决策时，则可能(　　)错误.

A. 犯第一类　　B. 犯第二类

C. 可能犯第一类，也可能犯第二类　　D. 不犯

二、填空题

1. 若 A,B,C 是三个事件，则三个事件中至少发生一个可以表示为______.

2. 若 A,B 为两个事件，如果 $P(A)>0$，且 $P(B|A)=P(B)$，则事件 A 与 B ______.

3. 若某随机变量 X 的分布律为 $P\{X=k\}=c\left(\dfrac{1}{3}\right)^k(k=1,2,3)$，则常数 $c=$______.

4. 若连续型随机变量 X 的分布函数为 $F(X)=\dfrac{1}{2}+\dfrac{1}{\pi}\arctan x$，则它的概率密度函

数为______.

5. 设 X 为随机变量，则 $D(X)=E(X^2)-$______.

6. 设 X 的分布函数为 $F(x)$，则概率 $P\{X>2\}=$______.

7. 设 $P(A)=0.5,P(B)=0.4$，且 A 与 B 相互独立，则 $P(A+B)=$______，$P(A\bar{B})=$______.

8. 设 $X_1,X_2,\cdots,X_n$ 是相互独立的随机变量，且服从同一参数为 p 的两点分布，则 $E\left(\frac{1}{n}\sum_{i=1}^{n}X_i\right)=$______，$D\left(\frac{1}{n}\sum_{i=1}^{n}X_i\right)=$______.

9. 设随机变量 $X\sim N(-1,4)$，$Y\sim N(1,2)$，且 X 与 Y 相互独立，则 $E(X-2Y)=$______，$D(X-2Y)=$______.

10. 设正态总体的方差未知，那么置信度为 $1-\alpha$ 的均值 μ 的置信区间的长度是样本标准差 S 的______倍.

三、计算题

1. 袋中有 5 个白球和 3 个黑球，从中每次无放回地任取一球，共取两次，求：

(1)取得的两个球颜色相同的概率；

(2)第二次才取到黑球的概率；

(3)第二次取得黑球的概率.

2. 甲、乙两人各自独立地向一敌机射击，已知甲击中敌机的概率是 0.6，乙击中敌机的概率为 0.5，求敌机被击中的概率.

3. 设连续型随机变量 X 的分布函数为

$$F(x)=\begin{cases}0 & (x<0)\\ Ax^2 & (0\leqslant x\leqslant 2)\\ 1 & (x>2)\end{cases}$$

求：(1)常数 A；(2)概率密度函数 $p(x)$；(3)$P\{0.5<x\leqslant 1\}$；(4)$E(X)$；(5)$D(X)$.

4. 盒内有 5 个球，其中 3 个白球、2 个黑球，从中随机任取 2 个，设 X 为取得白球的个数，求 $E(X)$.

5. 设总体 $X\sim N(\mu,0.9^2)$，任取容量 $n=9$ 的样本，样本均值 $\overline{X}=5$，求总体均值 μ 的置信度为 95%的置信区间.

四、解答题

1. 参加某重点中学考试的考生 4000 名，拟录取前 600 名，已知考试成绩 $X\sim N(500,100^2)$，问录取分数线应定多少分？

2. 从总体 X 中抽取样本(X_1,X_2,X_3)，试验证下面三个统计量

$$\hat{\mu}_1=\frac{X_1}{2}+\frac{X_2}{3}+\frac{X_3}{6},\ \hat{\mu}_2=\frac{X_1}{2}+\frac{X_2}{4}+\frac{X_3}{4},\hat{\mu}_3=\frac{X_1}{3}+\frac{X_2}{3}+\frac{X_3}{3}$$

都是总体均值 μ 的无偏估计量，并确定哪个估计量更有效.

3. 某批矿砂的 5 个样品中的镍含量经测定为 x_i(%)：3.25，3.27，3.24，3.26，3.24，设测定值服从正态分布，问在 $\alpha=0.01$ 下能否接受这批矿砂的镍含量为 3.25 的假设？

4. 为生产某种产品，设计了两个基建方案：一个是建大厂，另一个是建小厂. 建大厂

需要投资 500 万元，建小厂需要投资 120 万元，两者的使用期都是 10 年. 估计在此期间，产品销路好的概率为 0.7，两个方案的年度益损值见下表：

单位：万元

自然状态	建大厂	建小厂	概 率
销路好	100	40	0.7
销路差	−20	10	0.3

试确定合理的决策方案.

5. 根据调查，建筑面积（单位：百平方米）与建筑成本（单位：万元）之间存在着线性相关关系，其统计资料见下表：

建筑面积 x	4	3	5	2	4	5
建筑成本 y	14.9	13.2	15.5	12.8	14.1	16

求：(1) 建筑面积 x 与建筑成本 y 之间的回归方程；

(2) 当 $\alpha=0.05$ 时，检验线性相关关系是否显著；

(3) 建筑面积为 500 m^2 时，预测建筑成本的范围（$\alpha=0.05$）.

参考文献

[1] 张宇.张宇线性代数 9 讲.北京:高等教育出版社,2020
[2] 胡煜.线性代数.北京:电子工业出版社,2021
[3] 李炯生,查建国,王新茂.线性代数,第 2 版.合肥:中科大出版社,2021
[4] 徐勇.线性代数.北京:电子工业出版社,2020
[5] 茆诗松,程依明,濮晓龙.概率论与数理统计教程,第 3 版.北京:高等教育出版社,2019
[6] 曹显兵,莫立坡,梁新刚.概率论与数理统计.北京:中国人民大学出版社,2021
[7] 陈晓龙,施庆生,邓晓卫.数概率论与数理统计,第 3 版.北京:化学工业出版社,2021
[8] 刘嘉.刘嘉概率论通识讲义.北京:新星出版社,2021
[9] 胡政发,肖海霞.应用数理统计与随机过程.北京:电子工业出版社,2021
[10] 游安军.经济数学,第 2 版.北京:电子工业出版社,2021
[11] 姜启源,谢金星,叶俊.数学模型,第五版.北京:高等教育出版社,2018
[12] 颜文勇,郑茂波.数学建模,第二版.北京:高等教育出版社,2021

综合测试题

综合测试题（一）

（A）

一、单项选择题

1. $\begin{vmatrix} 0 & 0 & 0 & 1 \\ 0 & 0 & a & 0 \\ 0 & 2 & 0 & 0 \\ 1 & 0 & 0 & 0 \end{vmatrix}=1$，则 $a=$（　　）.

A. $\frac{1}{2}$　　B. -1　　C. $-\frac{1}{2}$　　D. 1

2. 乘积矩阵 $\begin{pmatrix} 1 & -1 \\ 2 & 4 \end{pmatrix}\begin{pmatrix} -1 & 0 & 3 \\ 5 & 2 & 1 \end{pmatrix}$ 中元素 $c_{23}=$（　　）.

A. 1　　B. 7　　C. 10　　D. 8

3. 矩阵 $\begin{pmatrix} 1 & 3 \\ -2 & 5 \end{pmatrix}$ 的伴随矩阵为（　　）.

A. $\begin{pmatrix} 1 & -3 \\ -2 & 5 \end{pmatrix}$　　B. $\begin{pmatrix} -1 & 3 \\ 2 & -5 \end{pmatrix}$　　C. $\begin{pmatrix} 5 & -3 \\ 2 & 1 \end{pmatrix}$　　D. $\begin{pmatrix} -5 & 3 \\ 2 & -1 \end{pmatrix}$

4. 方阵 $\boldsymbol{A}$ 可逆的充分必要条件是（　　）.

A. $\boldsymbol{A}\neq 0$　　B. $|\boldsymbol{A}|\neq 0$　　C. $\boldsymbol{A}^*\neq 0$　　D. $|\boldsymbol{A}^*|\neq 0$

5. 线性方程组 $\begin{cases} x_1+2x_2+3x_3=2 \\ x_1 \qquad\quad -x_3=6 \\ \qquad -3x_2+3x_3=4 \end{cases}$（　　）.

A. 有无穷多解　　B. 有唯一解　　C. 无解　　D. 只有零解

6. $\boldsymbol{A}$ 与 $\overline{\boldsymbol{A}}$ 分别代表一个线性方程组的系数矩阵和增广矩阵，若这个方程组无解，则（　　）.

A. 秩$(\boldsymbol{A})=$秩$(\overline{\boldsymbol{A}})$　　B. 秩$(\boldsymbol{A})<$秩$(\overline{\boldsymbol{A}})$

C. 秩$(\boldsymbol{A})>$秩$(\overline{\boldsymbol{A}})$　　　　D. 秩$(\boldsymbol{A})=$秩$(\overline{\boldsymbol{A}})-\alpha$

二、填空题

1. $\begin{vmatrix} 2 & -1 & 0 \\ 1 & -4 & 0 \\ 0 & 0 & -1 \end{vmatrix}=$________.

2. 若$\boldsymbol{A}$为3×4矩阵,$\boldsymbol{B}$为2×5矩阵,且乘积$\boldsymbol{A}\boldsymbol{C}^{\mathrm{T}}\boldsymbol{B}^{\mathrm{T}}$有意义,则$\boldsymbol{C}$为________矩阵.

3. 设$\boldsymbol{A}=\begin{pmatrix} 1 & 2 \\ 4 & 0 \\ -3 & 4 \end{pmatrix}$,$\boldsymbol{B}=\begin{pmatrix} -1 & 2 & 0 \\ 3 & -1 & 4 \end{pmatrix}$,则$(\boldsymbol{A}+\boldsymbol{B}^{\mathrm{T}})^{\mathrm{T}}=$________.

4. 设$\boldsymbol{A}$,$\boldsymbol{B}$均为3阶矩阵,且$|\boldsymbol{A}|=|\boldsymbol{B}|=-3$,则$|-2\boldsymbol{A}\boldsymbol{B}|=$________.

5. 矩阵$\begin{pmatrix} 2 & -1 & 2 \\ 4 & 0 & 2 \\ 0 & -3 & 3 \end{pmatrix}$的秩为________.

6. 齐次线性方程组$\boldsymbol{A}\boldsymbol{X}=\boldsymbol{0}$中未知量个数为5,秩$(\boldsymbol{A})=3$,则方程组解的情况为________.

三、计算题

1. 设$\boldsymbol{A}=\begin{pmatrix} 1 & 2 \\ -3 & 5 \end{pmatrix}$,$\boldsymbol{B}=\begin{pmatrix} -1 & 1 \\ 4 & 3 \end{pmatrix}$,$\boldsymbol{C}=\begin{pmatrix} 5 & 4 \\ 3 & -1 \end{pmatrix}$,求(1)$2\boldsymbol{A}+3\boldsymbol{C}$;(2)$(\boldsymbol{A}\boldsymbol{B})^{\mathrm{T}}\boldsymbol{C}$.

2. 已知$\boldsymbol{A}=\begin{pmatrix} 3 & 1 & 0 \\ -1 & 2 & 1 \\ 3 & 4 & 2 \end{pmatrix}$,$\boldsymbol{B}=\begin{pmatrix} 1 & 0 & 2 \\ -1 & 1 & 1 \\ 2 & 1 & 1 \end{pmatrix}$,求满足方程$3\boldsymbol{A}-2\boldsymbol{X}=\boldsymbol{B}$的矩阵$\boldsymbol{X}$.

3. 计算四阶行列式$\begin{vmatrix} 1 & 0 & 2 & 0 \\ -1 & 4 & 3 & 6 \\ 0 & 2 & -5 & 3 \\ 3 & 1 & 1 & 0 \end{vmatrix}$中元素$a_{41}$,$a_{42}$的代数余子式,并求行列式的值.

4. 用初等变换求下列矩阵的逆矩阵:

(1)$\begin{pmatrix} 1 & 2 & 2 \\ 2 & 1 & -2 \\ 2 & -2 & 1 \end{pmatrix}$　　　　(2)$\begin{pmatrix} 1 & 0 & 0 & 0 \\ 1 & 1 & 0 & 0 \\ 1 & 1 & 1 & 0 \\ 1 & 1 & 1 & 1 \end{pmatrix}$

5. 解线性方程组$\begin{cases} x_1+2x_2+x_3-x_4=4 \\ 3x_1+6x_2-x_3-3x_4=8 \\ 5x_1+10x_2+x_3-5x_4=16 \end{cases}$.

四、应用题

已知一经济系统 3 个部门报告期投入产出矩阵 $\boldsymbol{A}$ 和计算期最终产品 $\boldsymbol{Y}$ 为

$$\boldsymbol{A}=\begin{pmatrix}0 & 0.50 & 0.80\\ 0.125 & 0.10 & 0.16\\ 0.075 & 0.25 & 0\end{pmatrix},\boldsymbol{Y}=\begin{pmatrix}200\\180\\340\end{pmatrix}$$

试求：(1) 计划期 3 个部门的总产品 $\boldsymbol{X}=(x_1,x_2,x_3)^{\mathrm{T}}$；

(2) 流量矩阵，即求(x_{ij}).

(B)

一、单项选择题

1. 设 $\boldsymbol{A}$ 是 3×2 矩阵，$\boldsymbol{B}$ 是 2×4 矩阵，则以下运算成立的是(　　).

A. $\boldsymbol{AB}$　　B. $\boldsymbol{A}^{\mathrm{T}}\boldsymbol{B}$　　C. $\boldsymbol{BA}$　　D. $\boldsymbol{B}^{\mathrm{T}}\boldsymbol{A}$

2. 设 $\begin{vmatrix}a_1 & a_2 & a_3\\ b_1 & b_2 & b_3\\ c_1 & c_2 & c_3\end{vmatrix}=2$，则 $\begin{vmatrix}a_1 & a_2 & a_3\\ 2a_1-3b_1 & 2a_2-3b_2 & 2a_3-3b_3\\ c_1 & c_2 & c_3\end{vmatrix}=$(　　).

A. 4　　B. -4　　C. 6　　D. -6

3. 矩阵 $\boldsymbol{A}=\begin{pmatrix}4 & 3\\ 2 & 1\end{pmatrix}$ 的伴随矩阵 $\boldsymbol{A}^*=$(　　).

A. $\begin{pmatrix}1 & 3\\ 2 & 4\end{pmatrix}$　　B. $\begin{pmatrix}1 & -3\\ -2 & 4\end{pmatrix}$　　C. $\begin{pmatrix}1 & -2\\ -3 & 4\end{pmatrix}$　　D. $\begin{pmatrix}4 & -2\\ -3 & 1\end{pmatrix}$

4. 若 $\boldsymbol{AA}^{\mathrm{T}}=\boldsymbol{A}^{\mathrm{T}}\boldsymbol{A}=\boldsymbol{I}$，则 $\boldsymbol{A}$ 的行列式 $|\boldsymbol{A}|=$(　　).

A. 1　　B. 0　　C. ± 1　　D. -1

5. 若某个线性方程组相应的齐次线性方程组只有零解，则该线性方程组(　　).

A. 可能无解　　B. 有唯一解　　C. 有无穷多解　　D. 无解

二、填空题

1. 设 $\boldsymbol{A}=\begin{pmatrix}1 & -1\\ 0 & 2\end{pmatrix}$，$\boldsymbol{B}=\begin{pmatrix}3 & 2\\ 1 & 1\end{pmatrix}$，则 $2\boldsymbol{A}+\boldsymbol{B}=$______，$\boldsymbol{A}-(3\boldsymbol{B})^{\mathrm{T}}=$______.

2. 已知 $\boldsymbol{A}=\begin{pmatrix}1 & 2\\ 3 & 4\end{pmatrix}$，$|\boldsymbol{AB}|=4$，则 $|2\boldsymbol{B}|=$______.

3. 设 $\boldsymbol{A}=\begin{pmatrix}1 & 0 & 0\\ 0 & 3 & 0\\ 0 & 0 & 7\end{pmatrix}$，则 $\boldsymbol{A}^{-1}=$______.

4. 可逆矩阵作初等行变换后一定能化成______.

5. 矩阵$\begin{pmatrix}1 & 2 & 3\\2 & 3 & 4\\3 & 4 & 5\end{pmatrix}$的秩是______.

三、计算题

1. 设$\boldsymbol{A}^{-1}=\begin{pmatrix}1 & -1 & 2\\2 & -3 & 5\\3 & -2 & 4\end{pmatrix}$,求$\boldsymbol{A}$.

2. 设$\boldsymbol{A}=\begin{pmatrix}0 & 1 & 0\\-1 & 1 & 0\\-1 & 0 & -1\end{pmatrix}$,$\boldsymbol{B}=\begin{pmatrix}1 & -1\\2 & 0\\1 & 1\end{pmatrix}$,解矩阵方程$(\boldsymbol{I}-\boldsymbol{A})\boldsymbol{X}=\boldsymbol{B}$.

3. 设问a,b为何值时,下述方程组有解?并求出其解.

$$\begin{cases}x_1+x_2+x_3+x_4+x_5=1\\3x_1+2x_2+x_3+x_4-3x_5=a\\x_2+2x_3+2x_4+6x_5=3\\5x_1+4x_2+3x_3+3x_4-x_5=b\end{cases}$$

四、应用题

某农场有1000亩土地和50000元资金,如果在两种作物小麦和大豆之间选择,不考虑其他费用支出和自然灾害等,每亩小麦需支付种子费40元,收益80元;每亩大豆需支付种子费60元,收益110元.问小麦和大豆各种植多少才能使收益最大?

综合测试题(二)

(A)

一、填空题

1. 从一批由90件正品、3件次品组成的产品中,任取1件产品恰好是正品的概率是______.

2. 设A,B为两个事件,$P(A)=0.4$,$P(A+B)=0.7$,若A,B相互独立,则$P(B)=$______.

3. 设A,B,C构成一个完备事件组,且$P(A)=0.5$,$P(\overline{B})=0.7$,则$P(C)=$______.

4. 电话局的电话号码由8位数字组成,假定每个用户只用一个号码,此电话局可以容纳______个用户.

5. 当 $c=$ ______时，才能使 $P\{X=k\}=\frac{k}{c}(k=1,2,3,4,5)$ 成为随机变量 X 的概率分布.

6. 从快递公司到火车站的途中有三个交通岗，假设在各交通岗遇到红灯的事件是相互独立的，且概率都是 $\frac{2}{5}$. 设 X 是途中遇到红灯的次数，则 $P\{X=0\}=$ ______.

7. 盆中有 2 个白球 3 个红球，从中任取 3 个，X 表示取到白球的个数，则 $E(X)=$ ______，$D(X)=$ ______.

8. 设样本 $(X_1,X_2,\cdots,X_n)$ 取自标准正态分布总体 $N(0,1)$，$\overline{X}$ 是样本均值，则 $\overline{X}\sim$ ______，$\sum_{i=1}^{n}X_i^2\sim$ ______.

9. 若 X 在 $[1,3]$ 上服从均匀分布，则 X 的密度函数 $p(x)=$ ______，均值 $E(X)=$ ______.

10. 若 X 的概率密度函数为 $p(x)=\frac{1}{3\sqrt{2\pi}}e^{-\frac{(x+4)^2}{18}}$，则均值 $E(X)=$ ______，方差 $D(X)=$ ______.

二、单项选择题

1. 从装有 3 个红球、2 个白球的袋中任取 2 个球，记 $A=$“取到两个白球”，则 $\overline{A}=$ (   ).

A. 取到两个红球　　B. 至少取到一个白球

C. 没有取到白球　　D. 至少取到一个红球

2. 设事件 A 与 B 相互独立，则(   ).

A. A 与 B 互不相容　　B. $\overline{A}$ 与 $\overline{B}$ 互不相容

C. $P(A+B)=P(A)+P(B)$　　D. $P(AB)=P(A)P(B)$

3. 某人射击，中靶的概率是 $\frac{3}{4}$，如果射击直到中靶为止，射击次数为 3 的概率是 (   ).

A. $(\frac{3}{4})^3$　　B. $(\frac{3}{4})^2\cdot\frac{1}{4}$

C. $\frac{3}{4}\cdot(\frac{1}{4})^2$　　D. $(\frac{1}{4})^3$

4. 甲、乙两人同时向敌机射击，已知甲击中敌机的概率为 0.7，乙击中敌机的概率为 0.5，则敌机被击中的概率是(   ).

A. 0.75　　B. 0.85

C. 0.9　　D. 0.95

5. 设 $P(AB)=0$,则(　　).

A. A 与 B 互不相容　　B. A 与 B 独立

C. $P(A)=0$ 或 $P(B)=0$　　D. $A\subset B$

6. 设两个相互独立的随机变量 X 和 Y 的方差分别为 6 和 3,则随机变量 $2X-3Y$ 的方差是(　　).

A. 51　　B. 21

C. -3　　D. 36

7. 设随机变量 $X\sim B(n,p)$,已知 $E(X)=0.5$,$D(X)=0.45$,则 n,p 的值是(　　).

A. $n=5,p=0.3$　　B. $n=10,p=0.05$

C. $n=1,p=0.5$　　D. $n=5,p=0.1$

8. 设随机变量 $X\sim N(0,1)$,$Y=2X+1$,则 $Y\sim$(　　).

A. $N(1,4)$　　B. $N(0,1)$

C. $N(1,1)$　　D. $N(1,2)$

9. 设总体 X 服从正态分布 $N(\mu,\sigma^2)$,其中 μ 已知,σ^2 未知,(X_1,X_2,X_3) 是从总体中抽取的样本,则下列表达式中不是统计量的是(　　).

A. $X_1+X_2+X_3$　　B. $\sum\limits_{i=1}^{3}\dfrac{X_i^2}{\sigma^2}$

C. $\min\{X_1,X_2,X_3\}$　　D. $X_1+2\mu$

10. 设 (X_1,X_2,X_3) 是总体 X 的样本,则 $E(X)$ 的无偏估计量是(　　).

A. $\hat{\mu}_1=\dfrac{1}{2}X_1-\dfrac{1}{5}X_2+\dfrac{1}{2}X_3$　　B. $\hat{\mu}_2=\dfrac{1}{3}X_1+\dfrac{1}{3}X_2+X_3$

C. $\hat{\mu}_3=\dfrac{1}{2}X_1+\dfrac{3}{2}X_2-\dfrac{1}{3}X_3$　　D. $\hat{\mu}_4=\dfrac{1}{2}X_1+\dfrac{1}{4}X_2+\dfrac{1}{4}X_3$

三、计算题

1. 一份试卷中有 9 个题目,规定考生需做其中任意 6 题,求一考生在选 6 个题目时,至少选中前 5 题中的 3 个题目的概率.

2. 某品牌的产品,在男士中有 10% 的人使用过,女士中有 40% 的人使用过,若从男女人数相同的人群中任选一人,恰好使用过该产品,则此人是位女士的概率是多少?

3. 设随机变量 X 在 $[1,5]$ 上服从均匀分布,现对 X 进行 3 次独立试验,则至少有 2 次观察值大于 3 的概率是多少?

4. A 袋中有 2 个白球、1 个黑球,B 袋中有 1 个白球、5 个黑球,从 A 中任取 1 球放入 B 中,再从 B 中任取 1 球,求此球是白球的概率.

5. 袋中有 5 个乒乓球,编号为 1、2、3、4、5,现从中任取 3 个,用 X 表示取出的 3 个球中的最大编号,求 $E(X)$.

6. 某种电子管的使用寿命服从正态分布，从中随机抽取 15 个进行检验，计算得到 $\overline{x}=1950$ 小时，标准差 $s=300$ 小时，试以 95% 的置信度估计整批电子管平均寿命的置信区间.

（B）

一、填空题

1. 设 A,B,C 构成一个完备事件组，且 $P(A)=0.5,P(\overline{B})=0.7$，则 $P(AB)=$________.

2. 设离散型随机变量 X 的概率分布如下：$P\{X=0\}=0.2,P\{X=1\}=0.3,P\{X=2\}=0.5$，则 $P\{X\leqslant 1.5\}=$________.

3. 某种品牌的电视机的使用寿命 X 是一随机变量，均匀分布在 10000 ~ 15000 小时之间. 设这种电视机使用 10005 ~ 12000 小时的概率为 $P(A)$，使用 12005 ~ 14000 小时的概率为 $P(B)$，则 $P(A)$ 与 $P(B)$ 的比值为________.

4. 设随机变量 X 的分布函数为

$$F(x)=\begin{cases}1-x\mathrm{e}^{-x} & x\geqslant 0\\ 0 & x<0\end{cases}$$

则 $P\{X\leqslant 1\}=$________.

5. 设随机变量 X 有 $E(X)=10,D(X)=25$，已知 $E(aX+b)=0,D(aX+b)=1$，则 $a=$________，$b=$________，或 $a=$________，$b=$________.

6. 若随机变量 $X\sim N(4,16)$，则 $Y=\dfrac{X-4}{4}\sim$________.

7. 设随机变量 X 与 Y 相互独立，且 X 在 $[0,2]$ 上服从均匀分布，Y 服从参数为 3 的指数分布，则 $E(XY)=$________.

8. 设 $X\sim N(\mu,\sigma^2)$，$\overline{X}$ 和 S^2 分别是容量为 n 的样本均值及样本方差，则 $\sum\limits_{i=1}^{n}\left(\dfrac{X_i-\overline{X}}{\sigma}\right)^2\sim$________.

9. 对于相同的置信度，置信区间的长度越小，表示估计的精确度越________（高/低）.

二、单项选择题

1. 设 $P(A)=0.8,P(B)=0.7,P(A|B)=0.8$，则下列结论正确的是（　　）.

A. 事件 A 与 B 相互独立　　B. 事件 A 与 B 互斥

C. $B\supset A$　　D. $P(A+B)=P(A)+P(B)$

2. 某类灯泡使用寿命在 500 小时以上的概率为 $\dfrac{1}{2}$，现从中任取 3 个灯泡使用，在使用 500 小时以后还有 1 个灯泡是好的概率是(　　).

A. $\frac{1}{8}$　　B. $\frac{2}{8}$　　C. $\frac{3}{8}$　　D. $\frac{4}{8}$

3. 某种零件的加工由两道工序组成,第一道工序的废品率是 p,第二道工序的废品率是 q,则零件加工的成品率是(　　).

A. $1-p-q$　　B. $1-pq$　　C. $1-p-q+pq$　　D. $1-p$

4. 某种疫苗,对病毒的抵抗成功率为失败率的 3 倍,以 $X=0$ 表示失败,$X=1$ 表示成功,则可以用(　　)表示 X 的概率分布.

A. $P\{X=0\}=\frac{1}{4},P\{X=1\}=\frac{3}{4}$　　B. $P\{X=0\}=\frac{3}{4},P\{X=1\}=\frac{1}{4}$

C. $P\{X=0\}=\frac{1}{3},P\{X=1\}=\frac{2}{3}$　　D. $P\{X=0\}=\frac{2}{3},P\{X=1\}=\frac{1}{3}$

5. 100 件产品中有 10 件是次品,每次随机取 1 件,检验后放回去,一共取 3 次,则最多取到 1 件次品的概率是(　　).

A. 0.8　　B. 0.243　　C. 0.972　　D. 0.729

6. 下列函数中可以作为某一随机变量 X 的概率密度的是(　　).

A. $f_1(x)=\begin{cases}\sin x & x\in[0,\pi]\\ 0 & \text{其他}\end{cases}$　　B. $f_2(x)=\begin{cases}\sin x & x\in[0,\frac{3}{2}\pi]\\ 0 & \text{其他}\end{cases}$

C. $f_3(x)=\begin{cases}\sin x & x\in[0,\frac{\pi}{2}]\\ 0 & \text{其他}\end{cases}$　　D. $f_4(x)=\begin{cases}\sin x & x\in[-\frac{\pi}{2},\frac{\pi}{2}]\\ 0 & \text{其他}\end{cases}$

7. 设随机变量 X 的概率分布如下:

X	-1	0	1
P	$\frac{1}{3}$	$\frac{1}{6}$	$\frac{1}{2}$

则 X 的分布函数是(　　).

A. $F(x)=\begin{cases}0 & x<-1\\ \frac{1}{3} & -1\leqslant x<0\\ \frac{1}{2} & 0\leqslant x<1\\ 1 & x\geqslant 1\end{cases}$　　B. $F(x)=\begin{cases}\frac{1}{3} & -1\leqslant x<0\\ \frac{1}{6} & 0\leqslant x\leqslant 1\\ \frac{1}{2} & x\geqslant 1\\ 1 & \text{其他}\end{cases}$

C. $F(x)=\begin{cases}0 & \text{其他}\\ \frac{1}{3} & x=-1\\ \frac{1}{6} & x=0\\ \frac{1}{2} & x=1\end{cases}$　　　D. $F(x)=\begin{cases}0 & x\leqslant -1\\ \frac{1}{3} & -1\leqslant x<0\\ \frac{1}{2} & 0\leqslant x<1\\ \frac{2}{3} & x\geqslant 1\end{cases}$

8. 设随机变量 X 的数学期望 $E(X)$ 存在，且 $E(X)=a$，$E(X^2)=b$，c 为常数，则 $D(cX)=$(　　).

A. $c(a^2-b^2)$　　　B. $c(b-a^2)$

C. $c^2(b-a^2)$　　　D. $c^2(a-b^2)$

9. 设总体 $X\sim N(2,4^2)$，$(X_1,X_2,\cdots,X_n)$ 为 X 的样本，则下面结果正确的是(　　).

A. $\dfrac{\overline{X}-2}{4}\sim N(0,1)$　　　B. $\dfrac{\overline{X}-2}{16}\sim N(0,1)$

C. $\dfrac{\overline{X}-2}{2}\sim N(0,1)$　　　D. $\dfrac{\overline{X}-2}{4/\sqrt{n}}\sim N(0,1)$

10. 设总体 $X\sim N(\mu,\sigma^2)$，其中 σ^2 已知，则当样本容量 n 保持不变时，总体均值 μ 的置信区间的长度 l 与置信度 $1-\alpha$ 的关系是(　　).

A. 当 $1-\alpha$ 缩小时，l 缩短　　　B. 当 $1-\alpha$ 缩小时，l 增大

C. 当 $1-\alpha$ 缩小时，l 不变　　　D. 以上均不正确

三、计算题

1. 某种动物由出生活到 20 岁的概率为 0.8，活到 25 岁的概率为 0.4，问现年 20 岁的这种动物活到 25 岁的概率是多少？

2. 设某人从外地赶来参加紧急会议，他乘火车、轮船、汽车和飞机来的概率分别为 $\frac{3}{10}$、$\frac{1}{5}$、$\frac{1}{10}$和$\frac{2}{5}$，如果他乘飞机来，不会迟到，而乘火车、轮船或汽车来，迟到的概率分别为 $\frac{1}{4}$、$\frac{1}{3}$和$\frac{1}{12}$. 现此人已迟到，试推算他乘哪种交通工具的可能性最大？

3. 一幢 11 层的楼房中的一架电梯，在底层登上 5 位乘客，电梯在每一层都停，乘客从第二层起离开电梯. 假设每位乘客在哪一层离开电梯是等可能的，求没有两位及两位以上乘客在同一层离开的概率.

4. 对球的直径做近似测量，设其值均匀分布在区间 (a,b) 内，求球体积的均值.

5. 设总体 X 服从指数分布，其概率密度函数为

$$p(x)=\begin{cases}\lambda e^{-\lambda x} & x\geqslant 0\\ 0 & x<0\end{cases}$$

λ 未知，抽取容量为 5 的样本值为(1000,1002,1003,998,997)，试用点估计法估计 λ 的值.

6. 进行 30 次独立试验，测得零件加工时间的样本平均值 $\overline{x}=5.5$ 秒，样本标准差 $s=1.7$ 秒，设零件加工时间是服从正态分布的，求零件加工时间的数学期望及标准差对应于置信度 0.95 的置信区间.

参考答案

习题 1.1.1

1. (1) $x_1=2, x_2=2$；(2) $x_1=0, x_2=-3$；(3) $x=1, y=2, z=1$
2. (1) 1；(2) -18
3. $x_1=-1, x_2=2$
4. $a_{11}a_{22}\cdots a_{nn}$
5. 略

习题 1.1.2

1. (1) 4；(2) -18；(3) 0；(4) $(x+3a)(x-a)^3$
2. (1) -8；(2) -3；(3) 16
3. $x_1=0, x_2=3$
4. $D=1+a_1+a_2+\cdots+a_4$
5. $D=a^4-b^4$
6. 单位成本 10 元,5 元,3 元,2 元

习题 1.1.3

1. $x=3, y=2, z=3$
2. $\begin{pmatrix} 3 & 2 & 3 \\ 4 & 4 & 0 \\ 6 & 4 & 5 \end{pmatrix}$
3. $\boldsymbol{X}=\begin{pmatrix} 2 & 3 & -2 & 2 \\ 2 & -2 & 1 & -1 \\ \frac{1}{2} & -1 & -\frac{7}{2} & -1 \end{pmatrix}$
4. (1) (30)；(2) $\begin{pmatrix} 1 & 2 & 3 & 4 \\ 2 & 4 & 6 & 8 \\ 3 & 6 & 9 & 12 \\ 4 & 8 & 12 & 16 \end{pmatrix}$；(3) $\begin{pmatrix} -16 & 13 & 10 \\ -22 & 12 & 20 \end{pmatrix}$；(4) $\begin{pmatrix} 3c & 0 & 0 \\ 0 & -b & 0 \\ 0 & 0 & 2a \end{pmatrix}$

5. aB, aB^{T}

6. (1) $(AB)^{\mathrm{T}}=B^{\mathrm{T}}A^{\mathrm{T}}=\begin{pmatrix}1&3&1\\2&5&3\\1&3&7\end{pmatrix}$; (2) $|AB|=|A||B|=-6$

7. $A=\begin{pmatrix}50&30&25&20&5\\30&60&25&20&10\\50&60&0&25&5\end{pmatrix}$, $B=\begin{pmatrix}0.95\\1.2\\2.35\\3\\5.2\end{pmatrix}$, $AB=\begin{pmatrix}198.25\\271.25\\220.50\end{pmatrix}$

习题 1.1.4

1. (1) 行阶梯形矩阵 $\begin{pmatrix}1&1&1&-1\\0&0&3&2\\0&0&0&0\end{pmatrix}$, 行简化阶梯形矩阵 $\begin{pmatrix}1&1&0&-\frac{5}{3}\\0&0&1&\frac{2}{3}\\0&0&0&0\end{pmatrix}$

(2) 行阶梯形矩阵 $\begin{pmatrix}1&-4&-5&3\\0&8&12&-5\\0&0&1&7\\0&0&0&0\end{pmatrix}$, 行简化阶梯形矩阵 $\begin{pmatrix}1&0&0&-\frac{13}{2}\\0&1&0&-\frac{89}{8}\\0&0&1&7\\0&0&0&0\end{pmatrix}$

说明:行阶梯形矩阵不唯一.

2. (1) 2; (2) 2; (3) 2; (4) 3

3. $x=6$

4. $\begin{pmatrix}1&1&-1&1&1\\0&1&1&1&0\\0&0&0&-2&4\\0&0&0&0&0\end{pmatrix}$ (不唯一), $\begin{pmatrix}1&0&-2&0&1\\0&1&1&0&2\\0&0&0&1&-2\\0&0&0&0&0\end{pmatrix}$

习题 1.1.5

1. (1) $\begin{pmatrix}0&-2\\-1&3\end{pmatrix}$; (2) $\begin{pmatrix}6&0&0\\0&3&0\\0&0&2\end{pmatrix}$; (3) $\begin{pmatrix}-1&4&3\\-1&5&3\\1&-6&-4\end{pmatrix}$

2. (1) $\begin{pmatrix} 1 & 0 & 0 \\ -2 & 1 & 0 \\ 1 & -2 & 1 \end{pmatrix}$; (2) $\begin{pmatrix} 0 & 0 & \frac{1}{4} \\ 0 & \frac{1}{3} & 0 \\ \frac{1}{2} & 0 & 0 \end{pmatrix}$; (3) $\begin{pmatrix} 1 & 0 & 0 & 0 \\ 0 & \frac{1}{3} & 0 & 0 \\ 0 & 0 & \frac{1}{5} & 0 \\ 0 & 0 & 0 & \frac{1}{7} \end{pmatrix}$

3. (1) $\boldsymbol{A}^{-1}=\frac{1}{|\boldsymbol{A}|}\boldsymbol{A}^*=\begin{pmatrix} 0 & 1 \\ \frac{1}{2} & -\frac{3}{2} \end{pmatrix}$; (2) $\boldsymbol{A}^{-1}=\frac{1}{|\boldsymbol{A}|}\boldsymbol{A}^*=\begin{pmatrix} \sin x & \cos x \\ -\cos x & \sin x \end{pmatrix}$

(3) $\boldsymbol{A}^{-1}=\frac{1}{|\boldsymbol{A}|}\boldsymbol{A}^*=-\frac{1}{71}\begin{pmatrix} -4 & 17 & -8 \\ 26 & -4 & -19 \\ -3 & -5 & -6 \end{pmatrix}=\begin{pmatrix} \frac{4}{71} & -\frac{17}{71} & \frac{8}{71} \\ -\frac{26}{71} & \frac{4}{71} & \frac{19}{71} \\ \frac{3}{71} & \frac{5}{71} & \frac{6}{71} \end{pmatrix}$

4. $\boldsymbol{A}$ 可逆，$\boldsymbol{A}^{-1}=\begin{pmatrix} -1 & -2 & 1 \\ 2 & 4 & -1 \\ 2 & 3 & -1 \end{pmatrix}$

5. (1) $\begin{pmatrix} 1 & -4 & -3 \\ 1 & -5 & -3 \\ -1 & 6 & 4 \end{pmatrix}$; (2) $\begin{pmatrix} \frac{1}{2} & 0 & 0 & 0 \\ -\frac{1}{4} & \frac{1}{2} & 0 & 0 \\ 0 & 0 & \frac{1}{3} & 0 \\ 0 & 0 & -\frac{1}{9} & \frac{1}{3} \end{pmatrix}$

6. $\begin{pmatrix} 1 & 1 & -1 \\ 0 & 2 & 2 \\ 1 & -1 & 0 \end{pmatrix}^{-1}=\frac{1}{6}\begin{pmatrix} 2 & 1 & 4 \\ 2 & 1 & -2 \\ -2 & 2 & 2 \end{pmatrix}$

$$\boldsymbol{X}=\frac{1}{18}\begin{pmatrix} 33 & 9 & 18 \\ -3 & -9 & 0 \\ 6 & 18 & 0 \end{pmatrix}=\begin{pmatrix} \frac{33}{18} & \frac{1}{2} & 1 \\ -\frac{1}{6} & -\frac{1}{2} & 0 \\ \frac{1}{3} & 1 & 0 \end{pmatrix}$$

习题 1.1.6

1. (1) 秩 $\boldsymbol{A}=$ 秩 $\overline{\boldsymbol{A}}=3$，方程组有唯一解

(2)秩 $\boldsymbol{A}$=秩 $\overline{\boldsymbol{A}}=2<3$,方程组有无穷多解

(3)秩 $\boldsymbol{A}=3$,秩 $\overline{\boldsymbol{A}}=4$,方程组无解

2.(1)$\begin{cases} x_1=\frac{1}{2}x_3+1 \\ x_2=-\frac{3}{2}x_3 \end{cases}$,$x_3$ 为自由未知量

(2)$\begin{cases} x_1=-2x_4+3 \\ x_2=3x_4-2 \\ x_3=8x_4-5 \end{cases}$,$x_4$ 为自由未知量

3.(1)$\begin{cases} x_1=\frac{3}{4}x_4+\frac{7}{8}x_5 \\ x_2=\frac{5}{4}x_4+\frac{1}{8}x_5 \\ x_3=-\frac{3}{4}x_4-\frac{3}{8}x_5 \end{cases}$,$x_4,x_5$ 为自由未知量

(2)$\begin{cases} x_1=27x_4 \\ x_2=4x_4 \\ x_3=41x_4 \end{cases}$,$x_4$ 为自由未知量

4.(1)$\lambda\neq-3$ 时,方程组无解

(2)$\lambda=-3$ 时,秩 $\boldsymbol{A}$=秩$\overline{\boldsymbol{A}}=3<4$,方程组有无穷多解

$\begin{cases} x_1=-8 \\ x_2=x_4+3 \\ x_3=2x_4+6 \end{cases}$,$x_4$ 为自由未知量

5.(1)$\lambda\neq-2$ 时,方程组只有零解

(2)$\lambda=-2$ 时,秩 $\boldsymbol{A}$=秩$\overline{\boldsymbol{A}}=3<4$,方程组有无穷多解

$\begin{cases} x_1=0 \\ x_2=0 \\ x_3=x_4 \end{cases}$,$x_4$ 为自由未知量

6.每人得到 400 元

习题 1.2.1

1.$\boldsymbol{D}=\begin{pmatrix} 73 & 91 & 142 \\ 58.5 & 73 & 114 \\ 14.5 & 18 & 28 \end{pmatrix}$

2. $\begin{cases} x_1 = 350 - c_1 - c_2 \\ x_2 = c_1 + c_2 \\ x_3 = 150 - c_2 + c_3 \\ x_4 = c_1 \\ x_5 = c_2 \\ x_6 = c_3 \end{cases}$，其中 $c_2 + c_3 \leqslant 350$，$c_2 - c_3 \leqslant 150$.

3. (1)105，20，150；(2)80，45，150

习题 1.2.2

1. 数学模型：

$$\min f = 4x_1 + 6x_2$$

$$\text{s.t.} \begin{cases} x_1 + 2x_2 \geqslant 20 \\ 2x_1 + x_2 \geqslant 10 \\ x_1, x_2 \geqslant 0 \end{cases}$$

2. (1)最优解 $x_1 = 2$，$x_2 = 3$；最优值 $f = 19$

   (2)有无穷多最优解，其中一个最优解 $x_1 = 0$，$x_2 = 10$；最优值 $f = 10$

   (3)无可行解

   (4)可行域无界，无最优解

3. (1)当 $x_1 = 1.5$，$x_2 = 3$ 时有最优值 12.

   (2)当 $x_1 = 20$，$x_2 = 24$ 时有最优值 4280 元.

4. 制作口感鲜嫩和口感厚实的豆腐各 27.5 kg 和 8.75 kg

5. 220 人

习题 1.2.3

1.

产地 \ 调运量 \ 销地	B_1	B_2	B_3	B_4	产量
A_1			5	2	7
A_2	3			1	4
A_3		6		3	9
销量	3	6	5	6	20 \ 20

2.

产地 \ 供应量 \ 销地	B_1	B_2	B_3	库存	产量
A_1		76			76
A_2		21	41	20	82
A_3	72	5			77
销量	72	102	41	20	235

复习题一

一、1. B;2. C;3. B;4. D;5. C;6. A;7. A;8. B;9. D;10. A

二、1. $-\frac{4}{3}$;2. 1;3. 最优;4. 2;5. $n-r$;6. $\begin{pmatrix} \frac{1}{3} & 0 & 0 \\ 0 & \frac{1}{3} & 0 \\ 0 & 0 & \frac{1}{3} \end{pmatrix}$;7. 144;

8. $\begin{pmatrix} \frac{1}{2} & -\frac{1}{4} & \frac{1}{8} \\ 0 & \frac{1}{2} & -\frac{1}{4} \\ 0 & 0 & \frac{1}{2} \end{pmatrix}$;9. $\begin{pmatrix} -4 & -4 \\ -4 & -4 \end{pmatrix}$,$\begin{pmatrix} -1 & -1 \\ -1 & -1 \end{pmatrix}$;10. -1

三、1. $(\boldsymbol{A}+2\boldsymbol{B})\boldsymbol{C}=\begin{pmatrix} 5 & -3 & 32 \\ -1 & 2 & 9 \end{pmatrix}$,$(2\boldsymbol{A}-\boldsymbol{B})\boldsymbol{C}^{\mathrm{T}}=\begin{pmatrix} 5 & -18 & -4 \\ 9 & 5 & 20 \end{pmatrix}$

2. $A_{41}=1, A_{42}=1, D=1$

3. $\boldsymbol{X}=\begin{pmatrix} 2 & -5 \\ -1 & 4 \\ -1 & 3 \end{pmatrix}$

4. 当 $a\neq -1$,b 为任意实数时方程组有唯一解
   当 $a\neq -1$,$b=1$ 时方程组有无穷多解
   当 $a\neq -1$,$b\neq 1$ 时方程组无解

5. $\begin{cases} x_1=2+C \\ x_2=C \\ x_3=-1 \\ x_4=1 \end{cases}$,$C$ 为任意常数

四、1.(1)$\boldsymbol{A}=\begin{pmatrix}0.25 & 0.1 & 0.1\\0.2 & 0.2 & 0.1\\0.1 & 0.1 & 0.2\end{pmatrix}$，$\boldsymbol{B}=\frac{1}{0.4455}\begin{pmatrix}0.1845 & 0.09 & 0.09\\0.17 & 0.1445 & 0.095\\0.1 & 0.085 & 0.1345\end{pmatrix}$

(2)略

(3)$\Delta\boldsymbol{X}=\begin{pmatrix}24\\-8\\2\end{pmatrix}$

2.(1)

$$\max f=5x_1+8x_2$$

$$\text{s.t.}\begin{cases}x_1+\frac{3}{2}x_2\leqslant 900\\ \frac{1}{2}x_1+\frac{1}{3}x_2\leqslant 300\\ \frac{1}{8}x_1+\frac{1}{4}x_2\leqslant 100\\ x_1\geqslant 0,x_2\geqslant 0\end{cases}$$

(2)$x_1=500$，$x_2=150$，$\max f=3700$

3.略

习题 2.1.1

1.(1)$A\overline{B}\,\overline{C}$；(2)$AB\overline{C}$；(3)$ABC$；(4)$A+B+C$；(5)$\overline{A}\,\overline{B}\,\overline{C}$；(6)$AB+BC+AC$

2.略

3.$\overline{A}$ 表示“四件产品中至少有一件次品”的事件

$\overline{B}$ 表示“四件产品中至多有两件次品”的事件

4.$P(A)=P(B)=P(C)=\frac{1}{27}$，$P(D)=\frac{1}{9}$，$P(E)=\frac{2}{9}$，

$P(F)=\frac{8}{9}$，$P(G)=P(H)=P(I)=\frac{8}{27}$，$P(J)=\frac{1}{27}$，$P(K)=\frac{2}{27}$

5.$\frac{1}{17}$

6.$\frac{1}{15}$

7.(1)0.268；(2)0.284

8.$\frac{1}{4}$

9.$\frac{1}{10}$

10. 0.97, 0.03

11. $\frac{3}{392}$

12. 0.32

13. 0.5103

14. 第一种工艺得到一级品的概率为 $0.9\times0.8\times0.7\times0.9=0.4536$

第二种工艺得到一级品的概率为 $(1-0.3)\times(1-0.3)\times0.8=0.392$

15. (1)0.937;(2)0.25

16. $\frac{5}{21}$

17. (1)$\frac{329}{560}=0.5875$;(2)0.2182, 0.5471, 0.228, 0.0121

习题 2.1.2

1. $P(X=k)=C_{10}^{k}\left(\frac{1}{2}\right)^{k}\left(\frac{1}{2}\right)^{10-k}\ (k=0,1,\cdots,10)$

2.

X	1	2	3
P	$\frac{6}{10}$	$\frac{3}{10}$	$\frac{1}{10}$

3. $P\{X=k\}=C_{10}^{k}0.02^{k}0.98^{10-k}\ (k=0,1,\cdots,10)$，退货率约为 1.6%

4. $$F(x)=\begin{cases}0 & x<0\\ 0.008 & 0\leqslant x<1\\ 0.104 & 1\leqslant x<2\\ 0.488 & 2\leqslant x<3\\ 1 & x\geqslant 3\end{cases}$$

5. 至少 69 人

6.

X	0	1	2
P	0.9604	0.0392	0.0004

7. 约 0.199

8. (1)0.0616;(2)0.0537;第二种方案好

9. $p(x)=\begin{cases}\frac{1}{5} & 0\leqslant x\leqslant 5\\ 0 & \text{其他}\end{cases}$；$\frac{3}{5}$

10. (1)$p(x)=\begin{cases}\frac{1}{1500}e^{-\frac{1}{1500}x} & x>0\\ 0 & x\leqslant 0\end{cases}$；(2)$p\{x\geqslant 1000\}=e^{-\frac{2}{3}}$

11. (1) $F(x)=\begin{cases}0 & x<2\\ \frac{1}{3}(x-2) & 2\leqslant x<5\\ 1 & x\geqslant 5\end{cases}$; (2) $\frac{2}{3}$

12. (1) $F(x)=\begin{cases}0 & x\leqslant -\frac{\pi}{2}\\ \frac{1}{2}\sin x+\frac{1}{2} & -\frac{\pi}{2}<x\leqslant\frac{\pi}{2}\\ 1 & x>\frac{\pi}{2}\end{cases}$; (2) $\frac{\sqrt{2}}{4}$

13. 0.6247

14. 184 cm

15. 0.9544

16. 0.9236; $x>57.575$

17. 31.25

习题 2.1.3

1. $E(X)=11$, $D(X)=33$
2. $E(X_1)=1$, $E(X_2)=0.9$, 乙车床比甲车床好
3. 44.64
4. 2.5
5. $E(X)=0$, $D(X)=2$
6. $E(2X)=2$, $E(\mathrm{e}^{-2X})=\frac{1}{3}$, $D(2X)=4$, $D(\mathrm{e}^{-2X})=\frac{4}{45}$
7. 5, 3

习题 2.1.4

1. (1)(2)(4)(5)为统计量, (3)(6)(7)不是统计量
2. $\bar{x}=1476.2$, $s^2=6887.29$
3. $E(\overline{X})=p$, $D(\overline{X})=\frac{1}{n}p(1-p)$
4. (1) 43.8; (2) 1.708

习题 2.1.5

1. (1247.6,1270.4)

2. (1783.72,2116.28);

3. (145.6,162.4)

4. (0.020,0.115)

5. μ 的置信区间为(4.86,6.14),σ 的置信区间为(1.35,2.29)

习题 2.1.6

1. 认为该打包机工作正常,无系统误差.

2. 认为四乙基铅中毒者和正常人的脉搏有显著性差异

3. 无系统误差

4. 有显著性差异

5. 认为这批导线电阻的标准差显著地偏大

6. 加工精度无显著性差异

习题 2.2.1

1. $$E(A)=\begin{pmatrix}500 & 500 & 500 & 500\\ 0 & 1000 & 1000 & 1000\\ -500 & 500 & 1500 & 1500\\ -1000 & 0 & 1000 & 2000\end{pmatrix}\begin{pmatrix}0.2\\ 0.4\\ 0.3\\ 0.1\end{pmatrix}=\begin{pmatrix}500\\ 800\\ 700\\ 300\end{pmatrix}$$

$E(A_2)=800$ 最大,故订购 100 件为最优方案.

2.

天气 / 概率 / 收益 / 行动方案	天气好	天气坏	期望值 $E(A)$
	$p_1=0.6$	$p_2=0.4$	
A_1(施工)	10	-2	
A_2(不施工)	-1	-1	

3. 采用前 3 年建设小厂,如销路好,后 7 年进行扩建的方案

4. 生产数码相机

习题 2.2.2

1. $\hat{Q}=10.136-2.04p$

2. $\hat{y}=18.52-0.6933x$

3. (1) $\hat{y}=80.84+4.68x$；(2)显著

4. (1) $\hat{y}=-2.73+0.598x$；(2) 显著

5. $\hat{y}=-14.83+0.0317x$，预测区间为(24.4，28.36)

复习题二

一、1. C；2. C；3. B；4. C；5. D；6. A；7. A；8. A；9. B；10. A

二、1. $A+B+C$；2. 相互独立；3. $\frac{27}{13}$；4. $\frac{1}{\pi(1+x^2)}$；5. $[E(X)]^2$；

6. $1-F(2)$；7. 0.7，0.3；8. P，$\frac{P(1-P)}{n}$；9. −3，12；

10. $\frac{2}{\sqrt{n}}t_{\frac{\alpha}{2}}(n-1)$

三、1. (1) $\frac{13}{28}$；(2) $\frac{15}{56}$；(3) $\frac{3}{8}$

2. 0.8

3. (1) $\frac{1}{4}$；(2) $P(x)=\begin{cases}\frac{1}{2}x & (0\leqslant x\leqslant 2)\\ 0 & (\text{其他})\end{cases}$；(3) $\frac{3}{16}$；(4) $\frac{4}{3}$；(5) $\frac{2}{9}$

4. 1.2

5. (4.412，5.588)

四、1. 504；2. 估计量 $\hat{u}_3$ 更有效；3. 能；4. 建小厂合理

5. (1) $\hat{y}=10.423+1.042x$

(2)存在显著线性相关关系

(3)14.839～16.427(万元)

综合测试题(一)

(A)

一、1. A；2. C；3. C；4. B；5. B；6. B

二、1. 7；2. 5×4；3. $\begin{pmatrix}0 & 6 & -3\\5 & -1 & 8\end{pmatrix}$；4. −72；5. 2；6. 有非零解（或有无穷多解）

三、1. (1) $\begin{pmatrix}17 & 16\\3 & 7\end{pmatrix}$　(2) $\begin{pmatrix}104 & 5\\71 & 16\end{pmatrix}$

2. $\boldsymbol{X}=\begin{pmatrix}4 & \frac{3}{2} & -1\\-1 & \frac{5}{2} & 1\\\frac{7}{2} & \frac{11}{2} & \frac{5}{2}\end{pmatrix}$

3. $A_{41}=0, A_{42}=45, |A|=45$

4. (1) $\begin{pmatrix}\frac{1}{9} & \frac{2}{9} & \frac{2}{9}\\\frac{2}{9} & \frac{1}{9} & -\frac{2}{9}\\\frac{2}{9} & -\frac{2}{9} & \frac{1}{9}\end{pmatrix}$　(2) $\begin{pmatrix}1 & 0 & 0 & 0\\-1 & 1 & 0 & 0\\0 & -1 & 1 & 0\\0 & 0 & -1 & 1\end{pmatrix}$

5. $\begin{cases}x_1=3-2x_2+x_4\\x_3=1\end{cases}$　x_2、x_4 为自由未知量

四、(1) $[800\quad 400\quad 500]^{T}$

(2) $(x_{ij})_{3\times3}=\begin{pmatrix}0 & 200 & 400\\100 & 40 & 80\\60 & 100 & 0\end{pmatrix}$

(B)

一、1. A；2. D；3. B；4. C；5. B

二、1. $\begin{pmatrix}5 & 0\\1 & 5\end{pmatrix}$，$\begin{pmatrix}-8 & -4\\-6 & -1\end{pmatrix}$　2. −4　3. $\begin{pmatrix}1 & 0 & 0\\0 & \frac{1}{3} & 0\\0 & 0 & \frac{1}{7}\end{pmatrix}$　4. 单位矩阵　5. 2

三、1. $\boldsymbol{A}=\begin{pmatrix}-2 & 0 & 1\\7 & -2 & -1\\5 & -1 & -1\end{pmatrix}$　2. $\boldsymbol{X}=\begin{pmatrix}2 & 0\\1 & 1\\-\frac{1}{2} & \frac{1}{2}\end{pmatrix}$

3. $a=0, b=2$ 时方程组有解，解为

$\begin{cases}x_1=x_3+x_4+5x_5-2\\x_2=-2x_3-2x_4-6x_5+3\end{cases}$，$x_3,x_4,x_5$ 为自由未知量

四、小麦和大豆各种植 500 亩，$\max f=95000$ 元

综合测试题(二)

(A)

一、1. $\frac{90}{93}$；2. 0.5；3. 0.2；4. 10^8；5. 15；6. $\frac{27}{125}$；7. 1.2，0.36；8. $N(0,\frac{1}{n})$，$\chi^2(n)$；

9. $\begin{cases}\frac{1}{2} & 1\leqslant x\leqslant 3\\0 & 其他\end{cases}$，2；10. −4，9

二、1. D；2. D；3. C；4. B；5. A；6. A；7. D；8. A；9. B；10. D

三、1. $\frac{37}{42}$；2. $\frac{4}{5}$；3. $\frac{1}{2}$；4. $\frac{5}{21}$；5. 4.5；6. (1783.72，2116.28)

(B)

一、1. 0；2. 0.5；3. 1；4. $1-\frac{1}{e}$；5. 0.2，−2 或 −0.2，2；6. $N(0,1)$；7. $\frac{1}{3}$；8. $\chi^2(n-1)$；9. 高

二、1. A；2. C；3. C；4. A；5. C；6. C；7. A；8. C；9. D；10. A

三、1. 0.5；2. 乘火车的可能性大

3. $\frac{P_{10}^5}{10^5}=0.3024$

4. $\frac{\pi}{24}(b+a)(b^2+a^2)$

5. 0.001；6. (4.86，6.14)，(1.35，2.29)

附 录

附录Ⅰ 常用经济术语简介

在经济、教育、就业、资源分配、社会意识等事关国计民生的领域内，经常涉及大量的专业名词与统计术语，为以后学习与工作中运用方便，做以归纳，仅供参考.

一、常用统计名词

1. 国内生产总值与三大产业

国内生产总值简称 GDP，是指在一定时期内，一个国家或地区的经济中所生产出的全部最终产品和劳务的价值总和，反映一个国家(或地区)的国力与财富.

三大产业:第一产业、第二产业、第三产业.

第一产业是指提供生产资料的产业，包括农、林、牧、渔业.

第二产业是指加工产业，包括采矿业，制造业，电力、燃气及水的生产和供应业，建筑业.

第三产业又称服务业，是指除第一、二产业以外的其他行业. 包括交通运输业、通讯业、商业、餐饮业、金融保险业、娱乐业、公共管理等.

2. 产业增加值

第一产业增加值就是第一产业的产值；

第二产业增加值就是第二产业的产值；

第三产业增加值就是第三产业的产值.

国内生产总值＝第一产业增加值＋第二产业增加值＋第三产业增加值.

3. 社会消费品零售总额

指各种经济类型的批发零售贸易业、餐饮业、制造业和其他行业对城乡居民和社会集团的消费品零售额和农民对非农业居民零售额的总和.

4. 人均可支配收入

人均可支配收入指个人收入扣除向政府缴纳的个人所得税、遗产税和赠与税、不动产税、人头税、汽车使用税以及交给政府的非商业性费用等以后的余额. 个人可支配收入被认为是消费开支的最重要的决定性因素. 因而，常被用来衡量一国生活水平的变化情况.

5. 居民消费价格指数

居民消费价格指数简称 CPI，是根据与居民生活有关的产品及劳务价格统计出来的物价变动指标，通常作为观察通货膨胀水平的重要指标.

CPI上升意味着物价上涨、货币贬值，居民花同样的钱所能买到的商品或服务数量减少；CPI下降意味着物价下降、货币增值，居民花同样的钱能买到的商品或服务数量增加.

6. 吞吐量

吞吐量分为货物吞吐量与旅客吞吐量.

港口货物吞吐量指一年间经水运输出、输入港区并经过装卸作业的货物总量，单位为吨.是衡量港口规模大小的最重要的指标.

旅客吞吐量是指报告期内经由水路、航空等乘船（飞机）进、出港区范围的旅客数量.统计单位为人次.

7. 货物（旅客）周转量

货物周转量是指在一定时期内，运输部门实际运送的货物吨数和它的运输距离的乘积.单位为吨公里（海运企业用吨海里）.是运输部门制定计划和经济考核的重要指标之一.

旅客周转量是指旅客人数与运送距离的乘积.单位为人公里（或人海里）.反映交通部门一定时期内旅客运输工作量的指标.在我国，旅客周转量是制订运输计划和考核运输任务完成情况的主要依据之一.

8. 景气指数

反映各行业运行状况的定量指标如价格、成交量、开工率等或定性指标如预期、信心等指数化，来反映经济或行业的景气变化.

常见的景气指数有企业景气指数，国防景气指数，以及各个行业的景气指数.通常景气指数在0～200之间，100为中间值，高于100视为景气状态，越接近200反映行业经济运行越景气.低于100则是不景气，越接近0景气越低迷.

9. 贸易顺差与逆差

贸易顺差是指在一定时期内（通常是一年）一国的对外收入总值大于支出总值；

贸易逆差是指在一定时期内（通常是一年）一国的对外支出总值大于收入总值.

10. 恩格尔系数

恩格尔系数（Engel's Coefficient）是食品支出总额占个人消费支出总额的比重.恩格尔系数达59%以上为贫困，50%～59%为温饱，40%～50%为小康，30%～40%为富裕，低于30%为最富裕.

11. 经济发展新动能指数

经济发展新动能指数就是利用新产业、新业态、新商业模式等活动的基础数据构建而成的复合指数，用来反映经济新动能发展趋势和进程.目前新动能指数包括五个分类指数，即网络经济指数、经济活力指数、创新驱动指数、转型升级指数、知识能力指数.“新动能指数”逐年攀升，表明我国经济发展新动能加速发展壮大，经济活力进一步释放，成为缓解经济下行压力，推动高质量发展的重要动力.

12. 碳达峰与碳中和

碳达峰是指在某一个时点，二氧化碳的排放不再增长达到峰值，之后逐步回落.碳中和是指在一定时间内，通过植树造林、节能减排等途径，抵消自身所产生的二氧化碳排放量，实现二氧化碳“零排放”.

13. 区块链

区块链是一个信息技术领域的术语.从本质上讲,它是一个共享数据库,存储于其中的数据或信息,具有“不可伪造”“全程留痕”“可以追溯”“公开透明”“集体维护”等特征.

14. 一带一路

一带一路是“丝绸之路经济带”和“21 世纪海上丝绸之路”的简称,2013 年 9 月和 10 月由中国国家主席习近平分别提出建设“新丝绸之路经济带”和“21 世纪海上丝绸之路”的合作倡议,简称“一带一路”.

二、常用统计术语与计算公式

1. 基期和基数

在进行动态对比时,通常把研究的那一时期叫作报告期,把作为比较基础的那一时期叫作基期.基础期的数据就叫作基数,是用作对比的数值.

例如:计算某企业二季度比一季度产量的增长情况,已知 2020 年一季度产量为 5600 吨,2021 年一季度产量比上年同期增长 12.5%,那么,2020 年一季度就是基期,产量 5600 吨为基数.

2. 百分数与百分点

百分数也称为百分比,表示相对数量的增加或减少,用“%”表示.

例如:设过去(基数)为 100,那么有

比过去增长 10%,则现在是 $100\times(1+10\%)=110$;

比过去降低 10%,则现在是 $100\times(1-10\%)=90$;

降低到原来的 10%,则现在是 $100\times10\%=10$.

例 1 2019 年,全年国内生产总值 986515.2 亿元,2020 年比 2019 年增长 2.3%.其中,第一产业增加值 77754 亿元,增长 3.0%,求:

(1)2020 年全年国内生产总值比 2019 年增加了多少亿元?

(2)第一产业增加值占国内生产总值的比重是多少?

解析 (1)2020 年,全年国内生产总值比 2019 年增长 2.3 %,增加部分为 22689.8 亿元,即 2020 年全年国内生产总值比 2019 年增加了 22689.8 亿元;

(2)第一产业增加值占国内生产总值的比重就是用第一产业增加值 77754 亿元除以 2020 年全年国内生产总值 $986515.2+22689.8=1009205$ 亿元,再乘以 100%,即 $\frac{77754}{1009205}\times100\%=7.7\%$.

百分点是不同时期以百分数形式表示的相对指标的变动幅度.

例如:生产总值今年的增长速度为 18%,去年增长速度为 15%,今年比去年的增长幅度提高了 3 个百分点.今年钢材价格上涨了 5%,去年钢材价格上涨了 8%,今年比去年钢材价格下降了 3 个百分点.

百分点是指以百分数形式表示的相对数指标(如速度、指数、构成)的增减变动幅度或对比差额.它是被比较的相对数指标之间的增减量,而不是它们之间的比值.

例 2 2020年,全国国内生产总值比上年增长2.3%,江苏省国内生产总值比上年增长3.7%,求江苏省比全国增长速度高多少?

解析 求江苏省比全国增长速度高多少就是要求江苏省比全国增长速度高多少个百分点.江苏省比全国增长速度高3.7−2.3=1.4个百分点.

注意不能说成高1.4%.在增长率或比例之间的比较,一般只需要直接相减即可.

注意 "占""超""为""增"的区别:

"占":"占计划百分之几"指完成计划的百分之几;"超":"超计划的百分之几"要扣除基数;"为":"为去年的百分之几"就是去年的百分之几;"增":"比去年增长百分之几"要扣除原有的基数.

3. 同比增长率与同比增长量

同比增长率指本期发展水平与去年同期发展水平对比而达到的相对变化幅度,又称同比增长速度.其计算公式为:

$$\text{同比增长率}=\frac{\text{本期量}-\text{上年同期量}}{\text{上年同期量}}\times 100\% \tag{1-1}$$

或为

$$\text{同比增长率}=\left(\frac{\text{本期量}}{\text{上年同期量}}-1\right)\times 100\% \tag{1-2}$$

例 3 山东省2020年居民人均可支配收入32886元,2019年居民人均可支配收入31597元,求2020年农村居民人均纯收入的增长率.

解析 已知本期量为32886元,上年同期量为31597元,由公式(1-1),2020年农村居民人均纯收入的增长率为

$$\text{同比增长率}=\frac{32886-31597}{31597}\times 100\%=4.1\%.$$

同比增长量是指本期发展水平与去年同期发展水平之差,表示本期较上年同期增减变化的绝对量.其计算公式为:

$$\text{同比增长量}=\text{本期量}-\text{上年同期量} \tag{1-3}$$

或为

$$\text{同比增长量}=\text{上年同期量}\times\text{同比增长率} \tag{1-4}$$

利用这些公式可导出上年同期量公式:

$$\text{上年同期量}=\frac{\text{本期量}}{1+\text{同比增长率}} \tag{1-5}$$

例 4 2020年末某市私人轿车数为106.5万辆,同比增长21.2%,求2020年末新增私人轿车多少万辆.

解析 2020年末私人轿车数为106.5万辆,是本期量,同比增长率为21.2%,则由公式(1-5),2019年末的私人轿车数量为$\frac{106.5}{1+21.2\%}=88.0$万辆;由公式(1-3)可求得2020年末新增私人轿车数量为106.5−88.0=18.5万辆.

4. 环比增长率与环比增长量

环比增长率是以报告期水平与其前一期水平对比(相邻期间的比较),所得到的动态相对数,也称为环比发展速度.表明现象逐期的发展变动程度.

例如:韩国中央银行12月13日发布数据显示,韩国11月出口物价同比上涨5.4%,环比下跌2.3%;进口物价同比上涨11.8%,环比下跌1.6%.

注意 (1)一般来说:同比是与去年同期相比,环比是与上个月相比.

(2)有关环比等的计算参照同比计算进行.

例5 截至2020年12月末,煤炭企业存煤5300万吨,环比下降13.0%,求与11月末相比煤炭企业存煤减少多少万吨?

解析 本期量为5300万吨,环比增长率为−13%,参照公式(1-4)与公式(1-5)得,与4月份相比煤炭进口量减少 $\frac{5300}{1-13\%}\times 13\%=792$ 万吨.

5. 比重

比重是指某部分量在总体量中所占的百分比,一般用百分数的形式表示.

计算公式为:

$$比重=\frac{部分量}{总量}\times 100\% \tag{1-6}$$

常用以下两个公式:

$$部分量=总量\times 比重 \tag{1-7}$$

$$总量=\frac{部分量}{比重} \tag{1-8}$$

例6 我国2020年高等学校经费支出为1882.5亿元,占全年研究与试验发展(R&D)经费支出总值的7.7%,求2020年全年研究与试验发展(R&D)经费支出总值.

解析 利用公式(1-8)求总量,2020年全年研究与试验发展(R&D)经费支出总值是 $\frac{1882.5}{7.7\%}=24448$ 亿元.

6. 倍数与翻番

倍数:是由两个有联系的指标的对比.

设有指标A与指标B,A是B的倍数为A÷B倍.

例如:某市普通高校毕业生就业双向选择活动中,要求要研究生的有近400个岗位,专科(高职)毕业生则为1000个岗位,则专科(高职)毕业生是研究生岗位数的2.5倍.

翻番:是指数量的加倍.指标 A 翻一番为 $A\times 2$,翻两番为 $A\times 2^2$,…,翻 n 番为 $A\times 2^n$.

例如:国内生产总值(GDP)到2020年力争比2000年翻两番,就是指2020年的GDP是2000年的4倍.

7. 平均数与加权平均数

平均数是根据同一时期的某事物的总体总量与总个数的比.计算公式为

$$平均数=\frac{总量}{总个数} \tag{1-9}$$

例 7 中国统计网数据显示，2016—2020 年，我国经济发展新动能指数分别为 146.9、191.2、257.9、325.5 和 440.3，求这五年我国经济发展新动能指数平均值.

解析 根据公式(1-9)，这五年我国经济发展新动能指数平均值为(146.9＋191.2＋257.9＋325.5＋440.3)÷5＝272.4.结果表明，2020 年，尽管遭受新冠肺炎疫情的严重冲击，以新产业、新业态、新模式为主要内容的经济发展新动能仍实现逆势快速增长，经济展现出良好的韧性活力，成为推动经济高质量发展的强大支撑.

加权平均数是不同比重数据的平均数，每一个数据乘以权值再相加，最后除以总权值.

我们常用加权平均数表示一组数据的平均水平.若一组数据 A_1、A_2、…、A_n，A_1 出现 x_1 次，A_2 出现 x_2 次，…，A_n 出现 x_n，则

$$加权平均数=\frac{A_1x_1+A_2x_2+\cdots+A_nx_n}{x_1+x_2+\cdots+x_n} \tag{1-10}$$

其中 x_1、x_2、…、x_n 叫作数据 A_1、A_2、…、A_n 的权值.

例 8 PMI 是一个综合指数，是生产、新订单、主要原料库存、从业人员及供应商配送时间 5 个分类指标的加权平均值，抽样调查这五项指标某月分别为 56%，57%，52%，49%，53%，其权值为 25，30，10，15，20，求 PMI 的值.

解析 求 PMI 的值就是求 56%，57%，52%，50%，53%的加权平均值，由公式(1-9)得

$$\text{PMI 的值}=\frac{56\%\times25+57\%\times30+52\%\times10+50\%\times15+53\%\times20}{25+30+10+15+20}=54.4\%.$$

8. 年均增长量与年均增长率

年均增长量指某指标在一年内平均每年增长的数量，它可将各年增长量相加后，被逐年增长量的个数来除，即采用简单算术平均法即可求得；可将累积增长量被时间数列项数减 1 来除求得. 计算公式为：

设某指标第 1 年、第 2 年、…、第 n 年的值分别为 A_1、A_2、…、A_n，则

$$年均增长量=\frac{A_n-A_1}{n-1} \tag{1-11}$$

例 9 我国 2016—2020 年城镇新增就业人数依次为 1314 万人、1351 万人、1361 万人、1352 万人、1266 万人，求我国 2016－2020 年城镇新增就业人数的年均增长量.

解析 由公式(1-10)，我国 2016－2020 年城镇新增就业人数的年均增长量为 $\frac{1266-1314}{5-1}=-12$ 万人.

年均增长率是指一段时间内某一数据指标平均每年的增长幅度. 计算公式为：

设第 m 年的数据为 A，第 n 年的数据为 B，年均增长率为 $\overline{x}$，则

$$\overline{x}=\sqrt[n-m]{\frac{B}{A}}-1 \tag{1-12}$$

例 10 在全球贸易和跨境投资大幅萎缩的情况下，2020 年我国货物进出口总额创历史新高，达到 32.16 万亿元. 2016 年，我国货物贸易进出口总值为 3.55 万亿美元，求 2016—2020 年我国贸易进出口总额的年均增长率是多少？

解析 2016—2020 年我国贸易进出口总额的年均增长率可由公式(1-11)计算得，年均增长率$\sqrt[4]{\frac{32.16}{3.55}}-1=73\%$.

2020 年，面对严峻复杂的国内外形势和新冠肺炎疫情的严重冲击，我国成为全球唯一实现经济正增长的主要经济体，外贸规模再创历史新高. 同时也充分展示了我国负责任的大国形象，为全球抗疫斗争做出了重要贡献.

附录Ⅱ Excel 数学实验

一、矩阵运算

实际应用中常常涉及矩阵运算，例如求解线性方程组、求解线性规划等等，都要用到矩阵的加、减、乘、求逆、求转置等运算，计算很繁杂. 大家经常使用的办公软件 Excel 具有强大的计算功能，很容易解决上述计算问题. 下面我们就来介绍利用 Excel 软件进行矩阵运算.

(一)Excel 的数组、数组名和矩阵函数的设置

在 Excel 中矩阵运算需要以数组为工具，它有其自身的运算法则，一般都使用有关的矩阵函数来完成.

1. 矩阵不是一个数，而是一个数组. 在 Excel 里，数组占用一片单元域，单元域用大括号表示，例如 {A1:C3}，以便和普通单元域 A1:C3 相区别. 设置时先选定单元域，同时按 Shift+Ctrl+Enter 键，大括弧即自动产生，数组域得以确认.

2. Excel 的一个单元格就是一个变量，一片单元域也可以视为一组变量. 在复杂问题中，为了计算上的方便，一组变量最好给一个数组名. 例如 A={A1:C3}、B={E1:G3}等. 数组名的设置步骤是：选定数组域，点“插入”菜单下的“名称”，然后选择“定义”，输入数组名如 A 或 B 等，单击“确定”即可.

3. 矩阵函数是 Excel 进行矩阵计算的专用模块，常用的矩阵函数如下：

- MDETERM(计算一个矩阵的行列式)
- TRANSPOSE(求一个矩阵的转置矩阵)
- MINVERSE(计算一个矩阵的逆矩阵)
- MMULT(计算两个矩阵的乘积)……

函数可以通过点击“=”号，然后用键盘输入，也可以通过点击“插入”菜单下的“函

数”，或点击 fx 图标，然后选择粘贴“函数”中相应的函数输入.

（二）矩阵的基本计算

1. MDETERM（计算一个矩阵的行列式）

例如：求 $\begin{vmatrix} 2 & 0 & 4 \\ 5 & 2 & 7 \\ 2 & 5 & 5 \end{vmatrix}$ 的值.

• 输入待求矩阵（图 2-1）；

• 在空白区选择一个存放行列式值的单元格（图 2-2）；

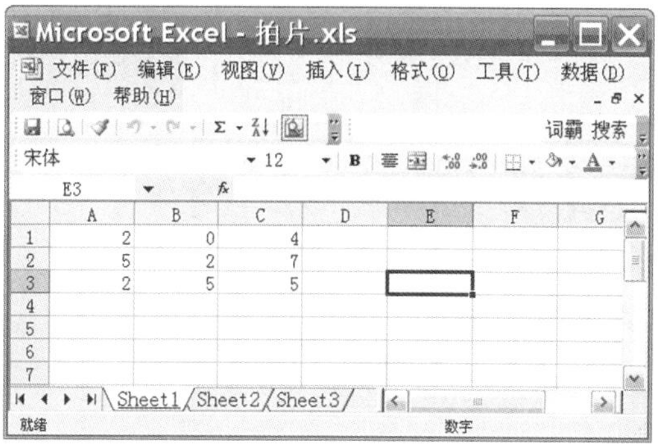

图 2-1

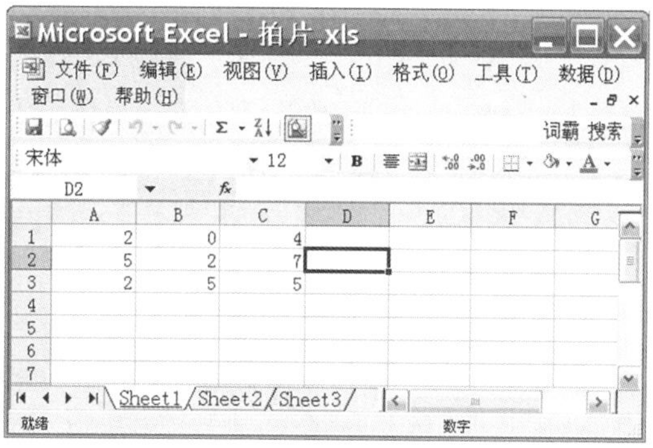

图 2-2

• 保持该单元格为选中状态，在公式输入栏输入公式“＝MDETERM（a1：c3）”（图 2-3）；

• 按“Ctrl＋Shift＋Enter”（特别注意：不能直接回车键，必须在按住“Ctrl”“Shift”后再按回车键），则得矩阵行列式值为 34（图 2-4）；

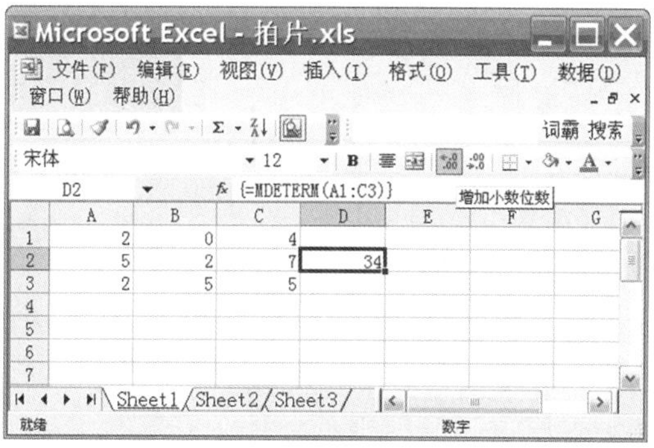

图 2-3

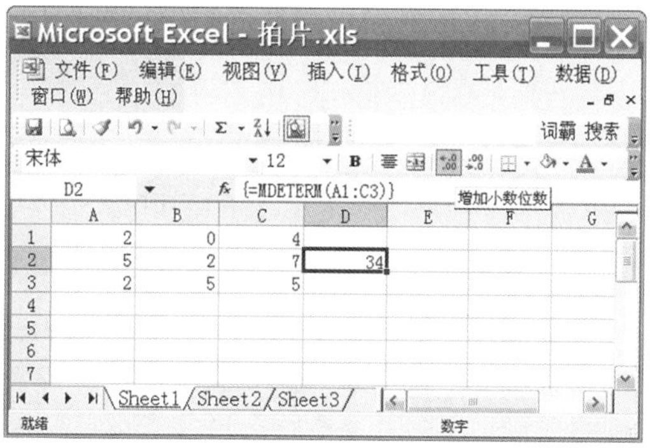

图 2-4

2. TRANSPOSE（求一个矩阵的转置矩阵）

例如：求矩阵 $\begin{pmatrix} 4 & 1 & 0 \\ 2 & -1 & 3 \\ -6 & 2 & 4 \end{pmatrix}$ 的转置矩阵.

• 输入待求矩阵（图 2-5）；

• 在空白区选择一存放转置矩阵的区域，与待求转置矩阵大小相同（图 2-6）；

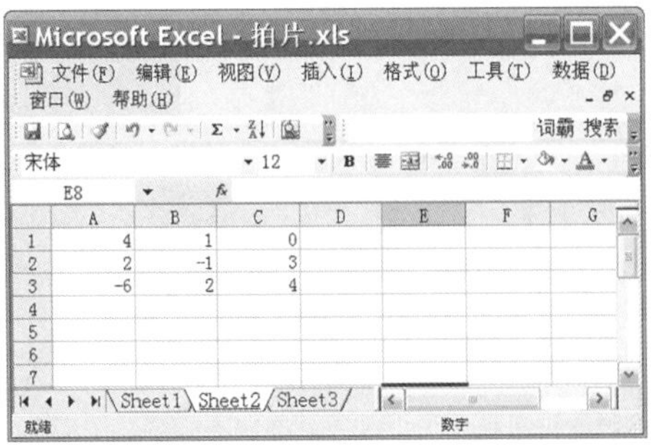

图 2-5

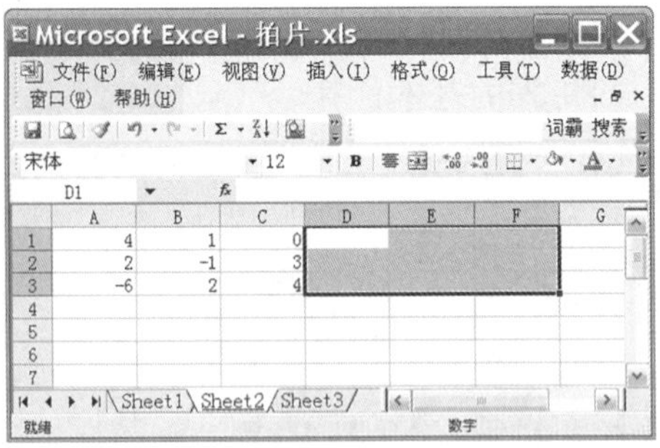

图 2-6

• 保持该区域为选中状态，在公式栏输入公式“＝TRANSPOSE(a1:c3)”(图 2-7)；

• 按“Ctrl＋Shift＋Enter”(特别注意：不能直接回车键，必须在按住“Ctrl”“Shift”后再按回车键)，则得所求矩阵的转置矩阵(图 2-8)；

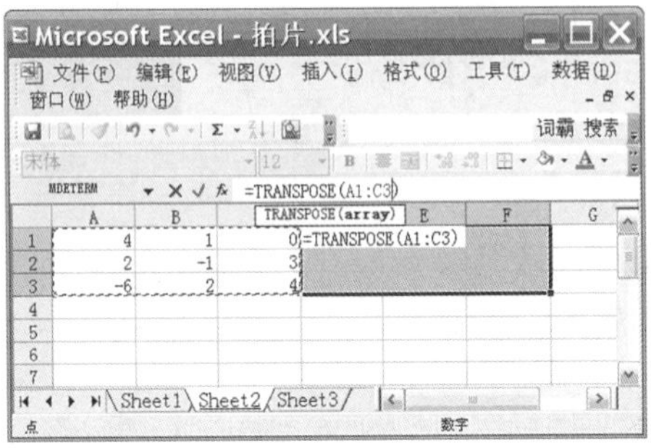

图 2-7

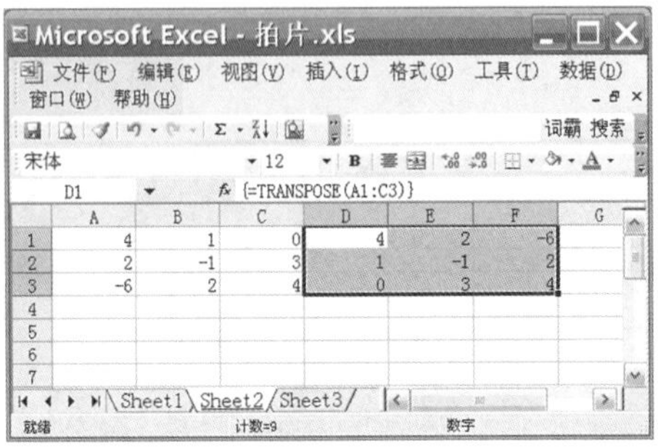

图 2-8

3. MINVERSE(计算一个矩阵的逆矩阵)

例如：求矩阵$\begin{pmatrix} 1 & -1 & 2 \\ 0 & 1 & -1 \\ 2 & 1 & 0 \end{pmatrix}$的逆矩阵.

• 输入待求矩阵(图 2-9)；

• 在空白区选择一存放逆矩阵的区域，与待求逆矩阵大小相同(图 2-10)；

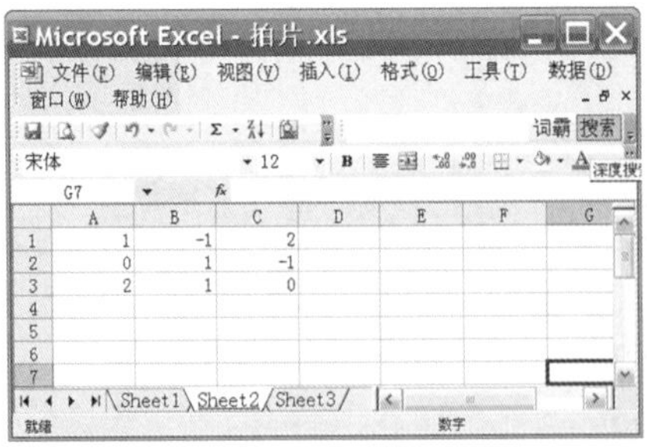

图 2-9

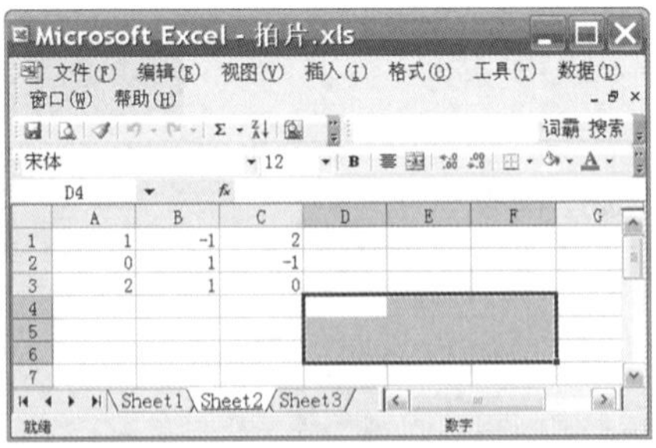

图 2-10

• 保持该区域为选中状态，在公式栏输入公式“＝ MINVERSE (a1:c3)”(图 2-11)；

• 按“Ctrl＋Shift＋Enter”(特别注意：不能直接回车键，必须在按住“Ctrl”“Shift”后再按回车键)，则得所求矩阵的逆矩阵(图 2-12)；

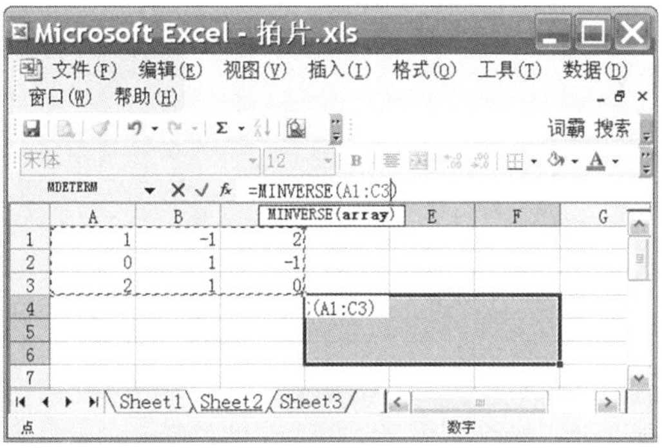

图 2-11

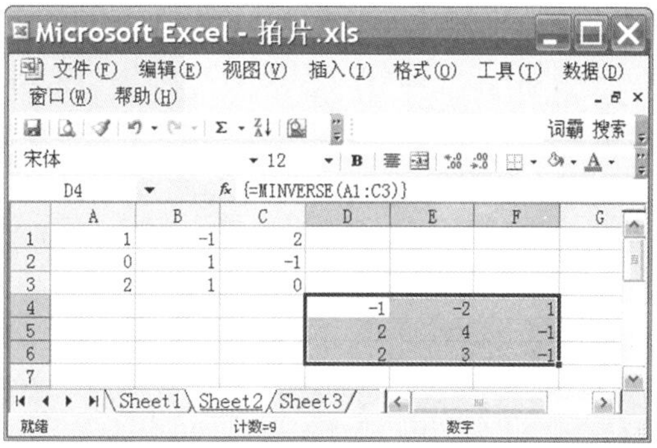

图 2-12

4. MMULT(计算两个矩阵的乘积)

例如:已知矩阵 $\boldsymbol{A}=\begin{pmatrix}1&-2\\2&1\\3&-3\end{pmatrix}$,矩阵 $\boldsymbol{B}=\begin{pmatrix}1&-4&2\\3&5&-1\end{pmatrix}$,求 $\boldsymbol{AB}$.

• 输入矩阵 $\boldsymbol{A}$ 和矩阵 $\boldsymbol{B}$(图 2-13);

• 在空白区选择一存放乘积矩阵的区域(注意乘积矩阵的行数和列数)(图 2-14);

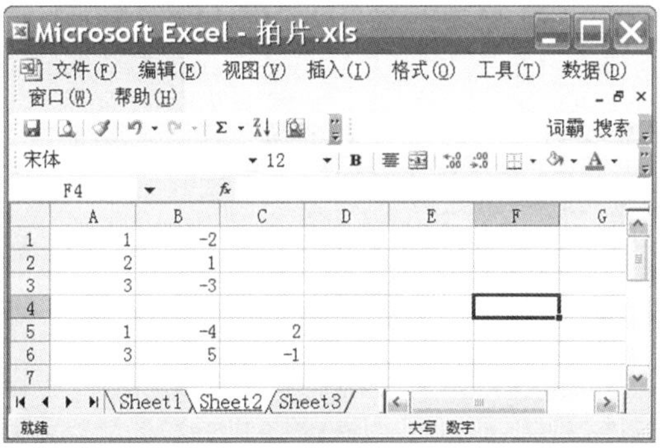

图 2-13

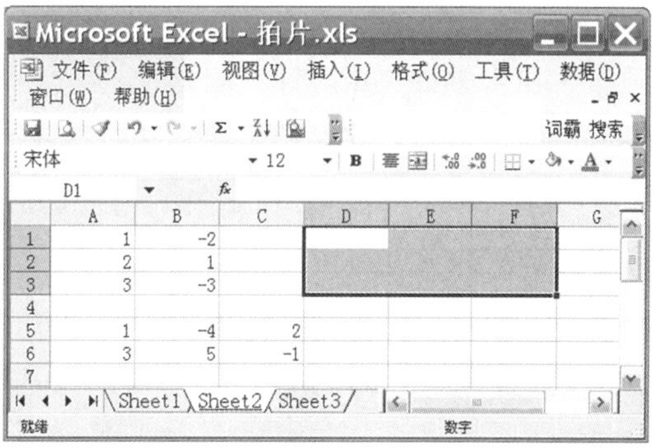

图 2-14

• 保持该区域为选中状态,在公式栏输入公式“= MMULT(A1:B3,A5:C6)”(图 2-15);

• 按“Ctrl+Shift+Enter”(特别注意:不能直接回车键,必须在按住“Ctrl”“Shift”后再按回车键),则得矩阵 A 与矩阵 B 的乘积矩阵(图 2-16);

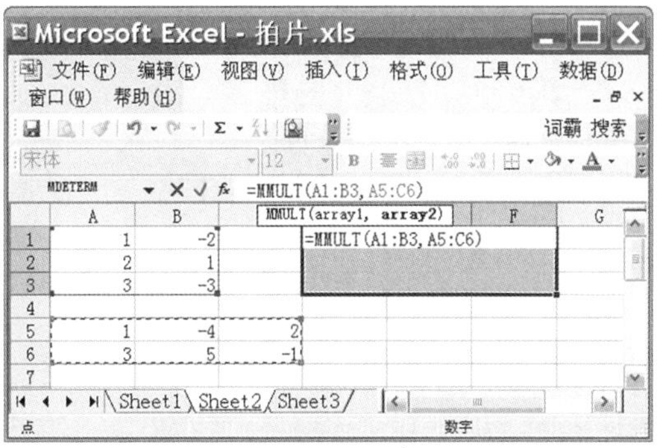

图 2-15

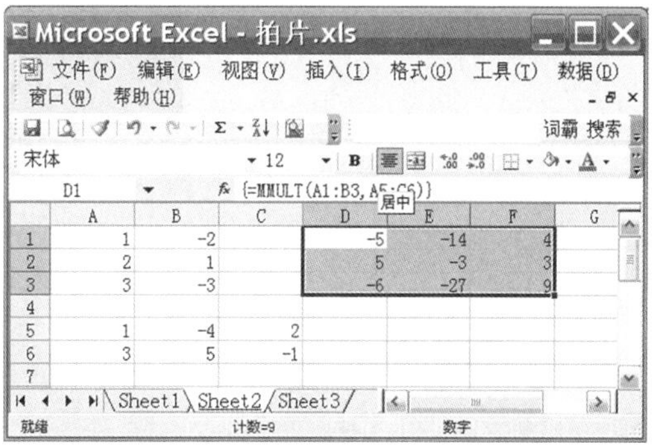

图 2-16

(三)矩阵计算的应用

例如:求解线性方程组

$$\begin{cases}2x_1+x_2-5x_3+x_4=8\\x_1-3x_2-6x_4=9\\2x_2-x_3+2x_4=-5\\x_1+4x_2-7x_3+6x_4=0\end{cases}$$

• 方程组的矩阵形式为

$$\begin{pmatrix}2&1&-5&1\\1&-3&0&-6\\0&2&-1&2\\1&4&-7&6\end{pmatrix}\times\begin{pmatrix}x_1\\x_2\\x_3\\x_4\end{pmatrix}=\begin{pmatrix}8\\9\\-5\\0\end{pmatrix}$$

• 方程组的等价方程为

$$\begin{pmatrix}x_1\\x_2\\x_3\\x_4\end{pmatrix}=\begin{pmatrix}2&1&-5&1\\1&-3&0&-6\\0&2&-1&2\\1&4&-7&6\end{pmatrix}^{-1}\begin{pmatrix}8\\9\\-5\\0\end{pmatrix}$$

• 输入常数项矩阵(图 2-17);

• 在空白区选择一存放逆矩阵的区域,与系数矩阵的逆矩阵大小相同(图 2-18);

图 2-17

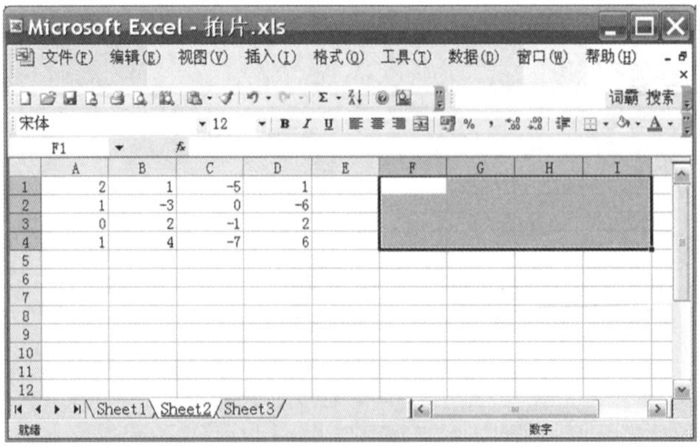

图 2-18

• 保持该区域为选中状态，在公式栏输入公式“＝MINVERSE（a1：d4）”，按“Ctrl＋Shift＋Enter”，则得系数矩阵的逆矩阵(图 2-19)：

• 输入常数矩阵(图 2-20)：

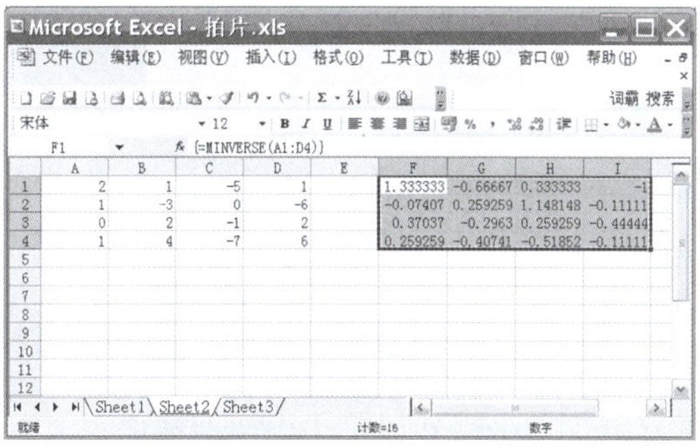

图 2-19

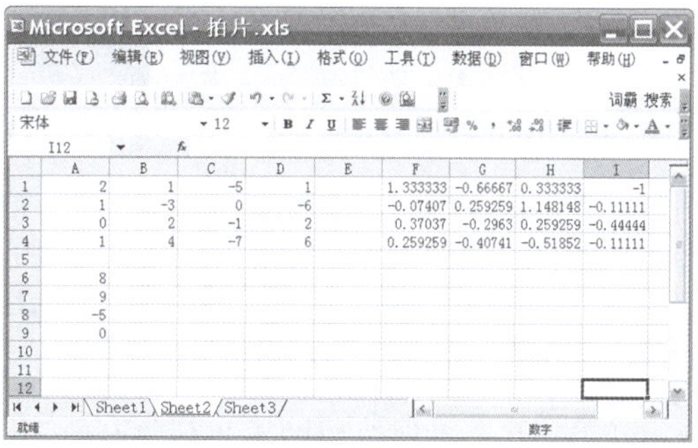

图 2-20

• 做矩阵乘法(图 2-21)：

• 按“Ctrl＋Shift＋Enter”，得线性方程组的解(图 2-22)：

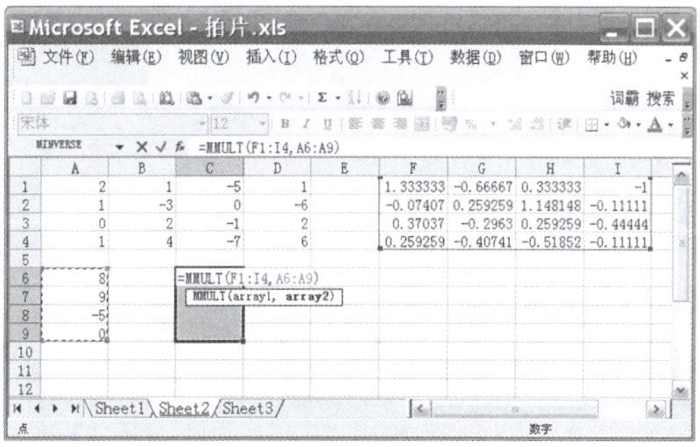

图 2-21

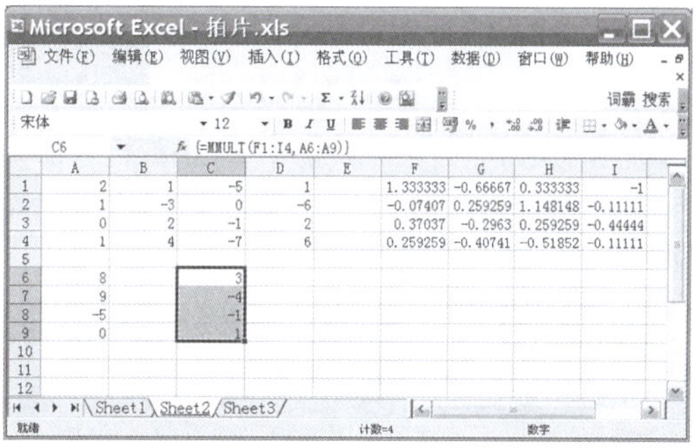

图 2-22

二、概率论与数理统计

Excel 为人们设计、提供了大量的统计分析函数，可以进行数值统计、求和、计算平均数等等，许多繁杂的运算问题使用 Excel 统计分析函数可以轻松完成，简捷方便，不必再用查表或计算器一步步地去计算，下面就来介绍一些常用的函数及统计分析使用方法.

(一)常用函数

常用函数指的是统计中较常用的几个函数.

1. Sum 函数

统计中常会遇到求和问题，可以使用 Sum 函数. Sum 函数的功能是计算一系列数字之和.

表达形式：＝ Sum(Numbers)

2. AVERAGE 函数

该函数功能求解的是简单算术平均数，即是将总体的各个单位标志值简单相加，然后除以单位项数.

表达形式：=AVERAGE(number 1，number 2，…)

3. Max 函数

该函数功能：求范围中的最大值.

表达形式：= Max(number 1，number 2，number 3，…)

4. Count 函数

该函数功能：判断给定范围中数字项的个数.

表达形式：=Count(value 1，value 2，…)

5. Median 函数

Median 函数即所谓的中位次数，是指全体数值按大小排列后位于中间的数值.

该函数的功能：计算一组数字的中项.

表达形式：= Median(Number 1，Number 2，…)

6. Mode 函数

Mode 函数即众数，众数为一组数列中出现次数最多的数值.

该函数的功能：测试一组数列中出现频率最高的数.

表达形式：= Mode(Number 1，Number 2，…)

下面以 Sum 函数为例，演示求和过程.

求下面窗口中所列十个数字之和.(图 2-23)

• 在空白区选择一个存放求和结果的单元格(图 2-24)；

图 2-23

图 2-24

• 保持该单元格为选中状态，在公式输入栏输入公式"= Sum (A1:a10)"(图 2-25)；

• 以鼠标左键单击输入按钮"√"(图 2-26)；

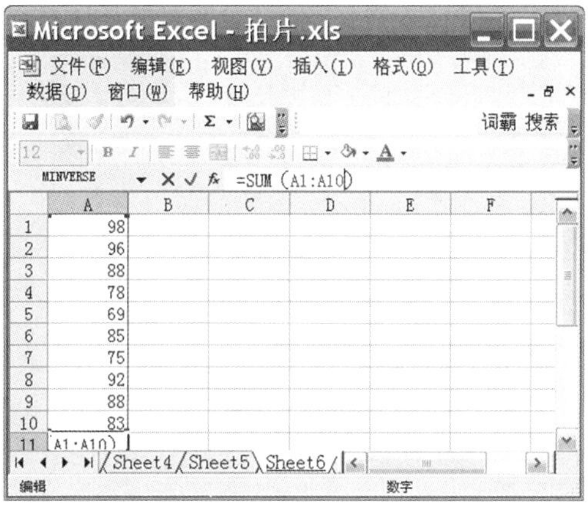

图 2-25

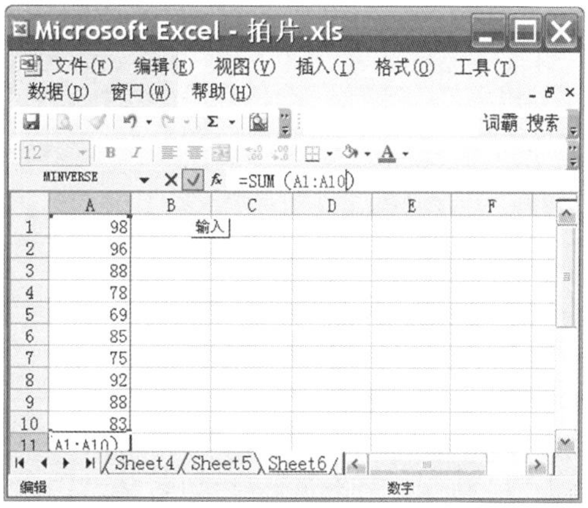

图 2-26

• 可得求和结果(图 2-27)；

(二)概率分布函数

Excel 概率分布函数包括正态分布(NORMDIST\NORMINV)、二项分布(BINOMDIST)、指数分布(EXPONDIST)、泊松分布(POISSON)等等.下面以二项分布(BINODIST)为例,介绍概率分布函数 Excel 求法.

例如:求二项分布(BINODIST)函数,如图 2-28；

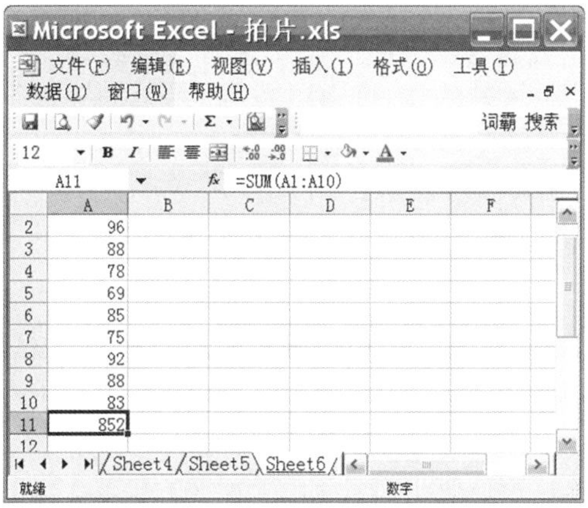

图 2-27

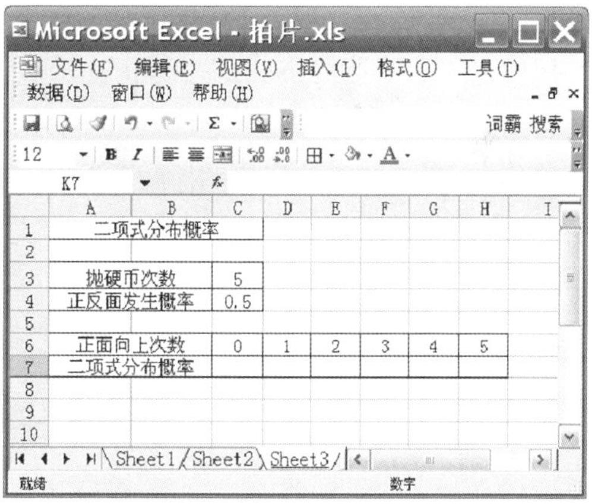

图 2-28

• 选中 C7 单元格用于存放求概率数(图 2-29)；

• 保持该单元格为选中状态,在公式输入栏输入公式“=BINOMDIST(C6,C3,C4,FALSE)”(图 2-30)；

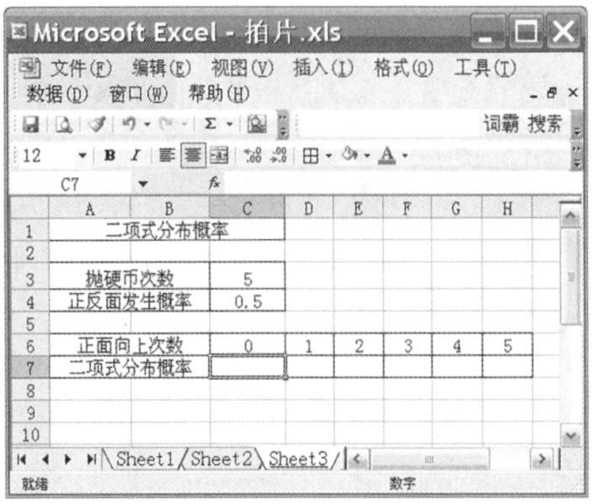

图 2-29

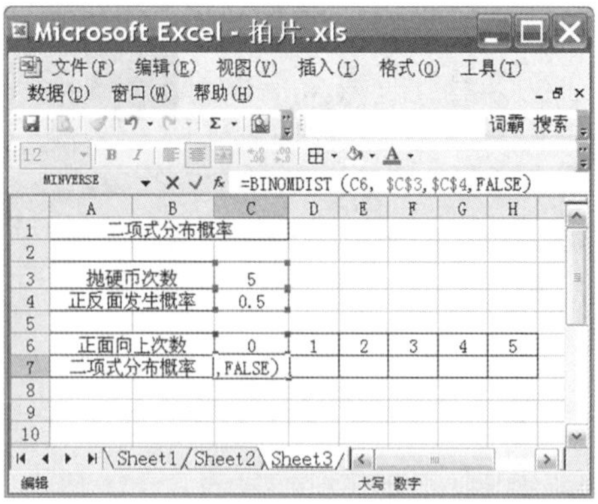

图 2-30

• 以鼠标左键单击输入按钮“√”(图 2-31)；

• 可得正面次数向上零次的概率(图 2-32)；

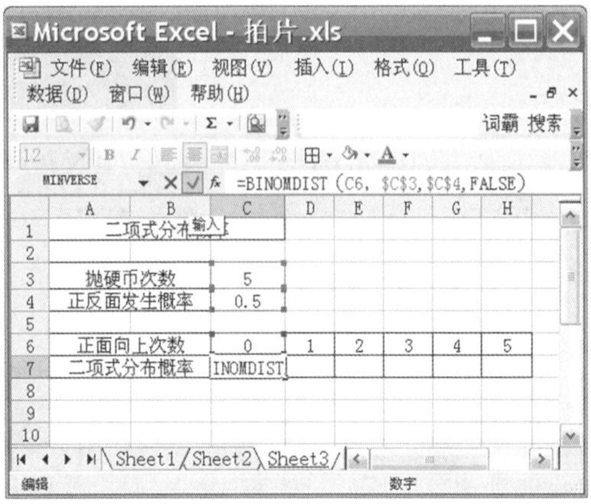

图 2-31

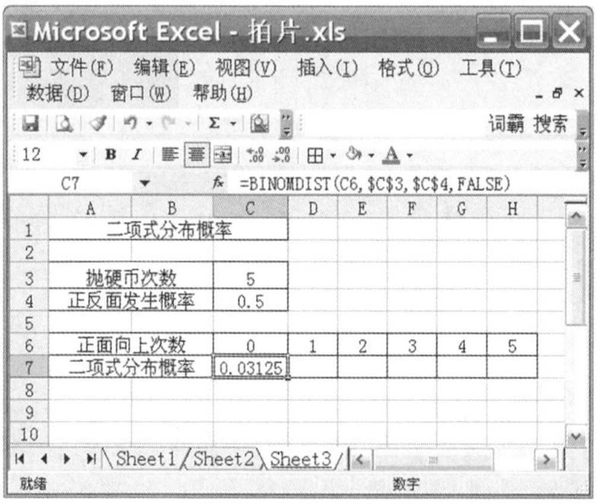

图 2-32

• 移动鼠标对准单元格 C7 右下角的填充柄(图 2-33)；

• 按住鼠标左键拖动，可以将函数复制到其他单元格，得到二项分布(BINOMDIST)概率(图 2-34)；

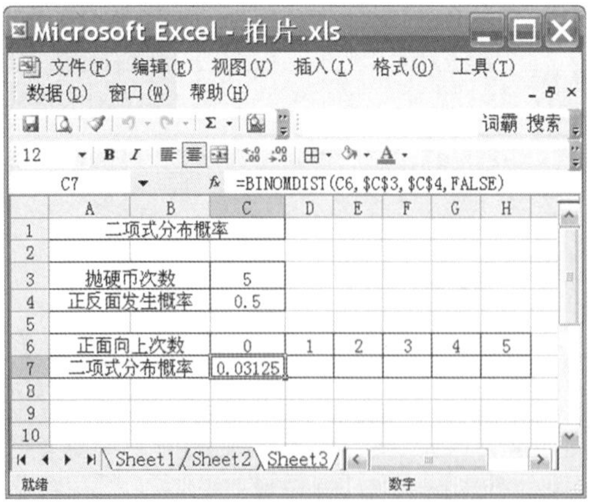

图 2-33

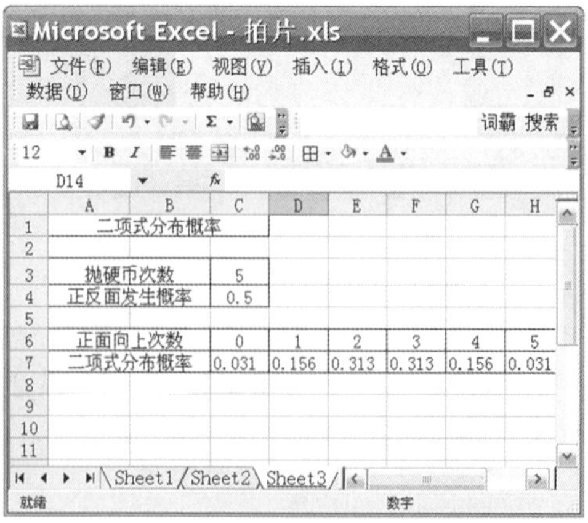

图 2-34

(三)一元回归模型

××学院 2000 年—2008 年 9 年间学生、师资数据样本下表所示,可以采用一元回归模型对学院未来的师资需求做出预测.

年份	2000	2001	2002	2003	2004	2005	2006	2007	2008
学生人数 x	3655	4068	4389	4374	4572	5092	5605	5626	5682
师资人数 y	215	226	231	243	254	268	295	307	315

1. 做散点图

以 x 表示在校学生人数,以 y 表示相应的师资数量.采用过去九年 x 和 y 的对应数据,在直角坐标中描出 9 组样本值的散点图如图 2-35 所示:

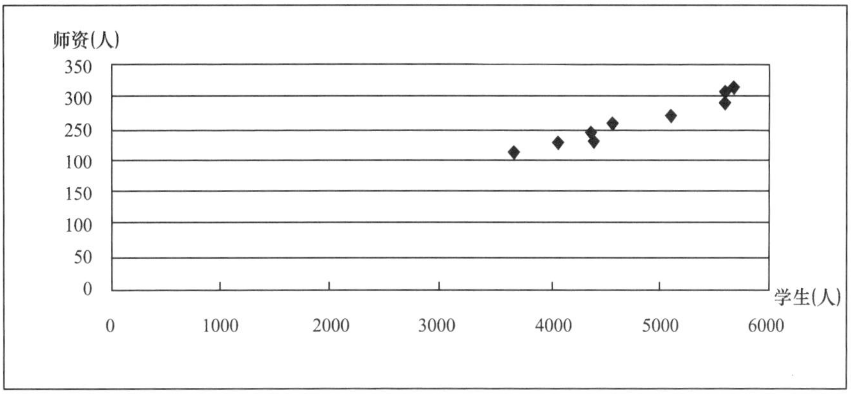

图 2-35

这些点都在某条直线附近,初步说明可以用此直线代替 x 和 y 的关系.

2. 确定回归方程

• 采用 LINEST 函数,用鼠标选取 E4:F8 共计 10 个单元格(图 2-36);

• 保持该单元格为选中状态,在公式输入栏输入公式“=LINEST(C2:C10,B2:B10,TRUE,TRUE)”(图 2-37);

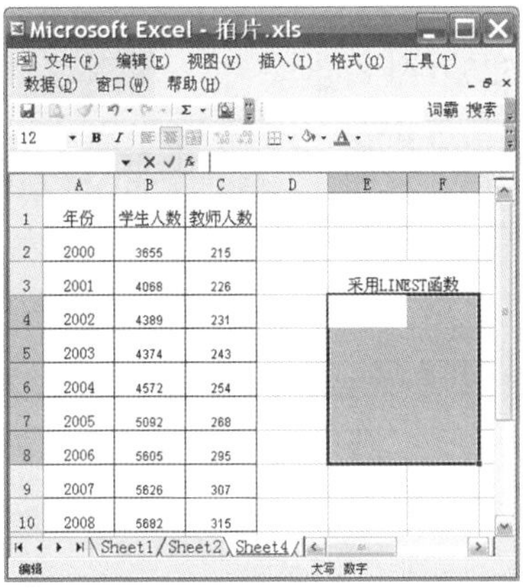

图 2-36

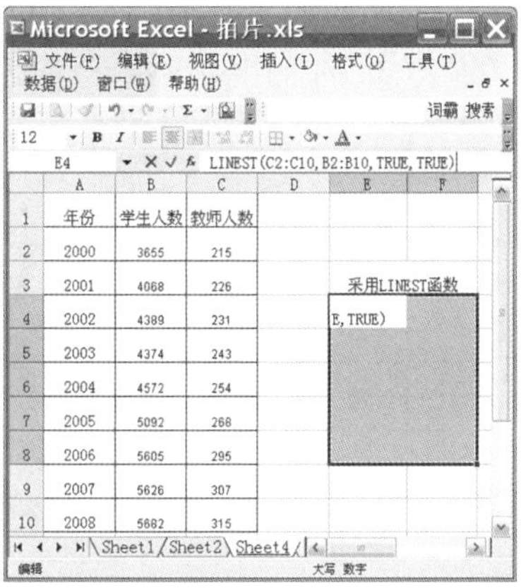

图 2-37

• 按“Ctrl+Shift+Enter”,得出 =29.90, = 0.048,及 F=166.03(图 2-38):

• 得到回归方程 .

3. 求 F 临界值：

• 选中 B1 单元格，用于存放对应于 0.01 的 F 临界值(图 2-39)；

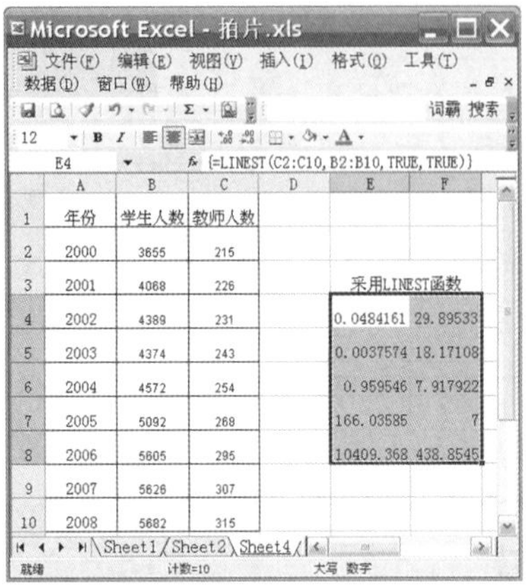

图 2-38

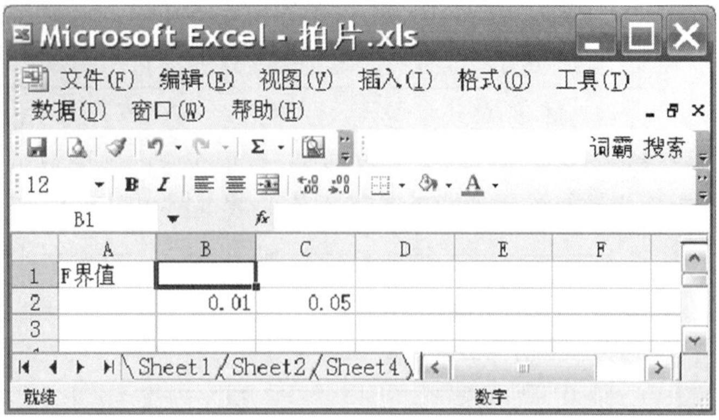

图 2-39

• 保持该单元格为选中状态，在公式输入栏输入公式“=FINV(0.01,1,7)”(图 2-40)；

• 以鼠标左键单击输入按钮“√”(图 2-41)；

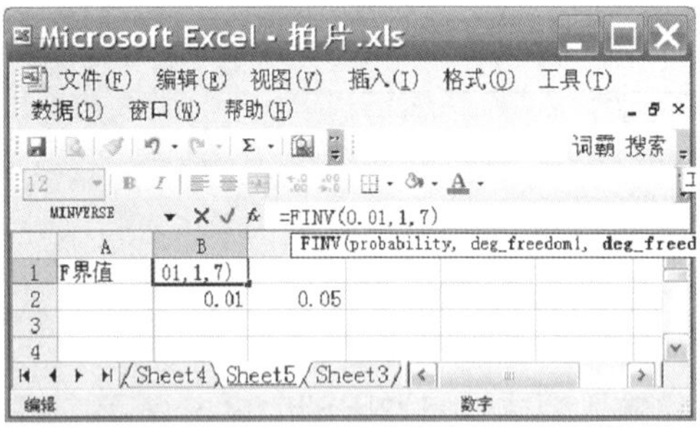

图 2-40

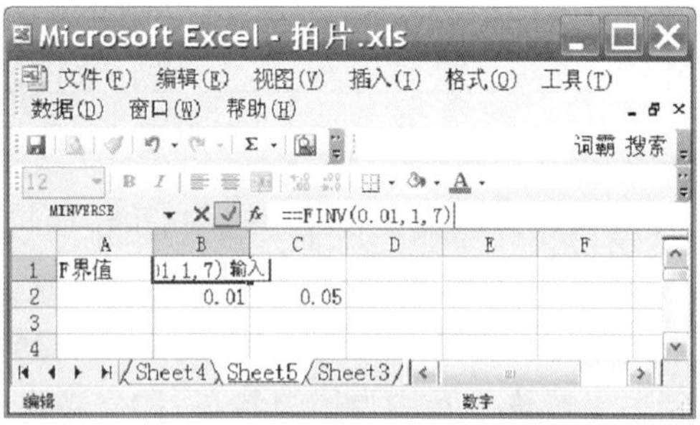

图 2-41

• 可得应于 0.01 的 F 临界值(图 2-42)；

• 同理，对应于 0.05 的 F 的临界值约为 5.59(图 2-43)；

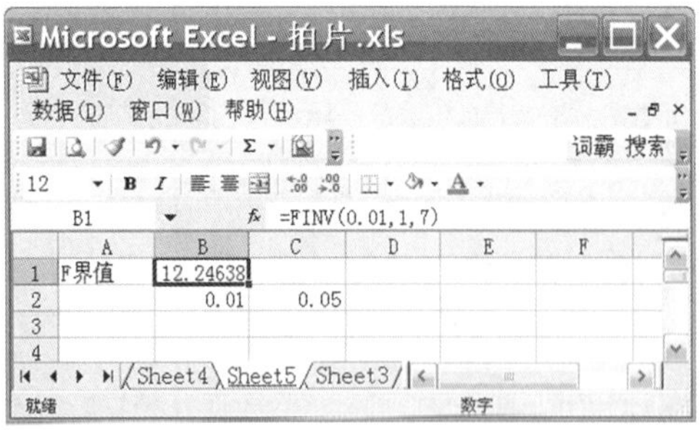

图 2-42

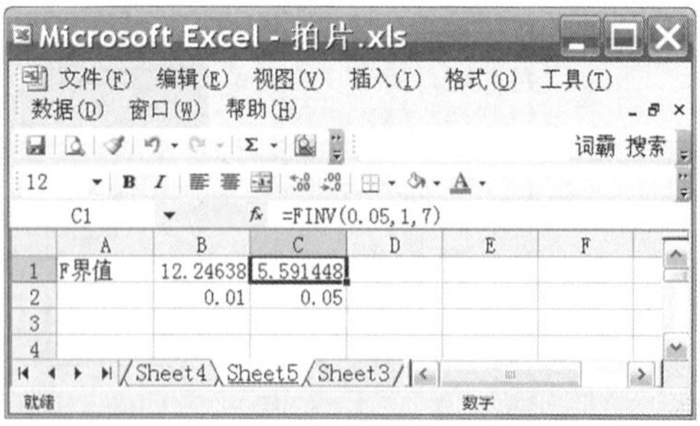

图 2-43

4. 做出判断

由于 $F=166.03>12.2$，根据检验统计决断规则，得出结论：××学院师资总量 y 与

学生数量 x 具有极其显著的线性关系. 由回归方程得 2000 年～2008 年××学院师资总量的模型值如下表：

年份	2000	2001	2002	2003	2004	2005	2006	2007	2008
学生人数	3655	4068	4389	4374	4572	5092	5605	5626	5682
师资人数	207	227	242	242	251	276	301	302	305

实际值与模型值的比较见图 2-44：

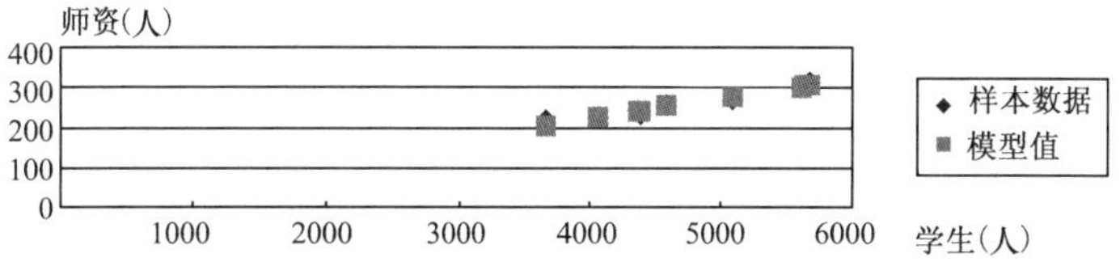

图 2-44

以上的检验及图表说明回归模型 可以用来预测××学院未来的师资需求情况.

5. 预报

根据学院的发展规模定位，2009 年至 2011 年的在校学生人数将分别达到 6000 人，6400 人，6800 人. 将 $x=6000,6400,6800\cdots\cdots$ 分别代入回归方程 ，得到××学院未来师资的需求情况，见下表：

年　份	2009	2010	2011	……
学生人数	6000	6400	6800	
师资数量	320	340	359	……

附 表

附表 1 泊松分布表

$$P\{X=k\}=\frac{\lambda^k}{k!}e^{-\lambda}$$

k \ λ	0.1	0.2	0.3	0.4	0.5	0.6	0.7	0.8	0.9	1.0	1.5	2.0	2.5	3.0	3.5	4.0
0	0.904887	0.818731	0.740818	0.676320	0.606531	0.548812	0.496585	0.449329	0.406570	0.367879	0.223130	0.135335	0.082085	0.049787	0.030197	0.018316
1	0.090484	0.163746	0.222245	0.268128	0.303265	0.329287	0.347610	0.359463	0.365913	0.367879	0.334695	0.270671	0.205212	0.149361	0.105691	0.073263
2	0.004524	0.016375	0.033337	0.053626	0.075816	0.088786	0.121663	0.143785	0.164661	0.183940	0.251021	0.270671	0.256516	0.224042	0.184959	0.146525
3	0.000151	0.001092	0.003334	0.007150	0.012636	0.019757	0.028388	0.038343	0.0409398	0.061313	0.125510	0.180447	0.213763	0.224042	0.215785	0.195367
4	0.000004	0.000055	0.000250	0.000715	0.001580	0.002964	0.004968	0.007669	0.011115	0.015328	0.047067	0.090224	0.133602	0.168031	0.188812	0.195367
5		0.000002	0.000015	0.000057	0.000158	0.000856	0.000696	0.001227	0.002001	0.003066	0.014120	0.036089	0.066801	0.100819	0.132169	0.156293
6			0.0.000001	0.000004	0.000013	0.000036	0.000081	0.000164	0.000300	0.000511	0.003530	0.012030	0.027834	0.050409	0.077098	0.104196
7					0.000001	0.000003	0.000008	0.000019	0.000039	0.000073	0.000756	0.003437	0.009941	0.021604	0.038549	0.059540
8							0.000001	0.000002	0.000004	0.000009	0.000142	0.000859	0.003106	0.008102	0.016865	0.029770
9										0.000001	0.000024	0.000191	0.000863	0.002701	0.006559	0.013231
10											0.000004	0.000038	0.000216	0.000810	0.002296	0.005292
11												0.000007	0.000049	0.000221	0.000730	0.001925
12												0.000001	0.000010	0.000055	0.000213	0.000642
13													0.000002	0.000013	0.000057	0.000197
14														0.000003	0.000014	0.000056
15														0.000001	0.000003	0.000015
16															0.000001	000004
17																0.000001

（续表）

λ / k	4.5	5.0	5.5	6.0	6.5	7.0	7.5	8.0	8.5	9.0	9.5	10.0	λ / k	20	λ / k	30
0	0.011109	0.006738	0.004087	0.002479	0.001503	0.000912	0.000553	0.000335	0.000203	0.000123	0.000075	0.000045	5	0.0001	12	0.0001
1	0.049990	0.033690	0.022477	0.014873	0.009773	0.006383	0.004148	0.002684	0.001730	0.001111	0.000711	0.000454	6	0.002	13	0.0002
2	0.112479	0.084224	0.061812	0.044618	0.031760	0.022341	0.015556	0.010735	0.007350	0.004998	0.003378	0.002270	7	0.0005	14	0.0005
3	0.168718	0.140374	0.113323	0.089235	0.068814	0.052129	0.038888	0.028626	0.020826	0.014994	0.01069	0.007567	8	0.0013	15	0.0010
4	0.189808	0.175467	0.155819	0.133853	0.111822	0.091226	0.072917	0.057252	0.044255	0.033737	0.025403	0.018917	9	0.0029	16	0.0019
5	0.170827	0.175467	0.171001	0.160623	0.145369	0.127717	0.109374	0.091604	0.075233	0.060727	0.048265	0.037833	10	0.0058	17	0.0034
6	0.128120	0.146223	0.157117	0.160623	0.157483	0.149003	0.136719	0.122138	0.106581	0.091090	0.076421	0.063055	11	0.0106	18	0.0057
7	0.082363	0.104445	0.123449	0.137677	0.146234	0.149003	0.146484	0.139587	0.129419	0.117116	0.103714	0.090079	12	0.0176	19	0.0089
8	0.046329	0.065278	0.084872	0.103258	0.118815	0.130377	0.137328	0.139537	0.137508	0.131756	0.123160	0.112509	13	0.0271	20	0.0134
9	0.023165	0.036266	0.051866	0.068838	0.085811	0.101405	0.114441	0.124077	0.129869	0.131756	0.130003	0.125110	14	0.0382	21	0.0192
10	0.010424	0.018133	0.028526	0.041303	0.055777	0.070983	0.085830	0.099262	0.110303	0.118580	0.122502	0.125110	15	0.0517	22	0.0261
11	0.004264	0.008242	0.014263	0.022529	0.032959	0.045171	0.058521	0.072190	0.085300	0.097020	0.106662	0.113736	16	0.0646	23	0.0341
12	001599	0.003434	0.006537	0.011264	0.017853	0.026350	0.036575	0.0848127	0.060421	0.072765	0.084440	0.094780	17	0.0760	24	0.0426
13	0.000554	0.001321	0.002766	0.005199	0.008927	0.014188	0.021101	0.029616	0.039506	0.050376	0.061706	0.072908	18	0.0814	25	0.0571
14	0.000178	0.00472	0.001086	0.002228	0.004144	0.007094	0.011305	0.016924	0.023986	0.032384	0.041872	0.052077	19	0.0888	26	0.0590
15	0.000053	0.000157	0.000399	0.000891	0.001796	0.003311	0.005652	0.009026	0.013592	0.019431	0.026519	0.034718	20	0.0888	27	0.0655
16	0.000015	0.000049	0.000137	0.000334	0.000730	0.001448	0.002649	0.004513	0.007220	0.010930	0.015746	0.021699	21	0.0846	28	0.0702
17	0.000004	0.000014	0.000044	0.000118	0.000279	0.000596	0.001169	0.002124	0.003611	0.005786	0.008799	0.012764	22	0.0767	29	0.0726
18	0.000001	0.000004	0.000014	0.000039	0.000100	0.000232	0.000487	0.000944	0.001705	0.002893	0.004644	0.007091	23	0.0669	30	0.0726
19		0.000001	0.000004	0.000012	0.000035	0.000085	0.000192	0.000397	0.000762	0.001370	0.002322	0.003732	24	0.0557	31	0.0703
20			0.000001	0.000004	0.000011	0.000030	0.000072	0.000159	0.000324	0.000617	0.001103	0.001866	25	0.0446	32	0.0659
21				0.000001	0.000004	0.000010	0.000026	0.000061	0.000132	0.000264	0.000433	0.000889	26	0.0343	33	0.0599
22					0.000001	0.000003	0.000009	0.000022	0.000050	0.000108	0.000216	0.000404	27	0.0254	34	0.0529
23						0.000001	0.000003	0.000008	0.000019	0.000042	0.000089	0.000176	28	0.0182	35	0.0453
24							0.000001	0.000003	0.000007	0.000016	0.000025	0.000073	29	0.0125	36	0.0378
25								0.000001	0.000002	0.000006	0.000014	0.000029	30	0.0083	37	0.0306
26									0.000001	0.000002	0.000004	0.000011	31	0.0054	38	0.0242
27										0.000001	0.000002	0.000004	32	0.0034	39	0.0186
28											0.000001	0.000001	33	0.0020	40	0.0139
29												0.00000	34	0.0012	42	0.0073
															43	0.0051
													35	0.0007	44	0.0035
													36	0.0004	45	0.0023
													37	0.0002	46	0.0015
													38	0.0001	47	0.0010
													39	0.0001	48	0.0006

附表 2 标准正态分布表

$$\Phi_0(x)=\frac{1}{\sqrt{2\pi}}\int_{-\infty}^{x}\mathrm{e}^{-\frac{t^2}{2}}\mathrm{d}t$$

x	0	1	2	3	4	5	6	7	8	9
0.0	0.5000	0.5040	0.5080	0.5120	0.5160	0.5199	0.5239	0.5279	0.5319	0.5359
0.1	0.5398	0.5438	0.5478	0.5517	0.5557	0.5596	0.5636	0.5675	0.5714	0.5753
0.2	0.5793	0.5832	0.5871	0.5910	0.5948	0.5987	0.6026	0.6064	0.6103	0.6141
0.3	0.6179	0.6217	0.6255	0.6293	0.6331	0.6368	0.6406	0.6443	0.6480	0.6517
0.4	0.6554	0.6591	0.6628	0.6664	0.6700	0.6736	0.6772	0.6808	0.6844	0.6879
0.5	0.6915	0.6950	0.6985	0.7019	0.7054	0.7088	0.7123	0.7157	0.7190	0.7224
0.6	0.7257	0.7291	0.7324	0.7357	0.7389	0.7422	0.7454	0.7486	0.7517	0.7549
0.7	0.7580	0.7611	0.7642	0.7673	0.7703	0.7734	0.7764	0.7794	0.7823	0.7852
0.8	0.7881	0.7910	0.7939	0.7967	0.7995	0.8023	0.8051	0.8078	0.8106	0.8133
0.9	0.8159	0.8186	0.8212	0.8238	0.8264	0.8289	0.8315	0.8340	0.8365	0.8389
1.0	0.8413	0.8438	0.8461	0.8485	0.8508	0.8531	0.8554	0.8577	0.8599	0.8621
1.1	0.8643	0.8665	0.8686	0.8708	0.8729	0.8749	0.8770	0.8790	0.8810	0.8830
1.2	0.8849	0.8869	0.8888	0.8907	0.8925	0.8944	0.8962	0.8980	0.8997	0.9015
1.3	0.9032	0.9049	0.9066	0.9082	0.9099	0.9115	0.9131	0.9147	0.9162	0.9177
1.4	0.9192	0.9207	0.9222	0.9236	0.9251	0.9265	0.9278	0.9292	0.9306	0.9319
1.5	0.9332	0.9345	0.9357	0.9370	0.9382	0.9394	0.9406	0.9418	0.9430	0.9441
1.6	0.9452	0.9463	0.9474	0.9484	0.9495	0.9505	0.9515	0.9525	0.9535	0.9545
1.7	0.9554	0.9564	0.9573	0.9582	0.9591	0.9599	0.9608	0.9616	0.9625	0.9633
1.8	0.9641	0.9648	0.9656	0.9664	0.9671	0.9678	0.9686	0.9693	0.9700	0.9706
1.9	0.9713	0.9719	0.9726	0.9732	0.9738	0.9744	0.9750	0.9756	0.9762	0.9767
2.0	0.9772	0.9778	0.9783	0.9788	0.9793	0.9798	0.9803	0.9808	0.9812	0.9817
2.1	0.9821	0.9864	0.9868	0.9834	0.9838	0.9842	0.9846	0.9850	0.9854	0.9857
2.2	0.9861	0.9864	0.9868	0.9871	0.9874	0.9878	0.9881	0.9884	0.9887	0.9890
2.3	0.9893	0.9896	0.9898	0.9901	0.9904	0.9906	0.9909	0.9911	0.9913	0.9916
2.4	0.9918	0.9920	0.9922	0.9925	0.9927	0.9929	0.9931	0.9932	0.9934	0.9936
2.5	0.9938	0.9940	0.9941	0.9943	0.9945	0.9946	0.9948	0.9949	0.9951	0.9952
2.6	0.9953	0.9955	0.9956	0.9957	0.9959	0.9960	0.9961	0.9962	0.9963	0.9964
2.7	0.9963	0.9966	0.9967	0.9968	0.9969	0.9970	0.9971	0.9972	0.9973	0.9974
2.8	0.9974	0.9975	0.9976	0.9977	0.9977	0.9978	0.9979	0.9979	0.9980	0.9981
2.9	0.9981	0.9982	0.9982	0.9983	0.9984	0.9984	0.9985	0.9985	0.9986	0.9986
3.0	0.9987	0.9990	0.9993	0.9995	0.9997	0.9998	0.9998	0.9999	0.9999	1.0000

α	0.10	0.05	0.025	0.01	0.005	0.0025	0.001	0.0005
u_α	1.282	1.645	1.960	2.326	2.576	2.808	3.090	3.291

附表 3　t 分布表

$$P\{t(n)>t_{\alpha}(n)\}=\alpha$$

n	$\alpha=0.25$	0.10	0.05	0.025	0.01	0.005
1	1.0000	3.0777	6.3138	12.7062	31.8207	63.6574
2	0.8165	1.8856	2.9200	4.3027	6.9646	9.9248
3	0.7649	1.6377	2.3534	3.1824	4.5407	5.8409
4	0.7407	1.5332	2.1318	2.7764	3.7469	4.6041
5	0.7267	1.4759	2.0150	2.5706	3.3649	4.0322
6	0.7176	1.4398	1.9432	2.4469	3.1427	3.7074
7	0.7111	1.4149	1.8946	2.3646	2.9980	3.4995
8	0.7064	1.3968	1.8595	2.3060	2.8965	3.3554
9	0.7027	1.3830	1.8331	2.2622	2.8214	3.2498
10	0.6998	1.3722	1.8125	2.2281	2.7638	3.1693
11	0.6974	1.3634	1.7959	2.2010	2.7181	3.1058
12	0.6955	1.3562	1.7823	2.1788	2.6810	3.0545
13	0.6938	1.3502	1.7709	2.1604	2.6503	3.0123
14	0.6924	1.3450	1.7613	2.1448	2.6245	2.9768
15	0.6912	1.3406	1.7531	2.1315	2.6025	2.9467
16	0.6901	1.3368	1.7459	2.1199	2.5835	2.9208
17	0.6892	1.3334	1.7396	2.1098	2.5669	2.8982
18	0.6884	1.3304	1.7341	2.1009	2.5524	2.8784
19	0.6876	1.3277	1.7291	2.0930	2.5395	2.8609
20	0.6870	1.3253	1.7247	2.0860	2.5280	2.8453
21	0.6864	1.3232	1.7207	2.0796	2.5177	2.8314
22	0.6858	1.3212	1.7171	2.0739	2.5083	2.8188
23	0.6853	1.3195	1.7139	2.0687	2.4999	2.8073
24	0.6848	1.3178	1.7109	2.0639	2.4922	2.7969
25	0.6344	1.3163	1.7081	2.0595	2.4857	2.7874
26	0.6840	1.3150	1.7056	2.0555	2.4786	2.7787
27	0.6837	1.3137	1.7033	2.0518	2.4727	2.7707
28	0.6834	1.3125	1.7011	2.0484	2.4671	2.7633
29	0.6830	1.3114	1.6991	2.0452	2.4620	2.7564
30	0.6828	1.3104	1.6973	2.0423	2.4573	2.7500
31	0.6825	1.3095	1.6955	2.0395	2.4528	2.7440
32	0.6822	1.3086	1.6939	2.0369	2.4487	2.7385
33	0.6820	1.3077	1.6924	2.0345	2.4448	2.7333
34	0.6818	1.3070	1.6909	2.0322	2.4411	2.7284
35	0.6816	1.3062	1.6896	2.0301	2.4377	2.7238
36	0.6814	1.3055	1.6883	2.0281	2.4245	2.7195
37	0.6812	1.3049	1.6871	2.0262	2.4314	2.7154
38	0.6810	1.3042	1.6860	2.0244	2.4286	2.7116
39	0.6808	1.3036	1.6849	2.0227	2.4258	2.7079
40	0.6807	1.3031	1.6839	2.0211	2.4233	2.7045
41	0.6805	1.3025	1.6829	2.0195	2.4208	2.7012
42	0.6804	1.3020	1.6820	2.0181	2.4185	2.6981
43	0.6802	1.3016	1.6811	2.0167	2.4163	2.6951
44	0.6801	1.3011	1.6802	2.0154	2.4141	2.6923
45	0.6800	1.3006	1.6794	2.0141	2.4121	2.6896

附表 4 χ^2 分布表

$$P\{\chi^2(n)>\chi_\alpha^2(n)\}=\alpha$$

n	$\alpha=0.995$	0.99	0.975	0.95	0.90	0.75	0.25	0.10	0.05	0.025	0.01	0.005
1	—	—	0.001	0.004	0.016	0.102	0.323	2.706	3.841	5.024	6.635	7.879
2	0.010	0.020	0.051	0.103	0.211	0.575	2.773	4.605	5.991	7.378	9.210	10.597
3	0.072	0.115	0.216	0.352	0.584	1.213	4.108	6.251	7.815	9.348	11.345	12.838
4	0.207	0.297	0.484	0.711	1.064	1.923	5.385	7.779	9.488	11.143	13.277	14.860
5	0.412	0.554	0.831	1.145	1.610	2.675	6.626	9.236	11.071	12.833	15.086	16.750
6	0.676	0.0872	1.237	1.635	2.204	3.455	7.841	10.645	12.592	14.449	16.812	18.548
7	0.989	1.239	1.690	2.167	2.833	4.255	9.037	12.017	14.067	16.013	18.475	20.278
8	1.344	1.646	2.180	2.733	3.490	5.071	10.219	13.362	15.507	17.535	20.090	21.955
9	1.735	2.088	2.700	3.325	4.168	5.899	11.389	14.684	16.919	19.023	21.666	23.589
10	2.156	2.558	3.247	3.940	4.865	6.737	12.549	15.987	18.307	20.483	23.209	25.188
11	2.603	3.053	3.816	4.575	5.578	7.584	13.701	17.275	19.675	21.920	24.725	26.757
12	3.074	3.571	4.404	5.226	6.304	8.438	14.845	18.549	21.026	23.337	26.217	28.299
13	3.565	4.107	5.009	5.892	7.042	9.299	15.984	19.812	22.362	24.736	27.688	29.819
14	4.075	4.660	5.629	6.571	7.790	10.165	17.117	21.064	23.685	26.119	29.141	31.319
15	4.601	5.229	6.262	7.261	8.547	11.037	18.245	22.307	24.996	27.488	30.578	32.801
16	5.142	5.812	6.908	7.962	9.312	11.912	19.369	23.542	26.296	28.845	32.000	34.267
17	5.697	6.408	7.564	8.672	10.085	12.792	20.489	24.769	27.587	30.191	33.409	35.718
18	6.265	7.015	8.231	9.390	10.865	13.675	21.605	25.989	28.869	31.526	34.805	37.156
19	6.844	7.633	8.907	10.117	11.651	14.562	22.718	27.204	30.144	32.852	36.191	38.582
20	7.434	8.260	9.591	10.851	12.443	15.452	23.828	28.412	31.410	34.170	37.566	39.997
21	8.034	8.897	10.283	11.591	13.240	16.344	24.935	29.615	32.671	35.479	38.932	41.401

（续表）

n	$\alpha=0.995$	0.99	0.975	0.95	0.90	0.75	0.25	0.10	0.05	0.025	0.01	0.005
22	8.643	9.542	10.982	12.338	14.042	17.240	26.039	30.813	33.924	36.781	40.289	42.796
23	9.260	10.196	11.689	13.091	14.848	18.137	27.141	32.007	35.172	38.076	41.638	44.181
24	9.886	10.856	12.401	13.848	15.659	19.037	28.241	33.196	36.415	39.364	42.980	45.559
25	10.520	11.524	13.120	14.611	16.473	19.939	29.339	34.382	37.652	40.646	44.314	46.928
26	11.160	12.198	13.844	15.379	17.292	20.843	30.435	35.563	38.885	41.923	45.642	48.290
27	11.808	12.879	14.573	16.151	18.114	21.749	31.528	36.741	40.113	43.194	45.963	49.645
28	12.461	13.565	15.308	16.928	18.939	22.657	32.620	37.916	41.337	44.461	48.278	50.993
29	13.121	14.257	16.047	17.708	19.768	23.567	33.711	39.087	42.557	45.722	47.588	52.336
30	13.787	14.954	16.791	18.493	20.599	24.478	34.800	40.256	43.773	46.979	50.892	53.672
31	14.458	15.655	17.539	19.281	20.434	25.390	35.887	41.422	44.985	48.232	52.191	55.003
32	15.134	16.362	18.291	20.072	22.271	26.304	36.973	42.585	46.194	49.480	53.486	56.328
33	15.815	17.074	19.047	20.867	23.110	27.219	38.058	43.745	47.400	50.725	54.776	57.648
34	16.501	17.789	19.806	21.664	23.952	28.136	39.141	44.903	48.602	51.966	56.061	58.964
35	17.192	18.509	20.569	22.465	24.797	29.054	40.223	46.059	49.802	53.203	57.342	60.275
36	17.887	19.233	21.336	23.269	25.643	29.973	41.304	47.212	50.998	54.437	58.619	61.581
37	18.586	19.960	22.106	24.075	26.492	30.893	42.383	48.363	52.192	55.668	59.892	62.883
38	19.289	20.691	22.878	24.884	27.343	31.815	43.462	49.513	53.384	56.896	61.162	64.181
39	19.996	21.426	23.654	25.695	28.196	32.737	44.539	50.660	54.572	58.120	62.428	65.476
40	20.707	22.164	24.433	26.509	29.051	33.660	45.616	51.805	55.758	59.342	63.691	66.766
41	21.421	22.906	25.215	27.326	29.907	34.585	46.692	52.949	56.942	60.561	64.950	68.053
42	22.138	23.650	25.999	28.144	30.765	35.510	47.766	54.090	58.124	61.777	66.206	69.336
43	22.859	24.398	26.785	28.965	31.625	36.436	48.840	55.230	59.304	62.990	67.459	70.616
44	23.584	25.148	27.575	29.787	32.487	37.363	49.913	56.369	60.481	64.201	68.710	71.893
45	24.311	25.901	28.366	30.612	33.350	38.291	50.985	57.505	61.656	65.410	69.757	73.166

附表 5　相关系数检验表

$n-2$	α		$n-2$	α	
	0.05	0.01		0.05	0.01
1	0.997	1.000	21	0.413	0.526
2	0.950	0.990	22	0.404	0.515
3	0.878	0.959	23	0.396	0.505
4	0.811	0.917	24	0.388	0.496
5	0.754	0.874	25	0.381	0.487
6	0.707	0.834	26	0.374	0.478
7	0.666	0.798	27	0.367	0.470
8	0.632	0.765	28	0.361	0.463
9	0.602	0.735	29	0.355	0.456
10	0.576	0.708	30	0.349	0.449
11	0.553	0.684	31	0.325	0.418
12	0.532	0.661	32	0.304	0.393
13	0.514	0.641	33	0.288	0.372
14	0.497	0.623	34	0.273	0.354
15	0.482	0.606	35	0.250	0.325
16	0.468	0.590	36	0.232	0.302
17	0.456	0.575	37	0.217	0.283
18	0.444	0.561	38	0.205	0.267
19	0.433	0.549	39	0.195	0.254
20	0.423	0.537	40	0.138	0.181